本书承蒙浙江大学董氏东方文史哲研究奖励基金资助出版

归因偏见

社交媒体时代的舆论心理学

纪盈如 著

Attribution Bias
in Online Firestorm

ZHEJIANG UNIVERSITY PRESS
浙江大学出版社
·杭州·

图书在版编目（CIP）数据

归因偏见：社交媒体时代的舆论心理学 / 纪盈如著.
杭州：浙江大学出版社，2025.6. -- ISBN 978-7-308
-26390-0

Ⅰ. C912.63

中国国家版本馆 CIP 数据核字第 20254J4Z65 号

归因偏见：社交媒体时代的舆论心理学

纪盈如　著

责任编辑	陈　翩
责任校对	丁沛岚
装帧设计	王　涛　雷建军
出版发行	浙江大学出版社
	（杭州市天目山路 148 号 邮政编码 310007）
	（网址：http://www.zjupress.com）
排　　版	杭州棱智广告有限公司
印　　刷	杭州高腾印务有限公司
开　　本	710mm×1000mm　1/16
印　　张	17.25
字　　数	205 千
版 印 次	2025 年 6 月第 1 版　2025 年 6 月第 1 次印刷
书　　号	ISBN 978-7-308-26390-0
定　　价	88.00 元

前　言

2023 年《传播学刊》(*Journal of Communication*)特刊以"社交媒体：美好、恶劣与丑陋"(Social Media: the Good, the Bad, and the Ugly)为主题，直言今天的社交媒体环境极端、分裂与动荡。作为一名危机传播学者和归因理论研究者，笔者长期关注社交媒体上发生的负面热点事件以及其中公众的归因心理与传播行为。笔者过往的研究中暗含着一个底层假设：公众在面对负面事件时，会像法官一样进行因果推断、责任归咎，并据此裁定惩罚力度。然而，随着对网络暴力、舆论审判以及极端对立情绪和言论的多次目睹，笔者逐渐认识到，归因理论的集大成者伯纳德·韦纳(Bernard Weiner)在 20 世纪 80 年代提出的"生活是法庭，人是法官"的隐喻，或许并不契合社交媒体时代的网络舆论场。在网络"法庭"中，公众作为旁观者，常常在不自觉间深陷归因偏见的泥沼。那些自诩理性、客观的"理中客"，以及在网络负面事件中高举道德旗帜的"捍卫者"，实则已被归因偏见左右。当无数轻率的指责如雪花般飘落，雪崩便已悄然酝酿。

基于这些思考，笔者萌生了撰写《归因偏见：社交媒体时代的舆论心理学》一书的想法。这本书并非要对归因偏见进行确定性的概念界定或精确测量，也不试图矫正偏见，而是更倾向于将归因偏见视为社会学家赫伯特·布鲁默（Herbert Blumer）提出的"敏感性概念"，即一种模糊而开放的概念框架，旨在引导人们关注特定社会现象，保持对其的敏感度。本书的核心目标明确而简单：让更多社交媒体用户意识到"归因偏见"的存在。这一概念提醒着我们，在网络舆论中，我们并非明察秋毫的法官，而是带有偏见和认知盲区的局外人，在进行责任推断和道德评判时，往往会出现归因偏见。原本用以捍卫道德的盾牌，或许在不经意间就会转变为伤人的利剑。偏见本身并不可怕，可怕的是有偏见而不自知。因此，我们需时刻对归因偏见保持警惕。

尽管笔者围绕归因理论开展了大量实证研究，但本书并非论文合集，而是对前期一系列经验研究的系统性反思与升华。在本书的架构中，第一篇系统介绍了心理学领域中经典的归因理论与归因偏见研究，为后续的探讨奠定理论基础。第二篇沿着舆论研究的脉络，回顾了公众和舆论概念的变迁，以及其背后的哲学基础和媒介逻辑，沃尔特·李普曼（Walter Lippmann）的"幻影公众"与"刻板印象"给予笔者诸多启发。第三篇则重在阐释社交媒体时代的归因偏见。西方归因理论中，最经典的归因偏见当数基本归因错误，即人们倾向于将事件的原因和责任归咎于个体的秉性，而忽视情境因素的重要影响，这一现象在以个体自由意志为哲学基础的西方社会表现得尤为突出。但笔者的研究发现，在社交媒体时代，东西方公众在负面事件中都更易陷入情境归因偏见，即将原因和责任过度归咎于社会情境，进而频繁呼吁社会层面的系统性改变。笔者认为，社交媒体时代特有的流行度线索（如热搜排名、转赞评数量等热度指标），以及流行度线索与内容框架、信源线索之间的交互效应，是导致情境归因偏见产生的主要因素。此外，本书还探讨了社交媒体时代的敌意归因偏见及其对网络暴力的推波助澜作用，以及确认性偏见对责任推断的干扰影响。在情绪传播日益占据主导地位的舆论环境中，本书也分析了道德情感对亲社会行为的积极促进作用，以及道德恐慌可能带来的一系列负面后果。第四篇则将归因偏见明确界定为一个敏感性概念，并诚挚呼吁社交媒体用户能够做到有偏见而自知。

在前言的结尾，要衷心感谢笔者的导师兼论文合作者金素罗（Kim Sora）教授，是她引领笔者阅读心理学文献，鼓励笔者大胆建构理论。同时，感谢博士生万畅和本科生钱颖可，她们积极参与了笔者英文论文的翻译、整理工作，以及部分章节初稿的撰写，是笔者的得力助手。最后，感谢每一位阅读本书的读者，期待归因偏见这一概念会给您留下深刻的印象。

目　录

生活是法庭

· 第一篇 ·

第一章

归因：人类的本能

17 世纪的英国，一个青年在林间漫步。忽然，一阵微风掠过，一颗苹果被风裹着从树上坠下。这颗稀松平常的苹果引起了青年的兴趣，他开始思考：为什么苹果是下落的，而不是飞向天空？是什么力量牵引着这颗苹果？讲到这，或许你已经发现，这个青年就是英国著名科学家牛顿，而万有引力定律是他提出的解释苹果下落原因的规律。

我们可以设想一个更贴近生活的情境：寒冬临近，你和朋友决定去海南度假。然而，你们在出行安排上截然不同。你制订了详尽的计划，包括衣着搭配、每天的行程以及住宿的酒店。而你的朋友有一种随遇而安的态度，他认为到了当地再临时安排就可以了。你不明白为什么他如此散漫，而他也不理解你为什么如此谨慎。你开始思考这种差异的原因，或许可以从最近流行的 MBTI（Myers-Briggs Type Indicator，迈尔斯—布里格斯性格类型指标）的生活态度维度找到解释。你更符合 J 人（判断型，Judging）特质，注重计划和组织，未雨绸缪，而你的朋友则更像是 P 人（感知型，Perceiving），更喜欢灵活自由，不受束缚。你们在旅行计划偏好上的差异，可以归因于各自性格特质的不同。无论是天体运行的奥秘，还是日常生活中的琐事，人们总是在试图理解并解释事物为何发生及其背后的原因。这种寻找原因的过程在心理学中被称为归因（attribution）。人类几乎所有的活动都涉及归因，它是人类的一种天性和本能。

第一节　中国古代归因思想

尽管归因的实证研究始于 20 世纪 50 年代的西方现代心理学，归因相关的思想却源远流长。在中国古代的哲学和文学作品中，有许多文献蕴含了归因的思想，虽然不像现代归因理论那样系统化，但这些文献探讨了人类行为、命运、环境、天道与人事的因果关系。

孔子在论述人类行为时，常通过德行与命运之间的关系来进行归因，认为人的品德和修养会影响其行为及最终的结果。孔子提倡内在的修身，强调通过自我道德修养来改善行为，从而改变命运。《论语》中有一句"君子求诸己，小人求诸人"，意思是，有君子品行的人在面对问题时会首先反省自身，而缺乏修养的人倾向于将责任推给外部因素。这一说法实际上区分了内归因与外归因，与归因理论奠基人弗里茨·海德（Fritz Heider）的观点不谋而合。海德认为，内归因指将行为或事件的原因归于个人内部因素，这些因素通常是个体可以控制的；外归因则将原因归结于外部不可控的因素，如环境、运气或他人行为等。[1]《论语·宪问》篇中的"不怨天，不尤人"强调，个人不应过度埋怨外界或苛责他人。这种注重内归因和内在修养的思想，与儒家自省、自律的核心理

---

[1] Heider, F. (1958). *The psychology of interpersonal relations*. John Wiley & Sons.

念高度契合。孔子虽然推崇内归因，也认识到某些事情超出个人控制，外部因素对结果有重要影响。因此他提出"道之将行也与，命也。道之将废也与，命也"，认为道的推行与否取决于天命。即人在尽力而为后仍未能实现目标，可能会将失败归因于不可控的外部因素。此外，《论语》提出："事父母，能竭其力；事君，能致其身；与朋友交，言而有信。虽曰未学，吾必谓之学矣。"这提醒我们，在判断他人行为的原因时，不应只看某次偶然的表现，而应观察其是否一贯如此。只有当一个人持续表现出相同的行为时，才能将原因归于其自身。现代归因理论，如哈罗德·凯利（Harold H. Kelley）的协变模型（covariation model）中的一致性（consistency）原则和韦纳的动机归因理论（attribution theory of motivation）中的稳定性（stability）原则，都强调在对他人行为进行归因时，需要考虑他们在类似情况下是否始终如一地表现出相同的行为。[①]

与孔子提倡内在修身和内归因不同，《道德经》更倾向于外归因，主张行为受自然和环境等外部因素的影响，而非完全由个体主观控制。例如，《道德经》第 25 章提到"人法地，地法天，天法道，道法自然"，强调万物应遵循自然规律，人类行为也应效法自然。根据老子的观点，许多事情的发生并非由个人控制，而是由外界自然力量决定，这与归因理论中的外归因相似，即认为事件结果常由环境因素决定。《庄子》继承了这一思想，认为天命与自然规律决定人类行为的结果，而非个人意愿。因此，庄子提倡不执着于表面现象，也不对他人的行为过度归因。

---

① 伯纳德·韦纳：《归因动机论》，周玉婷译，中国人民大学出版社 2020 年版；Kelley, H. H. (1967). Attribution theory in social psychology. *Nebraska Symposium on Motivation*, 15, 192-238.

例如"子非鱼，安知鱼之乐"反映了庄子对归因的反思，指出个体无法真正理解他人行为的真实原因，强调每个事物都有其独特的自然状态和根本原因。

第二节 西方归因思想

除了中国古代先贤，西方哲学家也对归因问题表现出浓厚兴趣。早在两千多年前，亚里士多德（Aristotle）就在其著作《尼各马可伦理学》中探讨了归因的概念。[①]他认为每个事件的出现都需要一些必要、足够的条件，而人们在解释事件的时候倾向于将某个事件的原因归咎于这些条件。此外，亚里士多德提出了"四因说"，这是其哲学体系的核心，也是对古希腊自然哲学的总结。[②]亚里士多德认为自然界和人类社会的事件与现象都是由四类原因导致的：质料因（material cause）、形式因（formal cause）、动力因（efficient cause）、目的因（final cause）。质料因指事物的物质基础，比如一个杯子可以由塑料、玻璃或陶土制成。形式因是事物的形态与特征，体现其本质，例如一幅画的形式因包括艺术家的创意、技巧和风格。动力因则是促使事物发生变化的力量，可以是物理上的力，也可以是心理动力，如足球的运动是球员施力的结果，而人们学习新知识可能出于自我驱动力。目的因指事物存在或发展的最终目标，例如一个学生努力学习是为了取得好成绩。亚里士多德认为，

---

① 亚里士多德：《尼各马可伦理学》，廖申白译注，商务印书馆 2017 年版。

② 叶侨健：《系统哲学探源——亚里士多德"四因说"新透视》，《中山大学学报（社会科学版）》1995 年第 4 期。

四种原因共同作用，构成了对事物的全面解释。虽然"四因说"没有直接融入现代归因理论，但它为后世的因果关系研究提供了重要的启示。"四因说"同样考虑了内部与外部因素对因果的影响，这与现代归因理论有相似之处。

经验主义哲学家大卫·休谟（David Hume）对归因理论产生了深远的影响。在著作《人性论》中，休谟提出了"习惯"概念，认为人们对因果关系的推断是基于个人经验中的习惯性联想，而非源于对事物本质或必然性的认识。正如休谟所言，"关于因果的一切推理原来都是由某种印象得来的"①。具体来说，当人们在生活中反复观察到某种现象时，便会形成一种心理习惯，认为未来遇到相似情境时同样的现象会再次发生。举例而言，如果人们多次发现淋雨后总会感冒，并且某次下雨撑了伞就没有感冒，人们会倾向于认为淋雨是感冒的原因。这是因为淋雨与感冒总是相伴发生，并且"任何东西在离开了它的时间或地点之外，便不能产生作用"②。因此，当人们将淋雨与感冒关联起来时，他们其实是在养成一种习惯，即习惯性地在两者之间建立因果关系。然而，休谟认为这种因果关系并不附着于物质本身，而是人类认知的产物。当人们遇到一种前所未见的现象，比如外星人降临，他们无法立即推断出外星人为何来到地球或可能带来的后果。休谟从经验主义的角度对因果律提出了质问，认为因果关系更多的是人类认知的结果，而非客观世界的固有属性。

---

① 休谟：《人性论》，关文运译，商务印书馆1996年版，第101页。
② 休谟：《人性论》，关文运译，商务印书馆1996年版，第91页。

约翰·穆勒（John S. Mill）在休谟的基础上进一步发展了因果推理的理论。穆勒在其著作《逻辑体系》中系统阐述了确定因果关系的五种方法——求同法、差异法、同异联合法、剩余法和共变法。[①]求同法指出，当研究对象出现在不同情境时，如果这些情境中只有一个共同条件，则该条件可被视为现象的原因。比如，一家商店每年某段时间销售额都会大幅下降，店长发现唯一的共同因素是恶劣天气，因此推断恶劣天气是销售额下降的原因。差异法表示，在研究现象出现与不出现的情境中，如果其他条件相同，只有一个条件不同且与现象的出现相伴，则该条件就是现象的原因。例如，店长发现在每周四销售额增加，其他条件不变的情况下，唯一不同的是推出了"买一送一"活动，因此可以推断该活动是销售额增加的原因。同异联合法结合了求同法和差异法，认为在现象出现的情境中某个因素始终存在，而在现象不出现时该因素缺失，则该因素可被视为原因。比如，在"双十一"促销期间，满减活动伴随着销售额的显著增长，而在没有促销活动时，销售额保持稳定，因此可以更加确定促销活动是销售额增加的原因。剩余法通过排除已知因素来推断未解释因素与现象之间的因果关系。例如，已知工作压力和饮食紊乱会导致疲惫，如果这些因素被排除后疲惫依然存在，则可以推断其他未知因素为原因。共变法指出，当其他条件不变时，如果一个现象随着另一个条件的变化而变化，那么该条件就是现象的原因。比如，随着熬夜时间的增加，白天的疲倦感也增加，由此可以推断熬夜与疲倦之间存在

[①] Mill, J. S. (1889). *A system of logic, ratiocinative and inductive: Being a connected view of the principles of evidence and the methods of scientific investigation.* Longmans, Green & Co.

因果关系。穆勒的这些方法，尤其是差异法，对心理学实验设计和归因理论的发展产生了深远影响，成为归因理论中协变模型的重要基础。[①]

康德（Immanuel Kant）对休谟和穆勒的观点提出了批判。他认为，经验无法提供真正的普遍性认知，人们不能仅依赖经验来判断因果关系。[②]康德强调理性在归因过程中的重要性，认为归因不仅基于外部经验的观察，还需要依赖内在的理性结构。尤其当经验无法提供足够的信息时，理性就发挥作用，帮助人们超越单纯的感知，对事物的本质进行思考和理解。想象你是一位公司的部门总监，员工连续三天迟到，你会如何归因？如果仅依赖经验和感知，可能会停留在表象，得出他懒惰或不负责任的结论。而运用理性进行归因时，你会进一步思考员工迟到背后的外部影响和内在动机，例如是否存在健康问题或交通状况的变化，导致其无法准时到岗。理性归因不仅关注现象，更深入探究其背后的本质。通过这样的思考，管理者能够总结员工迟到的模式，找到真正的原因，避免草率做出判断。

第三节　现代归因理论的发展

在长期对归因的探索中，心理学家逐渐归纳、总结出了针对归因的观点，从而形成了有关归因的理论。值得注意的是，归因理论并不特指

---

① Hilton, D. J., Smith, R. H., & Kin, S. H. (1995). Processes of causal explanation and dispositional attribution. *Journal of Personality and Social Psychology*, 68(3), 377-387; Van Overwalle, F. (1997). A test of the joint model of causal attribution. *European Journal of Social Psychology*, 27(2), 221-236.

② Kant, I. (1990). *Critique of pure reason*. Prometheus Books.

某一个理论，而是指一系列研究人们如何找寻自己或他人的行为的原因的理论，并探讨归因过程对后续情感、态度和行为的影响。人们进行归因的过程以及归因后产生的影响，正是归因理论的两个方向——认知归因理论与动机归因理论。经过近 70 年的发展，归因理论依然是心理学研究的焦点之一，展现出持久的生命力。

归因理论的起源可以追溯到 20 世纪 50 年代，源自对社会知觉与人际互动的研究。海德被誉为"归因理论之父"，是该理论的奠基者。[1] 他最初从物体感知研究出发，逐步将其应用于社会互动领域，强调归因在人类生活中的普遍性和重要性。海德提出，人类如同"朴素的科学家"，通过信息搜集和行为线索分析，努力理解并解释行为背后的原因。海德的著作《人际关系心理学》为归因理论奠定了基础，激发了大量心理学家对这一问题的兴趣。之后，许多学者提出了不同的理论和模型，使归因研究成为心理学中的热门议题。继海德之后，多位具有里程碑意义的学者进一步推进了归因理论的发展。

归因理论的发展可以分为三个主要阶段。第一个阶段以爱德华·琼斯（Edward E. Jones）、基思·戴维斯（Keith E. Davis）[2]及凯利[3]的研究为代表。这一阶段集中探讨归因的认知过程，试图厘清人们进行归因推理的心理机制，并发展出普适性的理论原则。琼斯和戴维斯的对应推

———————

[1] Heider, F. (1958). *The psychology of interpersonal relations*. John Wiley & Sons.

[2] Jones, E. E., & Davis, K. E. (1965). From acts to dispositions: The attribution process in person perception. In L. Berkowitz (Ed.), *Advances in Experimental Social Psychology* (Vol. 2, pp. 219-266). Academic Press.

[3] Kelley, H. H. (1967). Attribution theory in social psychology. *Nebraska Symposium on Motivation*, 15, 192-238.

断理论与凯利的方差分析模型是该时期的典型理论。第二个阶段以韦纳的研究为代表，归因研究从认知过程转向归因的效果研究，探讨归因作为动力因素对个体情感、认知和行为的影响。[①]韦纳提出的动机归因理论，促使学者们将因果关系视为自变量，研究其对社会行为的影响，这一阶段的研究也推动了归因理论在应用领域的扩展。第三个阶段是归因理论的体系化发展时期。韦纳的动机归因研究依然是主流，学者们在不同情境下对情感、认知和动机进行了更深入的探讨。同时，归因理论的研究范围逐步从心理学扩展到其他学科，如市场营销、传播学、管理学等。[②]归因理论的应用也从学术研究扩展至实践领域，如企业声誉管理、老年人健康研究以及危机传播等。[③]与此同时，随着实验技术和认知心理学的发展，学者们重新审视了归因认知过程中的未解问题，并尝试通过新方法进行深入研究。值得注意的是，尽管每个阶段有不同的研究侧

[①] Weiner, B. (1986). *An attributional theory of motivation and emotion*. Springer.

[②] An, S. K., & Gower, K. K. (2009). How do the news media frame crises? A content analysis of crisis news coverage. *Public Relations Review*, 35(2), 107-112; Coombs, W. T. (2007). Attribution theory as a guide for post-crisis communication research. *Public Relations Review*, 33(2), 135-139; Ellen, P. S., Webb, D. J., & Mohr, L. A. (2006). Building corporate associations: Consumer attributions for corporate socially responsible programs. *Journal of the Academy of Marketing Science*, 34(2), 147-157.

[③] Coombs, W. T. (2007). Attribution theory as a guide for post-crisis communication research. *Public Relations Review*, 33(2), 135-139; Li, Y., & He, Q. (2021). Is mental illness like any other medical illness? Causal attributions, supportive communication and the social withdrawal inclination of people with chronic mental illnesses in China. *Health Communication*, 36(14), 1949-1960; Ma, L., & Zhan, M. (2016). Effects of attributed responsibility and response strategies on organizational reputation: A meta-analysis of situational crisis communication theory research. *Journal of Public Relations Research*, 28(2), 102-119.

重点，但这些研究并非彼此排斥，各阶段的研究共同推动了归因理论的不断发展。

接下来的两章将详细介绍归因理论发展的两个重要方向——认知归因理论与动机归因理论。

第四节　小结

本章详述了归因理论发展的历程。首先，回顾了中国古代先贤的归因思想，孔子强调内归因对于修身的重要性，而老子主张人类的行为受自然法则的影响（外归因），强调顺应天道的重要性。而后，本章梳理了西方经典哲学家对归因的相关思考。亚里士多德提出的"四因说"探讨了事物发生的多重原因，休谟则对因果律提出质问，穆勒的"五法"为归因提供了方法论指导，而康德则对前人的归因研究进行了批判。基于这些哲学思想，心理学家开始着手对归因进行系统的理论构建与研究。归因理论的研究始于海德，琼斯与戴维斯、凯利推进了认知归因理论发展，韦纳开创了动机归因理论。如今，归因理论已步入体系化发展阶段并广泛应用于多学科领域。

第二章

认知归因理论

人们在推断原因时，遵循着怎样的原则或模式呢？归因是一种发生在脑海中的认知活动，无法直接观察到，认知归因理论试图揭示人们在寻找和解释某一行为或事件原因时的认知过程、原则和模式。认知归因理论是一种解释性理论，而非预测性理论。早期的归因理论大都属于认知归因理论，代表性学者包括海德、琼斯、戴维斯、凯利等。

第一节　归因理论的奠基人：海德

海德于 1958 年出版的《人际关系心理学》拉开了现代归因理论研究的帷幕。[①]在这本书中，他重新定义了"常识心理学"（commonsense psychology），试图探索人际关系的本质。海德认为，人类有两个需求，即建立对环境的一贯理解和控制自己所处的环境。[②]通过归因，人们可以构建起某些因素和行为的因果关系模型，进而预测或者解释某些事件，更好地操纵或者改变未来的环境与结果。这一现象在生活中随处可见。

---

① Heider, F. (1958). *The psychology of interpersonal relations*. John Wiley & Sons.
② Heider, F. (1958). *The psychology of interpersonal relations*. John Wiley & Sons.

比如，广告投放时，广告主总希望知道怎么样优化投放方案能达到最佳效果，因此，他们会对之前既有的广告活动进行分析，以了解哪些渠道或者活动对达成广告目标产生了积极影响，得出"因为投放了这个渠道，所以广告效果好"的因果关系模型，并根据这个模型对今后的广告内容、投放渠道、广告时段进行调整。

对于海德而言，归因是人们对行为、事件或社会现象的一种感知，这与休谟的观点不谋而合。海德曾在其博士学位论文中发问：为什么人们会把物体的颜色等心理构念归于被感知物体的客观属性？对此，海德给出的答案是人们会将他们的直接感知归因于引发该知觉的外部刺激源。[1]基于此，我们可以发现，海德认为归因活动是对行为、事件或社会现象做出的主观推断，是一种感知而非客观存在的属性。在人们推断的过程中，各类不同的因素都会影响他们的判断，而这个过程作为一种心理动态往往是不可见的。海德尝试对这些不可见的因素进行分类，厘清影响人们做出因果推断的因素。

海德提出，在推断因果关系时，人们会将原因归结为内部或外部因素，形成内归因或外归因。这种分类成为归因理论发展的重要基础。内部原因指的是与个人特质相关的因素（如能力、性格、努力等），导致行为或事件的发生；外部原因则与环境或情境因素相关，如任务难度、运气、天气等。[2]例如，当考试成绩不佳时，习惯内归因的学生会认为原因是自己不够努力或学习能力不足，而习惯外归因的学生可能将原因

---

[1] Heider, F. (1944). Social perception and phenomenal causality. *Psychological Review*, 51(6), 358-374.

[2] Heider, F. (1958). *The psychology of interpersonal relations*. John Wiley & Sons.

归结为考试难度过高。此外，海德还讨论了责任推断的过程。他认为，个人对行为结果承担的责任大小受外部因素影响，外部因素对结果的影响越大，个人应承担的责任就越小。[①]例如，恶劣天气导致的请假是可以理解的，因为暴雨、大雪是人无法控制的；但如果小朋友哭闹着不想上学，家长则会批评小朋友，认为他们应该对自己不去上学的行为负责。

海德认为，人们在归因时，通常会寻找某种特定原因与特定结果之间的稳定联系。如果在多种情况下，某一特定原因总是与特定结果相关联，并且当该原因缺失时，结果不会出现，那么该结果就可以归结于这个特定的原因。比如，当水被加热到100℃时，它会沸腾；如果未达到100℃，则水不会沸腾。如果每次实验都得出相同的结果，那么100℃就被视为水沸腾（即特定结果）的特定原因。同样，植物在生长过程中受到单侧光刺激时会向光弯曲，但在黑暗或没有单侧光刺激的情况下不会弯曲，因此可以推断单侧光刺激是植物弯曲的原因。凯利进一步拓展了这一思路，指出人们通常在不确定条件下进行归因，并提出了协变模型。[②]协变模型是归因理论发展中重要的理论之一，影响了后续归因研究的发展。[③]当然，作为归因理论的先驱研究，海德的理论也受到了不同方面的批判。如，海德将归因的过程简单地分类为内因与外因，忽视了人类所处文化环境与社会环境的复杂性，这可能会导致归因偏见；

①　Heider, F. (1958). *The psychology of interpersonal relations*. John Wiley & Sons.

②　Kelley, H. H. (1967). Attribution theory in social psychology. *Nebraska Symposium on Motivation*, 15, 192-238.

③　Kelley, H. H. (1967). Attribution theory in social psychology. *Nebraska Symposium on Motivation*, 15, 192-238; Kelley, H. H. (1973). The processes of causal attribution. *American Psychologist*, 28(2), 107-128.

同时，海德的理论也缺少对人们归因机制的探究，仅仅关注归因本身。这些批判都促使了后续的研究者进一步完善归因理论。

第二节　对应推断理论

海德提出归因理论后，归因研究进入第一个发展阶段，心理学家集中探讨归因的认知机制，试图建立普适性的理论框架。琼斯和戴维斯的对应推断理论（correspondent inference theory）和凯利的协变模型是这一时期的代表性成果，均被视为归因研究的里程碑。

对应推断理论的核心观点是，个体的行为通常源于其个人特质和内在动机；在分析他人行为时，人们往往更关注什么样的个人特质促使了这些行为，而较少考虑外部因素的影响。通过该理论，我们可以更深入地理解人们如何从他人的行为中推测其内在动机和个人特质，以及在何种情境下，人们倾向于忽略外部环境因素，而更多地进行内归因。[①]

琼斯和戴维斯提出了几个影响观察者归因过程的关键因素。

首先，行动者的意图是进行任何推断的前提条件。如果行动者是有意为之，观察者更倾向于将其外在行为与内在特质联系起来；反之，如果行为是无意识的，则无法据此推断个人特质。那么，如何判断某一行为是有意还是无意的呢？这个判断通常通过评估行为者的能力和知识来确定其行为是否具备意图。想象在一个悠闲的周末晚上，你走进一家繁忙的西餐厅，服务员在客人之间忙碌，却对你的需求视而不见，甚至显

[①] Jones, E. E., & Davis, K. E. (1965). From acts to dispositions: The attribution process in person perception. In L. Berkowitz (Ed.), *Advances in experimental social psychology* (Vol. 2, pp. 219-266). Academic Press.

得有些冷漠。你心想，作为服务员，他应该明白保持良好服务态度的重要性。这涉及第一个标准：行动者是否具备有关行为后果的知识。如果这位服务员清楚地知道态度不好会影响餐厅的声誉和他自己的工作，但仍然对客人态度冷漠，是否就意味着他是有意为之呢？这时，我们需要考虑第二个标准：行动者是否具备完成该行为的能力。即便服务员了解服务态度的重要性，但在一个繁忙的周末夜晚，他可能因压力过大，无法维持平时的服务水平。也就是说，即使具备知识，如果缺乏能力，某些行为仍可能是无意的。这就是判断过程中的第二个标准：行动者是否具备完成该行为的能力。

其次，除了行动者意图，当行动者的行为具备以下三种特征之一时，观察者更倾向于将这些行为归因于个人特质。这三个特征包括：非共同性效应（non-common effect）、低于社会期望（under social desire）以及自主选择（intentional choice）。非共同性效应指的是，当一个人的行为与常规情境不一致时，观察者更容易将这种行为归因于其个人特质。也就是说，如果某个行为导致了不同寻常的结果，观察者往往会认为这个结果反映了行动者的内在特质。例如，如果某人在商业决策中采用了一种不寻常的策略并取得了成功，观察者可能会认为此人具有卓越的商业洞察力和智慧。低于社会期望效应指的是，当一个人的行为偏离社会规范或违背社会期待时，观察者更容易将其行为归因于其内在特质。在社会中，人们往往受到环境、群体规范等外在力量的影响，因此大多数人会趋于顺应社会期望。当行为与社会期待一致时，观察者难以从中辨别出行动者的内在特质，最多认为该行为是正常的。然而，当行为明显低于社会期望时，观察者倾向于认为这些行为反映了行动者的真实想法和个人特质。例如，准时赴约是普遍的社会期望，大多数人会遵守约定按时到达。然而，如果某人没有按时赴约，观察者可能会认为此人不守信用。自主选择指的是如果行动者的行为是由其自身的选择决定的或者是其有意识地做出的，则观察者更可能推断行动者的行为是由其个人特质导致的。这可能是因为自主选择的行为更能代表个人的态度、观点、能力等内在属性。例如，当一名员工主动为了工作项目加班时，观察者可能认为这个人具备勤奋、上进的特质。然而，如果加班是因为经理施压，而非员工的自愿选择，那么观察者很大程度上不会将其归因为个人特质。

对应推断理论的局限性主要在于其对外部因素和个体认知偏见等的影响考虑不足，这可能导致对应偏见。[①]在外部因素方面，该理论未充分考虑外部环境的限制与约束。[②]例如，想象一个员工在会议中表现得不够积极，观察者可能会将此归因于员工缺乏动力或工作态度不好。然而，如果该员工正经历身体不适或个人生活中的困难，这些外部因素可能直接影响了他的表现。如果忽视这些外部因素，观察者将该行为简单归因于员工的个人特质，就可能导致不准确的判断。行为者也会受到文化差异的影响。例如，在意大利或巴西，聚餐时大声说话是活跃气氛、展示亲密关系的一种方式，这种行为被认为是积极的社交互动。相比之下，在日本或挪威，安静和礼貌更受重视，大声交谈可能被

① Gilbert, D. T., & Malone, P. S. (1995). The correspondence bias. *Psychological Bulletin*, 117(1), 21-38.

② Gawronski, B. (2004). Theory-based bias correction in dispositional inference: The fundamental attribution error is dead, long live the correspondence bias. *European Review of Social Psychology*, 15(1), 183-217; Gilbert, D. T., & Malone, P. S. (1995). The correspondence bias. *Psychological Bulletin*, 117(1), 21-38.

视为不尊重他人或扰乱公共秩序。因此，忽视文化差异，将大声交谈归因于个人的无礼或冲动，就显得片面且不准确。观察者的推断往往受到自身的偏见和主观判断的影响，他们会依据自己的经验和态度解释他人的行为。例如，假设一名经理对远程办公持怀疑态度，他可能认为员工在家工作时效率低下。如果一名员工在远程会议中没有及时回复消息，经理可能会立即归因于员工懒散或不专心，而忽略了员工可能遇到技术问题或在处理其他紧急工作。这样的推断忽视了外部因素，更多是受到经理的既有偏见影响。值得注意的是，这些局限性并不意味着对应推断理论是错误或无效的，而是提醒我们在应用该理论时需要审慎，综合考虑其他影响因素，以避免过于简单化的归因分析。

第三节　协变模型

凯利基于海德的归因理论进一步发展了协变模型，借鉴协变原则，将归因过程具体化为可操作的模型。[①]这一模型为解释人们在实际生活中的归因行为提供了更系统的框架，帮助理解如何通过多个信息判断行为的原因。凯利认为，归因者依据所掌握的信息量不同，会采用不同的归因方式。具体分为两种情况：多次观察机会和单次观察机会。在多次观察情况下，归因者可以收集更多信息，根据协变原则进行因果推断；而在单次观察情况下，由于信息有限，归因者需要考虑导致该行为结果

---

① Kelley, H. H. (1967). Attribution theory in social psychology. *Nebraska Symposium on Motivation*, 15, 192-238.

的合理因素，通常会使用折扣原则（discounting principle）或因果图式（causal schema）来进行归因。[1]在多次观察机会的情境下，协变原则是核心原则。正如前述，协变原则的关键在于，某些结果会随着特定因素的变化而协同变化。[2]这一过程涉及时间、情境和外部刺激的变化，只有经过一段时间的持续观察，才能发现这种协变关系。因此，该模型要求观察者通过多次观察，从多个渠道获取有关行动者及其环境的信息，以揭示其中的因果关联。

　　凯利认为，导致某一结果的原因可以归为三类：行动者本身的因素（如心境、情感、人格等内部因素）、外部因素（如氛围等外部条件）、刺激对象（如活动对象的特点等）。[3]这些因素可能单独起作用，也可能共同影响结果。例如，若两个人发生争执，可能是因为其中一方的情绪问题（内归因），也可能是由于对方的言行（刺激归因），或是因为当时的环境和气氛（外归因）。那么，如何确定主要原因呢？凯利提出了三种帮助归因的信息：共识性信息（consensus information）、独特性信息（distinctiveness information）和一致性信息（consistency information）。这些信息帮助我们更清晰地分析因果关系。我们通过电

---

[1] Kelley, H. H. (1973). The processes of causal attribution. *American Psychologist*, 28(2), 107-128.

[2] Kelley, H. H. (1973). The processes of causal attribution. *American Psychologist*, 28(2), 107-128; Kelley, H. H. (1987). Causal schemata and the attribution process. In D. Jones, E. Kanouse, H. H. Kelley, R. E. Nisbett, S. Valins, & B. Weiner (Eds.), *Attribution: Perceiving the causes of behavior* (pp. 151-174). Lawrence Erlbaum Associates, Inc.

[3] Kelley, H. H. (1967). Attribution theory in social psychology. *Nebraska Symposium on Motivation*, 15, 192-238.

影的例子来理解这三种信息。共识性信息是指在相同情境或外部刺激下，其他人是否与行动者做出相同反应。如果大多数人都有相同反应（高共识性），观察者会倾向于归因于外部刺激；如果只有少数人有相同反应（低共识性），则观察者更可能归因于内部因素。例如，《泰坦尼克号》作为广受好评的电影，如果某人给予其高度评价，观察者会认为是电影本身优秀；但如果某人给出负面评价，观察者可能会归因于该人的偏好，而不是电影质量。独特性信息指的是行动者在面对不同情境或刺激时，反应是否一致。如果反应在不同情境下差异较大（高独特性），观察者会更倾向于认为外部因素导致了这种反应；如果反应在不同情境下相似（低独特性），观察者会更倾向于归因于内部因素。举例来说，假如一个人看恐怖片时全神贯注，而看爱情片时昏昏欲睡，观察者会认为电影类型影响了他的反应；但如果他对所有类型的电影都无兴趣，观察者可能会认为他本身不喜欢看电影。一致性信息是指行动者在多次面对相同情境或外部刺激时，是否表现出一致的行为。如果行为始终一致（高一致性），观察者会认为内部因素是主要原因；如果行为变化不定（低一致性），观察者会更倾向于归因于外部因素。例如，如果某人每次都选择恐怖片，观察者会认为他喜欢恐怖片；但如果他有时选择恐怖片，有时选择爱情片，观察者可能会认为电影质量而非个人偏好决定了选择。这三种信息一起帮助观察者更准确地判断行为的原因。

　　三种信息都存在高水平与低水平两种情况，观察者获得的信息可能是三种信息不同水平的组合，共有八种可能性（见表2-1）。凯利认为这些信息组合可以为人们提供归因所需的信息，以便人们做出准确的原因推断。

表 2-1　三种信息的八种不同组合

信息种类		
共识性信息	独特性信息	一致性信息
高	高	高
高	高	低
高	低	低
高	低	高
低	高	高
低	高	低
低	低	低
低	低	高

表格来源：Kelley, H. H. (1967). Attribution theory in social psychology. *Nebraska Symposium on Motivation*, 15, 192-238.

协变模型具有很强的操作性，因此众多心理学家对其进行了实证检验。莱斯利·麦克阿瑟（Leslie A. McArthur）是首位对该模型进行实证检验的研究者。[1]她以"约翰嘲笑一个喜剧演员"的行为为例，设置了三类不同的信息——共识性信息指其他人是否也嘲笑该喜剧演员，独特性信息指约翰是否嘲笑其他喜剧演员，一致性信息指约翰在过去是否曾嘲笑过该喜剧演员，并将不同的信息组合呈现给实验参与者。实验结果表明：低共识性、低独特性和高一致性的信息组合促使被试做出内归因；高共识性、高独特性和高一致性的信息促使被试做出刺激归因；高共识

---

[1] McArthur, L. A. (1972). The how and what of why: Some determinants and consequences of causal attribution. *Journal of Personality and Social Psychology*, 22(2), 171-193.

性、低独特性和低一致性的信息则引发外归因；低共识性、低独特性和高一致性信息则更多引发内归因。例如，如果只有约翰嘲笑该演员（低共识性），观察者会将原因归咎于约翰自身；如果约翰只嘲笑该演员而不嘲笑其他演员（低独特性），也会产生同样的结论；若约翰不仅嘲笑该演员，还经常嘲笑其他演员（高一致性），观察者也会倾向于认为这是约翰的性格使然。这些结果基本与凯利模型的预测一致。此外，麦克阿瑟发现，单独的低一致性信息会导致更多的外归因，意味着当人们知道约翰之前没有嘲笑过该演员时，他们倾向于认为这次嘲笑是由外部因素引发的。高共识性或高独特性信息则更多导致刺激归因，也就是说，如果其他人也嘲笑该演员，或约翰只嘲笑该演员而不嘲笑其他演员，人们会认为嘲笑的原因是演员本身。

尽管协变模型被认为在一定程度上是有效的，但它要求大量信息，观察者需要多次观察才能判断行为的一致性、共识性和独特性，进而归咎原因。然而，在日常生活中，人们很少有机会反复观察某一现象以获得足够的全面信息。[1]因此，在仅通过单次观察获得有限信息的情况下，凯利提出了两种可能用于推断因果关系的方法：折扣原则和因果图式。

折扣原则指的是，当存在其他可能的原因时，现有的因果推断的说服力就会打折扣。[2]简单来说，如果一个学生考试成绩不理想，父母最

[1] Kelley, H. H. (1971). *Attribution in social interaction*. General Learning Press; Kelley, H. H. (1987). Causal schemata and the attribution process. In D. Jones, E. Kanouse, H. H. Kelley, R. E. Nisbett, S. Valins, & B. Weiner (Eds.), *Attribution: Perceiving the causes of behavior* (pp. 151-174). Lawrence Erlbaum Associates, Inc.
[2] Kelley, H. H. (1973). The processes of causal attribution. *American Psychologist*, 28(2), 107-128.

初可能认为是因为他学习不够努力；但当得知这次考试难度很大，大家的分数普遍偏低后，他们可能会认为低分不一定是因为孩子不努力，而是受到了外部因素的影响。在折扣原则中，原因可以分为内在和外在两类。凯利指出，在积极情境中，当外在原因被视为抑制性因素时，观察者反而会更倾向于归因于行动者的内部因素。[1]例如，当一次考试难度非常高时，如果某位学生仍然取得了优异成绩，老师可能会将其成绩更多归因于该学生的努力和能力。而当外在原因是促进性因素时，观察者则会减少对行动者内部因素的归因。比如，员工完成了一项相对轻松的任务，领导可能会认为任务本身容易，而不是归因于员工的能力。在消极情境中，归因过程类似。假设目击者看到一起车祸，如果当时天气晴朗、路况良好（外在原因为抑制性因素，不易导致车祸），观察者更可能将车祸归因于司机的粗心或驾驶能力问题，并因此对司机做出较低的道德评价。但如果天气恶劣、路面湿滑（外在原因为促进性因素），观察者会减少对司机本人的归因，更倾向于认为车祸受外界因素影响较大。

因果图式指的是个体如何通过过去的经验和知识，形成对因果关系的理解和预期。[2]它是一种认知捷径，用来帮助人们在复杂的环境中迅

---

[1] Kelley, H. H. (1973). The processes of causal attribution. *American Psychologist*, 28(2), 107-128.

[2] Kelley, H. H. (1971). *Attribution in social interaction*. General Learning Press; Kelley, H. H. (1973). The processes of causal attribution. *American Psychologist*, 28(2), 107-128; Kelley, H. H. (1987). Causal schemata and the attribution process. In D. Jones, E. Kanouse, H. H. Kelley, R. E. Nisbett, S. Valins, & B. Weiner (Eds.), *Attribution: Perceiving the causes of behavior* (pp. 151-174). Lawrence Erlbaum Associates, Inc.

速做出因果推断。[1]例如，当一个人看到杯子从桌子上掉下来摔碎时，他们会根据自己的因果图式推测出"杯子掉下来是因为它被推了一下"或者"桌子不稳"。这种推测依赖于他们以往对类似事件的经验。

凯利介绍了几种常见的因果图式，包括多重充分原因（multiple sufficient causes）图式、多重必要原因（multiple necessary causes）图式、补偿原因（compensatory causes）图式、个人—实体（personal-entity）图式及其变体。[2]多重充分原因图式指出，现有条件中的任何一个都能单独产生相同的结果，即每个条件都是充分条件。折扣原则正是基于这一图式。例如，堵车、睡过头或忘记定闹钟等任一因素都可能导致上班迟到。多重必要原因图式则强调，几种条件必须共同作用才能产生结果。比如，运动员要赢得世界冠军，需同时具备优秀的技战术、良好的心态以及必胜的决心。补偿原因图式表明，当多个条件中的某一个最大化发挥作用或多个条件适度发挥作用时，也可以导致特定结果。比如，学生在考试中取得好成绩，可能是因为他非常努力，或试卷难度较低，或两者兼有。个人—实体图式是对上述因果图式的综合。凯利基于内因和外因、个体和群体等情境，进一步总结了不同的因果图式，帮助解释人们在不同情境下的因果推理方式。[3]

尽管凯利认为因果图式在信息不充分的情况下能够帮助人们进行因

————————
[1] Kahneman, D., Slovic, P., & Tversky, A. (1982). *Judgment under uncertainty: Heuristics and biases*. Cambridge University Press.

[2] Kelley, H. H. (1987). Causal schemata and the attribution process. In D. Jones, E. Kanouse, H. H. Kelley, R. E. Nisbett, S. Valins, & B. Weiner (Eds.), *Attribution: Perceiving the causes of behavior* (pp. 151-174). Lawrence Erlbaum Associates, Inc.

[3] Kelley, H. H. (1987). Causal schemata and the attribution process. In D. Jones, E. Kanouse, H. H. Kelley, R. E. Nisbett, S. Valins, & B. Weiner (Eds.), *Attribution: Perceiving the causes of behavior* (pp. 151-174). Lawrence Erlbaum Associates, Inc.

果推断，但这种认知捷径也存在局限性。首先，因果图式往往聚焦于某个特定原因，从而可能引发偏见。例如，当运动员在比赛中失误时，人们倾向于将其归因于技术不足或训练不够努力，而忽视了身体不适等其他可能产生影响的因素。因果图式本质上是一种刻板印象，其频繁使用可能导致社会偏见的产生，比如历史上白人对黑人的歧视。其次，因果图式的种类繁多，因时、因地、因人、因事而异，研究中难以确定具体的因果图式是否被使用。①刘永芳指出，凯利对因果图式的内容重要性认识不足，更多的是将因果图式视为关系推断的工具，而个体所处的环境和过往经历在塑造其因果图式方面起到了关键作用，且这些图式的内容对人们的因果推断有重要影响。②

第四节 小结

本章介绍了归因研究中的三大经典理论：海德的归因理论、琼斯和戴维斯的对应推断理论，以及凯利的协变模型。它们共同关注普通人如何解释行为背后的原因，试图科学地说明日常生活中的归因过程。海德提出内外因分类以探讨个体如何归因于个人特质或环境，琼斯和戴维斯研究人们如何通过行为推断他人的稳定特质，凯利的协变模型则通过共识性、独特性和一致性三个维度系统地分析归因过程。它们都假设人类如朴素科学家般通过逻辑推理进行归因，就此而言，它们属于偏重理性分析的归因理论。

---

① 刘永芳：《归因理论及其应用》，上海教育出版社 2010 年版；Kelley, H. H. (1973). The processes of causal attribution. *American Psychologist*, 28(2), 107-128.

② 刘永芳：《归因理论及其应用》，上海教育出版社 2010 年版。

——————————————————————————————— 第三章

动机归因理论

认知归因理论侧重于回答认识论的问题——"我们如何归因"，归因本身是认知归因理论的落脚点。然而，个体在确定了某个事件或行为的原因后，往往会基于这一归因做出反应。[①]换句话说，归因不仅是一个认知过程，也是一种动力因素，影响和预测个体后续的认知、情感和行为。因此，动机归因理论应运而生。该理论的代表学者韦纳指出，当归因被视为因变量时，研究通常局限于探讨内部或外部原因等，这在一定程度上限制了归因理论的进一步拓展与应用。[②]而动机归因理论更擅长预测和解释社会生活中的人类行为，展现了广泛的应用潜力。韦纳作为归因理论的集大成者，将归因与行动相结合，创造性地提出了动机归因理论，使归因研究进一步拓展至归因效果的领域。韦纳的动机归因理论并不试图涵盖整个动机领域的所有行为，而是致力于在社会生活的不同情境下，对多种动机进行跨情境的解释。

——————————

① 伯纳德·韦纳：《归因动机论》，周玉婷译，中国人民大学出版社 2020 年版；Weiner, B. (1986). *An attributional theory of motivation and emotion*. Springer; Weiner, B.(1995). *Judgments of responsibility: A foundation for a theory of social conduct*. Guilford Press.

② 伯纳德·韦纳：《归因动机论》，周玉婷译，中国人民大学出版社 2020 年版。

第一节 "生活是法庭，人是法官"的隐喻

隐喻可以作为一种透镜或图式，帮助我们通过熟悉的概念来理解陌生的事物。例如，"人类是鲨鱼"的隐喻会引发我们对人类具备像鲨鱼那样的力量和攻击性的联想。在撰写《归因动机论》一书时，韦纳使用了"生活是法庭，人是法官"这一隐喻将人类的归因活动类比为法官在法庭上审理案件的过程。①归因可分为自我归因和人际归因。自我归因是对自身行为结果的解释，人际归因则是对他人行为结果的判断。相应地，这两类归因分别产生个人动机和社会动机。最初的归因研究主要集中在个人成就领域的归因和动机研究，随着理论的发展，研究逐步扩展至人际归因和社会动机领域，旨在揭示个体对他人的归因如何影响社会互动。韦纳的动机归因理论主要致力于解释人际归因和社会互动。韦纳认为，社会生活本质上是道德生活，其中对公平和正义的追求以及对过失和责任的判断构成了社会行为的本质。韦纳认为自己的理论是有关正义的动机理论，旨在解释道德生活。

"人是法官"意味着人们在日常生活中像法官一样，认为自己有权力或有理由去评判他人的行为是对是错，是无辜还是有过失，并判断他们是否对某个事件或困境负有责任。在法庭上，法官根据证据、证人证词和法律条文来探求案件的真相，力求做出公平公正的裁决。同样，在日常生活中，人们也会通过归因分析，对他人行为背后的各种原因进行审视并做出判断。虽然法官通常理性地评估证据，但情感因素在判决中的影响也难以避免。"生活是法庭"这一概念意味着，日常生活像一个

① 伯纳德·韦纳:《归因动机论》，周玉婷译，中国人民大学出版社2020年版。

法庭，各种涉及责任、过失或冲突的情境不断上演。我们通过互相评判和推断来确定因果关系和责任归属，同时我们也会进行自我辩护，类似于生活中的"审判"和"假释"机制。例如：在室友的日常生活中，A 发现 B 没有按照约定打扫卫生，感到非常生气。A 于是质问 B："为什么没有按时打扫卫生？"这就像法官在寻找有罪或无罪的证据。B 解释道："卫生明天打扫也没关系，今天外面的天气太好了，我出去散步了。"这个理由让 A 更加愤怒，认为 B 根本不在乎双方商定好的家务分工，觉得 B 在逃避责任。A 于是"做出判决"——他决定以后自己也不会严格按照时间打扫卫生。这个例子展示了 A 像法官一样分析 B 的行为，并依据自己对责任的判断做出回应。然而，如果 B 在一开始时真诚地道歉，并解释是某个意外事件导致他未能按时履行责任，那么 A 的反应可能会有所不同。A 可能会表示理解，轻判或直接宣布他"无罪"。

第二节　归因与责任推断

　　韦纳特别关注因果信念如何影响责任推断，以及责任推断对后续行为的预测作用。在韦纳的理论框架中，责任推断占据核心地位，是理解社会行为和动机的重要基础。[1]在日常生活中，人们经常面临与责任推断、谴责和惩罚相关的问题。举个例子：假设在工作中，项目没有按时完成，我们会思考是谁该对此负责——是项目经理的领导不力，还是团队成员没有按时完成任务？我们是否应该责怪某个具体的团队成员，还

---

[1] B. 韦纳：《责任推断：社会行为的理论基础》，张爱卿、郑葳等译，华东师范大学出版社 2004 年版。

是应该反思整个工作流程？这些问题不仅影响我们对责任的判断，也会决定接下来采取的行动，如纠正措施、处罚或改进策略。在韦纳看来，从归因到行动的过程可以表述为：事件起因的确定（归因）——责任推断——谴责——纠正、惩罚或改进。这意味着，归因和责任推断是两个不同的概念，责任推断与谴责或责备也是区分开的，责任推断通过谴责间接地影响惩罚或其他反应。

第二章介绍的归因理论学者主要研究如何识别和理解原因。在韦纳的动机归因理论中，识别和评判事件的起因是进行责任推断的前提，因此，归因认知是该理论的重要组成部分。韦纳将原因属性分为三类：来源（locus）、可控性（locus of control）和稳定性（stability）。来源与海德提出的内因与外因分类类似。[1]内因指的是事件的起因与个体特质或其他内部因素有关，外因则与环境因素相关。在凯利的理论中，环境背景因素与刺激对象是分开的。[2]然而，在韦纳的理论中，环境不仅指活动者或观察者所处的背景环境，也可能包括环境中的其他活动对象。韦纳特别强调，这种分类方式使得跨情境的归因分析具有可比性。虽然归因分析可能应用于不同的动机领域，但动机背后的原因通常可以归为内因或外因，韦纳将其形容为具有"相似的基因型"。可控性是韦纳的动机归因理论中另一中心原因属性。可控性指的是一个原因在多大程度上能够随个体意志变化而变。举例而言，努力的程度是个人可以控制的，而运气是个人无法控制的。韦纳称可控性在归因中或许比来源更重要，

---

① Weiner, B. (1986). *An attributional theory of motivation and emotion*. Springer.

② Kelley, H. H. (1967). *Attribution theory in social psychology*. Nebraska Symposium on Motivation, 15, 192-238.

因为可控性是与个人意志、道德判断直接相关的。①同时，可控性与来源也应当区分清楚，能力与努力是韦纳重点关注的两个因素，能力是内在但不可控的，努力是内在且可控的。除了跨情境，韦纳还考虑到了归因的跨时间性，进而提出了稳定性这一原因属性。高稳定性因素指事件的起因是长期存在的，不易变化，例如天资；低稳定性因素指事件的起因是临时的或短暂出现的，并不持久，例如运气。纳入稳定性后，归因理论变得更加精细化，不仅有助于人们认识原因，且会影响人们归因后的责任推断和行动反应，如惩罚决策。

根据以上三种分类，韦纳将归因拓展到了助人、攻击、道德情感、奖惩等多个动机领域，并以此预测人们的行为。韦纳指出，人们根据来源、可控性以及稳定性进行原因评估，将会引发他们的责任推断，以确定个体所需承担的责任水平。责任推断代表了行动者的自由意志与选择，如果一个人承担了导致结果的责任，那就意味着他造成了这个结果。可控性与意图在评估责任中起到了重要的作用。当个体能掌控结果时，他需要承担造成该结果的责任；而当结果不可控时，他不需要为结果承担责任。例如，当一个人因为醉酒驾驶导致了交通意外时，他/她需要承担刑事责任，因为酒后是否驾车这一行为是个体可以控制的；但如果驾驶员在无既往病史的情况下，在驾驶车辆途中突发疾病而导致了交通事故，个体则无须承担刑事责任。意图指的是人们是否有意做出相应的行为，当某个行动是个体有意而为之时，个体需要承担更大的责任；而当某个行动是个体的无意之举时，个体需要承担的责任相对较小。这两个

① 伯纳德·韦纳：《归因动机论》，周玉婷译，中国人民大学出版社2020年版。

概念有相似之处，但的确是有所区别的。如果一个学生因为旷课而没有获得好成绩，这意味着该学生需要为该结果承担个人责任，因为旷课是可选择的；而当一个学生因为生病而影响考试成绩时，老师可能并不会认为这是学生的责任，因为生病是学生无法控制与选择的。

第三节　辩护与责任的程度

当个体需要为负面事件承担责任时，他们往往会面对负面后果，或是他人的责备，或是社会污名，又或是报复等。[1]因此，人们总会想方设法地减轻自己的责任，以期减少相应的后果。在责任认定过程中的不同阶段，人们会采取不同的策略来减轻自身的责任。[2]当负面事件出现时，最简单直接的策略就是否认。否认可能是表达负面事件并没有发生，例如，"我没有偷东西"；或是承认事件发生，但否认事件的消极影响，例如，"我迟到五分钟也没什么关系"。但当否认策略不能使用，个人不得不承认负面事件及其消极影响时，他会采用借口这一策略来推卸自身的责任。这种策略也有两种形式：将原因归于外部因素，例如，"我考得差是因为我运气不好"；将原因归于不可控的因素，例如，"我考得差是因为我笨"。当借口也并不奏效，不能帮助个体减轻相关责任时，也就是说，负面事件已经被认定为是由行动者内在且可控的原因导致之时，合理化可以作为一种策略减少其责任。合理化行为是强调其行

---

① B. 韦纳：《责任推断：社会行为的理论基础》，张爱卿、郑葳等译，华东师范大学出版社 2004 年版。
② B. 韦纳：《责任推断：社会行为的理论基础》，张爱卿、郑葳等译，华东师范大学出版社 2004 年版。

为的道德性，使他人能够接受行动者的行为原因。例如，"我虽然迟到了，但这是因为我在路上扶了一位摔倒的老人，我确认他没事后才离开的，这才耽误了时间"。这样的合理化解释可能会使他人谅解个体的迟到行为。

但值得注意的是，并不是所有的借口与合理化都能取得他人的谅解或是减轻当事人的责任，如果行动者给出的借口或合理化辩解不被接受，可能会招致更高水平的责任归因。比如，人们如果用睡过头的理由来解释迟到，可能会让他人更加愤怒，因为准点起床与否是人们可以控制的。当所有的方法都不能减轻个人责任时，行动者只能选择道歉或坦白来减轻他人的负面感知，维护关系与自我形象。坦白意味着人们接受自己需要为这个结果负责，并乞求原谅。坦白被证明是一个能有效减少他人消极的情感与行为反应的途径。这似乎与动机归因理论的推断不符，该理论假设个体责任越大，越可能会遭受报复。韦纳解释，其实坦白说明了这个人可能实质上还是一个有道德的人，因此，他在未来会再次犯错误的概率会很小，即行为的稳定性较低，从而减少了他人的惩罚。韦纳也提供了另一种解释：在个体坦白的同时，他已经经受了诸如愧疚、后悔、痛苦等负面情感，已经遭受到了惩罚，因而能有效地减少他人的惩罚。道歉的情境与坦白类似。①

① 伯纳德·韦纳：《归因动机论》，周玉婷译，中国人民大学出版社 2020 年版。

第四节　责任推断的情感和行动反应

　　情感被视为是个体行动的决定性因素，但韦纳认识到许多动机研究并没有考虑到情感因素。[①]因此，韦纳进一步将情感纳入动机归因理论中。韦纳指出，责任推断是引发相应情感的前因变量，不同的责任程度会触发不同的情感。愤怒与同情被确认为与责任推断相关的两种情感。愤怒往往与高水平的责任相联系，当个体需要承担导致负面事件的责任时，他会产生愤怒。如一个学生在上课时不认真听课，且扰乱课堂秩序，老师很可能会对其产生愤怒的情感。而当个体不需要为其困境承担责任时，往往会引发同情。如当一个人因车祸而受重伤时，人们会对此人抱有同情的心理。

　　情感能够将责任推断与行动紧密联系起来。也就是说，当个体进行责任评估并激发出相应的情感后，他们随后的行为将受到这些情感的影响，因此情感具有动机作用。[②]愤怒通常是一种促使个体采取行动的刺激，驱动他们进行自我防卫或实施与正义尺度相当的报复行为。比如，教师可能会要求扰乱课堂秩序的学生罚站。同情则倾向于引发亲社会行为，激励个体帮助他人，例如，人们会为因地震受灾的灾民捐款。同情是一种重要的社会力量，而怜悯则被视为迈向社会正义的关键一步。在后续研究中，韦纳还识别了其他与归因相关的道德情感。他使用可控性这一维度对这些情感进行了区分：嫉妒、蔑视、羞耻和同情被认为与不可控因素相关；羡慕、愤怒、感激、愧疚、愤慨、妒忌、后悔以及幸灾乐祸则与可控因素相关。基于对与归因相关的认知、情感以及行为因素

---

① 伯纳德·韦纳：《归因动机论》，周玉婷译，中国人民大学出版社 2020 年版。
② 伯纳德·韦纳：《归因动机论》，周玉婷译，中国人民大学出版社 2020 年版。

的深刻认识，韦纳将其归纳成一个完整的动机序列（见图 3-1），该序列是一个中介理论模型，归因、责任推断以及情感在事件结果与行为间起到连续中介作用。

事件 ——→ 归因（来源、可控性、稳定性的判断）——→ 责任推断 ——→ 情感 ——→ 行动反应

图 3-1 动机归因理论的框架

图片改编自：伯纳德 • 韦纳：《归因动机论》，周玉婷译，中国人民大学出版社 2020 年版，第 34—35 页。

韦纳还融合了文化与个体差异以增强动机归因理论的普适性。在考虑这些差异之前，韦纳坚持寻找心理学上归因的普遍规律，文化与个体的差异并非理论建构时的首要考量。也就是说，动机归因理论的基本框架其实是一种通用的“深层结构”，个体或文化的差异只是影响构成该动机序列的因素的具体含义。例如，一些人可能喜欢从自己身上找原因，而一些人可能喜欢归因于外部因素。此外，韦纳还提出这些差异可以作为动机序列的调节变量，其影响动机序列的强度，但并不会造成理论结构的改变。这也是动机归因理论能够跨动机领域、跨情境应用的重要表现之一。韦纳在其过往的研究中，已经在课堂、消费者沟通、婚姻等多个领域对动机归因理论进行了验证，也在助人与攻击两大动机研究最关注的领域检验了动机归因理论的适用性，结果都证明了动机归因理论是一个具有强大生命力与解释力的理论。[①]

① B. 韦纳：《责任推断：社会行为的理论基础》，张爱卿、郑葳等译，华东师范大学出版社 2004 年版；伯纳德 • 韦纳：《归因动机论》，周玉婷译，中国人民大学出版社 2020 年版。

诚然，尽管动机归因理论具有种种优点，其仍存在局限之处。首先，动机归因理论将归因和责任推断置于情感之前，但近年的研究显示情感也可以触发认知活动。[1]其次，韦纳假设愤怒作为一种道德情感也会导致反社会行为，但一些实证研究为愤怒促进亲社会行为这一论点提供了经验证据。[2]更重要的一点是，人们似乎在有些时候并不能完全遵循动机归因理论所提出的三维结构对因果关系进行推断，反而会在归因的时候自带偏见。

总体而言，认知归因理论和动机归因理论是相辅相成的：对认知归因过程的理解为研究归因效果奠定了基础，而对归因效果的探讨（动机归因理论）又提升了归因理论的实践价值和应用意义。归因理论之所以被广泛应用，正是因为它作为一种强大的心理机制，能够有效解释日常生活中的行为和社会现象。[3]

[1] Lerner, J. S., Li, Y., Valdesolo, P., & Kassam, K. S. (2015). Emotion and Decision Making. *Annual Review of Psychology*, 66(1), 799-823; Lerner, J. S., & Keltner, D. (2000). Beyond valence: Toward a model of emotion-specific influences on judgement and choice. *Cognition and Emotion*, 14(4), 473-493.

[2] Sasse, J., Li, M., & Baumert, A. (2022). How prosocial is moral courage? *Current Opinion in Psychology*, 44, 146-150; Van Doorn, J., Zeelenberg, M., Breugelmans, S. M., Berger, S., & Okimoto, T. G. (2018). Prosocial consequences of third-party anger. *Theory and Decision*, 84(4), 585-599.

[3] Graham, S. (2020). An attributional theory of motivation. *Contemporary Educational Psychology*, 61,101861; Martinko, M. J., & Mackey, J. D. (2019). Attribution theory: An introduction to the special issue. *Journal of Organizational Behavior*, 40(5), 523-527.

第五节　小结

　　本章对韦纳提出的动机归因理论进行了回顾。动机归因理论是归因理论的重要组成部分。该理论聚焦于因果信念对责任推断的影响，以及责任推断在预测后续情感和行为方面的作用。在韦纳的动机归因理论里，识别和评判事件的起因是进行责任推断的前提。韦纳将原因属性划分为三个维度：来源、可控性和稳定性。当人们对三个原因维度进行评估后，则会进行责任推断。不同程度的责任会触发不同的情感，进而促使人们做出相应的行动反应。韦纳将归因理论的关注重点从影响归因的因素，转移到了归因所引发的后果上，这一转变使得归因理论能够应用于社会生活的不同情境，用以解释人类行为。

第四章

生活中的归因偏见

　　海德假设归因者是朴素的科学家，认为他们的归因过程主要基于逻辑推断。韦纳将归因者比作法官。虽然韦纳承认法官在判案时可能会受到情感等非理性因素的影响，但在他的归因模型中，归因过程仍基于对来源、可控性和稳定性的理性判断。然而，在日常生活中，人们并不总是像科学家或法官那样严格遵循归因模型。相反，他们往往在有限的信息基础上迅速做出归因判断，更容易表现出对特定原因的系统性偏好，从而产生认知偏见（bias）。美国心理学会将偏见定义为特定的认知倾向。心理学家李·罗斯（Lee Ross）提出了"直觉心理学家"（intuitive psychologist）的假设，与"朴素科学家"和"法官"不同，直觉心理学家在提出假设、验证信息和进行因果推断时，常常表现出固有的偏见和误差。[1]例如，谚语"宽以待己，严于律人"便体现了自我服务型偏见的典型表现。当我们在生活或工作中表现不佳时，往往会将原因归结于

---

[1] Ross, L. (1977). The intuitive psychologist and his shortcomings: Distortions in the attribution process. In L. Berkowitz (Ed.), *Advances in experimental social psychology* (Vol. 10, pp. 173-220). Academic Press.

外部环境的不利因素，如工作压力过大、时间不足或环境干扰；但当他人遇到类似问题时，我们更倾向于归因于他们的个人能力不足或缺乏努力。本章将介绍几种经典的归因偏见。认识到这些偏见的存在，可以帮助我们在面对复杂的社会行为和事件时更加谨慎，避免因自动化、未经深思的归因推断而产生误解或做出不当行为。通过理解和反思我们作为"法官"时的偏见与局限，我们能够更好地避免常见的归因陷阱。

第一节　基本归因错误

基本归因错误（fundamental attribution error）是最早引起关注的归因偏见之一。它指的是人们在解释他人行为时，过度强调个人特质或内在因素，而低估或忽略外部环境的影响，导致解释变得过于简单和片面。例如，当一个人体重超标时，人们可能会轻易地认为是因为他或她缺乏自律性，却忽略了可能的外部因素，如生病或经历重大打击。过往有许多与基本归因错误相关的理论为其提供了理论支撑，其中较为典型的解释性理论包括公正世界假说。公正世界假说的核心观点认为，世界是公正的，善有善报，恶有恶报，人们的行为必然会得到公平且恰当的结果。[1]因此，当人们面临失败时，公正世界假说解释为个体的内在因素导致了不利结果，例如他们不够努力或懒惰。这一观点与基本归因错误的核心思想相契合，因其同样强调内在因素的作用而忽视

---

[1] Burger, J. M. (1981). Motivational biases in the attribution of responsibility for an accident: A meta-analysis of the defensive-attribution hypothesis. *Psychological Bulletin*, 90(3), 496-512; Lerner, M. J., & Miller, D. T. (1978). Just world research and the attribution process: Looking back and ahead. *Psychological Bulletin*, 85(5), 1030-1051.

外部情境因素。基本归因错误在自我认知、人际关系和社会层面都会产生负面影响。从人际关系的角度来看，基本归因错误可能导致我们对他人做出不公平的片面评价，影响对他人的整体印象。此外，它可能让我们对他人抱有过高的期望，导致苛求对方，进而影响亲密度和信任感，最终导致误解和关系疏远。在社会层面，基本归因错误可能引发对特定群体的不公正评价，形成刻板印象，进而导致偏见和歧视，不利于社会和谐与稳定。

琼斯与维克托·哈里斯（Victor A. Harris）关于基本归因错误的研究标志着这一领域的开端。[①]基于对应推断理论，他们提出，当行为结果明显是由行动者自由选择时，人们更倾向于将结果归因于行动者的个人特质和内部因素；而当结果是偶然行为引发时，人们则更可能归因于外部因素。为了验证这一假设，琼斯和哈里斯设计了一项实验，要求被试阅读支持或反对菲德尔·卡斯特罗（Fidel Castro，古巴第一任最高领导人）的短文。在阅读前，被试被告知这些短文要么是作者根据自由意志撰写的（如申请大学的材料），要么是为写作课程或政治课程考试而写的。实验结果显示，无论短文是作者自由选择撰写的还是为课程而写，被试都倾向于根据文章表现出来的态度对作者进行归因，而忽视了外部因素的影响。这一结果表明，人们在归因时容易产生偏见，过度强调行动者的内在特质（如态度），而忽略环境对行为的潜在影响。琼斯与哈里斯因此提出，人们的归因活动存在一种"扭曲"（distortion），即在外部情境因素存在的情况下，这种偏见反而更加显著。这意味着人们会过度关注行动者的行为表现，并将其

---

① Jones, E. E., & Harris, V. A. (1967). The attribution of attitudes. *Journal of Experimental Social Psychology*, 3(1), 1-24.

归因于内在特征，而忽视外部因素对行为的影响。

　　琼斯和哈里斯虽然发现了基本归因错误的现象，但并未对其进行系统性的研究，而是提出了未来研究的方向。直到 1977 年，心理学家罗斯正式将这种现象命名为"基本归因错误"。①罗斯从认知失调理论和自我知觉理论出发，认为这些理论中的实验情境依赖于基本归因错误的存在才能解释相关现象。也就是说，行动者和观察者都倾向于低估外部环境的复杂性，同时高估个人特质在行为中的作用，这种认知偏见正是认知失调和自我知觉理论得以成立的基础。罗斯指出，如果人们在日常生活中能够"正确"地进行归因，认知失调现象可能根本不会产生，对应推断理论也不会发展。因此，认知失调理论、自我知觉理论和对应推断理论都需要结合基本归因错误才能更合理地解释人类行为和实验结果。此外，罗斯还强调，社会心理学领域中引起广泛关注的经典实验，往往证明了外部情境因素对行为的强大控制力。②这些实验表明，当个人特质（如态度、偏好）受到强烈的外部情境挑战时，这些特质在引发行为方面其实是脆弱的，并不像人们通常认为的那样坚实可靠。这一发现挑战了普遍假设，即情境因素对行为的影响微小且无关紧要。同样，沃尔特·米歇尔（Walter Mischel）在其研究中也指出，1970 年以前的心理学理论在不同情境下的适用性有限。③他认为，心理学家过度依赖

---

① Ross, L. (1977). The intuitive psychologist and his shortcomings: Distortions in the attribution process. In L. Berkowitz (Ed.), *Advances in experimental social psychology* (Vol. 10, pp. 173-220). Academic Press.

② Ross, L. (1977). The intuitive psychologist and his shortcomings: Distortions in the attribution process. In L. Berkowitz (Ed.), *Advances in experimental social psychology* (Vol. 10, pp. 173-220). Academic Press.

③ Mischel, W. (1968). *Personality and assessment*. John Wiley & Sons.

个人特质来预测行为，而实际研究结果表明，个人特质并不能有效预测行为。这些发现不仅质疑了既有的研究成果，还与人们日常生活中基于个人特质进行判断的假设相矛盾。

第二节　行动者—观察者偏见

基本归因错误主要探讨人们在解释他人行为时所表现出的归因偏见，而行动者—观察者偏见（actor-observer bias）进一步区分了人们在解释自己行为与他人行为时的不同偏见。琼斯与理查德·尼斯贝特（Richard E. Nisbett）首次提出了这一理论假设，他们将人分为两类角色：行动者和观察者。[①]该理论认为，人们在不同的角色中会表现出不同的归因倾向。作为行动者时，人们更倾向于将自己的行为归因于外部情境因素或外部刺激，例如环境压力、偶然事件等。然而，作为观察者时，人们更容易将他人的行为归因于内在特质和个人因素，如性格、态度或动机。这种归因偏见说明了人们在解释自我与他人行为时存在系统性的差异，从而揭示了角色在归因过程中的影响。

尽管行动者—观察者偏见在该理论提出后得到了一些实验研究的支持，但伯特伦·马勒（Bertram F. Malle）在对 1971 年以来的 173 篇相关研究论文进行元分析后发现，这一偏见实际上并不存在。[②]尽管如此，

---

① Jones, E. E., & Nisbett, R. E. (1971). *The actor and the observer: Divergent perceptions of the causes of behavior*. General Learning Press.

② Malle, B. F. (2006). The actor-observer asymmetry in attribution: A (surprising) meta-analysis. *Psychological Bulletin*, 132(6), 895-919; Nisbett, R. E., Caputo, C., Legant, P., & Marecek, J. (1973). Behavior as seen by the actor and as seen by the observer. *Journal of Personality and Social Psychology*, 27(2), 154-164.

基本归因错误及相关现象的出现仍然促使研究者探索其背后的合理解释。马勒提出了三种可能导致行动者—观察者偏见假象的因素：信息差异（知识）、注意力差异（视觉焦点）和动机差异（自由意志）。[1]信息差异指的是行动者与观察者之间掌握的信息量不同。行动者作为行为的主导者，通常拥有更多的情境信息，因此更可能发现与情境相关的行为原因；而观察者往往只能获得有限的信息，特别是缺乏对行动者所处环境的了解，因而更倾向于基于行动者的个人特质进行因果推断。[2]因此，如果观察者能掌握与行动者同样多的情境信息，行动者—观察者偏见就可能消失。[3]注意力差异是指行动者与观察者在归因时的关注点不同。行动者更倾向于将自己的行为融入情境中，无法明确感知到自身特质对行为的影响，表现出一种"外向引导"的倾向，因此更容易进行情境归因；而观察者将注意力集中在行动者及其行为上，更敏感于个体特征，因而倾向于内归因。[4]然而，关于注意力差异是否确实存在，经验研究的结果尚不一致，仍需进一步探讨。动机差异则是第三个解释，指观察者在解释行动者行为时的倾向与行动者的行为意图相关。一些学者认为，行动者为了维护自己的自由意志，往往避免进行内归因；另一些

[1] Malle, B. F. (2006). The actor-observer asymmetry in attribution: A (surprising) meta-analysis. *Psychological Bulletin*, 132(6), 895-919.

[2] Taylor, S. E., & Koivumaki, J. H. (1976). The perception of self and others: Acquaintanceship, affect, and actor-observer differences. *Journal of Personality and Social Psychology*, 33(4), 403-408.

[3] Malle, B. F. (2006). The actor-observer asymmetry in attribution: A (surprising) meta-analysis. *Psychological Bulletin*, 132(6), 895-919.

[4] Jones, E. E., & Nisbett, R. E. (1971). *The actor and the observer: Divergent perceptions of the causes of behavior*. General Learning Press; Nisbett, R. E., & Ross, L. (1980). *Human inference: Strategies and shortcomings of social judgment*. Prentice Hall.

学者则认为，正因为自由意志的存在，行动者在对自身行为归因时更倾向于内归因，以保护其自由感。[①]然而，马勒指出，尽管自由意志可能会影响行为解释，但动机差异未必适用于个人特质与外归因的框架。[②]

此外，国内学者刘永芳提出了背景效应假设，作为行动者—观察者偏见的一种解释。[③]背景效应假设认为，人们会根据自己脑海中已有的背景事件对当前事件进行因果推断。这一假设与凯利提出的因果图式运作模式类似，均认为归因过程是一种模式识别（pattern recognition）过程。[④]然而，刘永芳特别强调了比较在确定事件原因中的重要性。[⑤]他指出，在行为或事件发生后，人们会自发地在脑海中搜索并选择与待解释行为相似的背景事件，并通过比较现有行为与背景事件之间的特征差异，来确定行为的原因。该假设认为，人们将可能导致当前行为的因素与背景事件的原因进行比较，当发现其中有且只有一个因素能够解释两者之间的差异时，这个因素就被认为是导致当前行为的原因。将背景效应假设应用于行动者—观察者偏见时，刘永芳认为，行动者与观察者身份的不同可能

① Malle, B. F., Knobe, J. M., & Nelson, S. E. (2007). Actor-observer asymmetries in explanations of behavior: New answers to an old question. *Journal of Personality and Social Psychology*, 93(4), 491-514; Nisbett, R. E., Caputo, C., Legant, P., & Marecek, J. (1973). Behavior as seen by the actor and as seen by the observer. *Journal of Personality and Social Psychology*, 27, 154-164.

② Malle, B. F. (2006). The actor-observer asymmetry in attribution: A (surprising) meta-analysis. *Psychological Bulletin*, 132(6), 895-919.

③ 刘永芳：《归因过程"背景效应假设"的初步实验研究》，《心理科学》1997 年第 1 期。

④ Kelley, H. H. (1973). The processes of causal attribution. *American Psychologist*, 28(2), 107-128.

⑤ 刘永芳：《归因过程"背景效应假设"的初步实验研究》，《心理科学》1997 年第 1 期。

会导致他们选择的背景事件不同。[1]行动者认为自己的行为随着外部环境变化而改变，而自身的特质并没有变化，因此更倾向于将行为归因于外部因素；而观察者看到的是同一外部情境下多种不同的行为，因而更倾向于认为情境因素是稳定的，行为的差异源于个人特质，从而更多地将行为归因于行动者的内在特质。

第三节　自利性偏见

另一个典型的归因偏见是自利性偏见（self-serving bias），也称享乐偏见（hedonic bias）。不同于行动者—观察者偏见认为行动者总是倾向于将自己的行为归因于外部情境，自利性偏见进一步深入分析了不同情境下的归因模式。具体而言，自利性偏见区分了积极和消极的结果，并指出人们在不同情况下的归因倾向有所不同。与对他人的判断不同，个体往往会将自己正面、积极、成功的行为归因于内在特质，如努力、天赋或能力；而将自己负面、消极、失败的行为归因于外部情境，如运气或环境。[2]例如，当一个学生取得好成绩时，他可能会认为是因为自己足够努力或学习能力出众；而当成绩不理想时，他可能会将原因归结于试卷难度过高。

① 刘永芳：《归因理论及其应用》，上海教育出版社 2010 年版。

② Campbell, W. K., & Sedikides, C. (1999). Self-threat magnifies the self-serving bias: A meta-analytic integration. *Review of General Psychology*, 3(1), 23-43; Larson Jr., J. R. (1977). Evidence for a self-serving bias in the attribution of causality 1. *Journal of Personality*, 45(3), 430-441; Miller, D. T., & Ross, M. (1975). Self-serving biases in the attribution of causality: Fact or fiction? *Psychological Bulletin*, 82, 213-225.

　　戴尔·米勒（Dale T. Miller）和罗斯是检验自利性偏见的早期研究者。[①]他们提出，自利性偏见的形成过程是理性的，基于人们对保护自尊的需求。具体来说，当行为结果与人们的期望相符时，人们倾向于将成功归因于自身的内在特质或个人能力；而当结果未达到预期时，人们更可能归因于外部因素。这一观点与认知失调理论相似。利昂·费斯廷格（Leon Festinger）认为，当个体的行为不符合预期时，会产生认知矛盾，导致心理不适，因此他们会努力缓解这种不适感。[②]如果人们将不如预期的结果归咎于外部因素，则可以帮助他们减轻矛盾感，从而减少认知失调。米勒和罗斯的实验结果也验证了这一推论。米勒和罗斯假设人们总是期待成功，而不期望失败。[③]然而，他们的推论表明，当结果与预期一致时，人们更倾向于进行内归因；而当结果与预期不一致时，人们更倾向于进行外归因。按照这一逻辑，当一个人预期自己会失败时，如果结果确实是失败，他反而会将原因归于自身特质；而当结果出乎意料地成功时，他更可能将成功归因于外部因素。这与自利性偏见的结论截然不同。例如，一个平时成绩不佳且不太努力的学生，如果在一次考试中意外获得了全班第一名，他可能不会将成功归因于自己的能力或努力，反而会觉得是自己运气好才取得了好成绩。这种情况与自利性偏见假设的倾向相反，揭示了归因过程的复杂性。

　　与米勒和罗斯的观点不同，许多研究者认为"享乐"的本能动机

① Miller, D. T., & Ross, M. (1975). Self-serving biases in the attribution of causality: Fact or fiction? *Psychological Bulletin*, 82, 213-225.

② Festinger, L. (1957). *A theory of cognitive dissonance*. Stanford University Press.

③ Miller, D. T., & Ross, M. (1975). Self-serving biases in the attribution of causality: Fact or fiction? *Psychological Bulletin*, 82, 213-225.

是自利性偏见产生的重要原因。现有研究确定了几种动机可能有助于解释这一现象。首先是自我保护动机。自利性偏见帮助个体进行自我提升，维护自我价值。通过将成功归因于自身内在特质，个体可以增强自尊，减少对自我的质疑。同时，这种偏见有助于保护自尊心，尤其是自尊心较强的人，他们更不愿意将失败归咎于自己。[1]其次是印象管理动机。人们希望在他人心中维持一个良好的形象，自利性偏见驱使他们将成功归因于内在因素，这有助于在他人面前呈现出一个更为积极的自我形象，从而赢得好感与认同。[2]此外，人们倾向于认为自己具备"全能"特质，能够应对各种情境，自利性偏见有助于维护这种"优越感"或自我效能感。[3]通过将失败归因于外部因素，个体可以继续相信自己有能力控制局面，保持对自身的积极评价。

　　这些动机同样存在一些值得推敲的地方。首先，并非所有行为或事件的结果都会对个体的自我形象或自尊产生威胁，因此自利性偏见并不一定在每种情况下都会产生。[4]如果行为结果对个人形象或自尊无关紧要，自利性偏见的动机可能不会被触发。其次，对失败进行外归因、对成功进行内在归因并不总是有助于形象管理。他人可能会认为这种归因

[1] Shepperd, J., Malone, W., & Sweeny, K. (2008). Exploring causes of the self-serving bias. *Social and Personality Psychology Compass*, 2(2), 895-908.

[2] Forsyth, D. R., & Schlenker, B. R. (1977). Attributing the causes of group performance: Effects of performance quality, task importance, and future testing 1. *Journal of Personality*, 45(2), 220-236.

[3] 刘永芳：《归因理论及其应用》，上海教育出版社 2010 年版。

[4] Mezulis, A. H., Abramson, L. Y., Hyde, J. S., & Hankin, B. L. (2004). Is there a universal positivity bias in attributions? A meta-analytic review of individual, developmental, and cultural differences in the self-serving attributional bias. *Psychological Bulletin*, 130(5), 711-747; Sedikides, C., Gaertner, L., & Vevea, J. L. (2005). Pancultural self-enhancement reloaded: A meta-analytic reply to Heine (2005). *Journal of Personality and Social Psychology*, 89(4), 539-551.

方式显示出个体过于自大或不敢承担责任，从而降低对个体的评价。因此，在归因时，人们也可能会根据情境权衡利弊，调整归因策略。[1]最后，并非所有情况都符合自利性偏见的假设。在某些失败情况下，个人确实难辞其咎，无法将责任推给外部因素；而在一些成功情境中，个体的成就也未必完全归功于自身。例如，卫星发射的成功依赖于国家的支持和团队合作，单凭个人能力是无法完成的。

第四节　自我中心偏见

罗斯和菲奥雷·西科利(Fiore Sicoly)提出了自我中心偏见(egocentric bias)，也称虚假共识偏见。[2]该偏见指的是，当行动者以特定方式行事时，其往往期望他人也以同样的方式行事。人们通常从自己的决定出发，认为自己的行为在当下情境中是合理且普遍的，进而形成一种虚假的"社会共识"。[3]在这种偏见下，个体倾向于高估自己观点、态度和行为的普遍性，低估他人可能持有不同意见或采取不同行为的可能性。例如，

[1] Bond, M. H., Leung, K., & Wan, K. C. (1982). The social impact of self-effacing attributions: The Chinese case. *The Journal of Social Psychology*, 118(2), 157-166; Kudo, E., & Numazaki, M. (2003). Explicit and direct self-serving bias in Japan: Reexamination of self-serving bias for success and failure. *Journal of Cross-Cultural Psychology*, 34(5), 511-521; Miller, R. S., & Schlenker, B. R. (1985). Egotism in group members: Public and private attributions of responsibility for group performance. *Social Psychology Quarterly*, 48(1), 85-89; Muramoto, Y., Yamaguchi, S., & Kim, U. (2009). Perception of achievement attribution in individual and group contexts: Comparative analysis of Japanese, Korean, and Asian-American results. *Asian Journal of Social Psychology*, 12(3), 199-210.

[2] Ross, M., & Sicoly, F. (1979). Egocentric biases in availability and attribution. *Journal of Personality and Social Psychology*, 37(3), 322-336.

[3] Kahneman, D., Slovic, P., & Tversky, A. (1982). *Judgment under uncertainty: Heuristics and biases*. Cambridge University Press.

当一个人觉得某部电影很好看时，他可能会认为大家也会有相同的看法。如果有人认为这部电影一般，这个人可能会反驳说"大家都觉得这部电影特别好看"，以自己的观点作为群体的参照。

研究者也探讨了自我中心偏见的成因。心理学家布莱恩·马伦（Brian Mullen）认为这种偏见源于无意识的直觉扭曲（perceptual distortion），而非有意为之。[1]丹尼尔·卡尼曼（Daniel Kahneman）等提出，选择性接触和环境信息的有限性是导致自我中心偏见的两个主要因素。选择性接触是指个体倾向于与志趣相投的人交往，避免与持不同意见的人深入接触。[2]由于相似的群体成员在面对相同环境时会有相似的反应，个体不断观察到这种一致性后，便倾向于认为自己的选择具有代表性和普遍性。此外，长期处于观点一致的环境中，个体会形成认知上的便利性，既定环境的反应记忆更易被唤醒，从而认为大多数人会做出相似的反应。[3]环境信息有限是指个体在面对新环境时，往往处于信息不足的状态，对环境特征和限制条件不清楚，也不了解自己的行为会产生什么影响。在这种情况下，人们通常依赖过往经验进行判断，认为自己的选择最为合理，并假设他人也会做出相同的选择，进而形成自我中心偏见。[4]

---

[1] Mullen, B. (1983). Egocentric bias in estimates of consensus. *The Journal of Social Psychology*, 121(1), 31-38.

[2] Kahneman, D., Slovic, P., & Tversky, A. (1982). *Judgment under uncertainty: Heuristics and biases*. Cambridge University Press.

[3] Kahneman, D., Slovic, P., & Tversky, A. (1982). *Judgment under uncertainty: Heuristics and biases*. Cambridge University Press; Ross, M., & Sicoly, F. (1979). Egocentric biases in availability and attribution. *Journal of Personality and Social Psychology*, 37(3), 322-336.

[4] Kahneman, D., Slovic, P., & Tversky, A. (1982). *Judgment under uncertainty: Heuristics and biases*. Cambridge University Press.

第五节　跨文化归因差异

在20世纪90年代末至21世纪初，跨文化差异成为归因研究的热点。跨文化归因研究通常比较东亚与北美，假定东西方的文化差异导致人们在不同文化背景下倾向于采取不同的归因方式。这些文化差异涵盖广泛，包括政治制度、语言、历史、宗教以及行事方式等。吉尔特·霍夫斯泰德（Geert Hofstede）的文化维度理论，尤其是关于个人主义与集体主义的分类，成为许多跨文化归因研究者常用的理论框架。[1]研究认为，北美文化更具个人主义倾向，个体更关注个人特质与性情；而东亚文化更强调集体主义，个体更重视社会情境的作用。[2]

在跨文化归因研究中，对原因来源属性的分析是最为广泛的研究主题之一。西方人更倾向于进行内部性情归因（dispositional attribution），而东方人更倾向于进行外部情境归因（situational attribution），这一观点成为跨文化归因差异的核心论点之一。[3]性情归因指的是，人们认为

[1] Hofstede, G. (1984). *Culture's consequences: International differences in work-related values*. Sage Publications; Hofstede, G. (1991). *Cultures and organizations: Software of the mind*. McGraw-Hill.

[2] Choi, I., Nisbett, R. E., & Norenzayan, A. (1999). Causal attribution across cultures: Variation and universality. *Psychological Bulletin*, 125(1), 47-63; Hofstede, G. (1991). *Cultures and organizations: Software of the mind*. McGraw-Hill; Norenzayan, A., Choi, I., & Nisbett, R. E. (2002). Cultural similarities and differences in social inference: Evidence from behavioral predictions and lay theories of behavior. *Personality and Social Psychology Bulletin*, 28(1), 109-120.

[3] Choi, I., Nisbett, R. E., & Norenzayan, A. (1999). Causal attribution across cultures: Variation and universality. *Psychological Bulletin*, 125(1), 47-63; Dean, K. K., & Koenig, A. M. (2019). Cross-cultural differences and similarities in attribution. In K. D. Keith (Ed), *Cross-cultural psychology* (pp. 575-597). John Wiley & Sons; Norenzayan, A., Choi, I., & Nisbett, R. E. (2002). Cultural similarities and differences in social inference: Evidence from behavioral predictions and lay theories of behavior. *Personality and Social Psychology Bulletin*, 28(1), 109-120.

行动者的行为主要由其内在特质或性情决定，即一个人在不同情境下会保持相对一致的行为模式；情境归因则认为行动者的行为在很大程度上受到情境因素的影响，不同的人在相同情境下可能会表现出相似的行为。[①]研究者提出了两种主要的解释机制：一种基于归因过程的跨文化差异，另一种基于心理认知的跨文化差异。[②]这两种解释机制帮助人们理解为什么不同文化背景下的人在归因时表现出不同的倾向。

　　学者对归因过程中的跨文化差异也提出了不同的解释。一些研究者认为，东西方人都会本能地进行性情归因，但东方人会进一步自动评估情境因素，并将其纳入归因过程中。而西方人并不总是忽视情境因素，只是即使他们意识到了情境因素的存在，通常也不会将其作为归因推断的关键部分。[③]然而，另一些学者质疑"人类本能地进行性情归因"的观点，认

[①] Chiu, C. Y., Hong, Y. Y., & Dweck, C. S. (1997). Lay dispositionism and implicit theories of personality. *Journal of Personality and Social Psychology*, 73(1), 19-30; Choi, I., Nisbett, R. E., & Norenzayan, A. (1999). Causal attribution across cultures: Variation and universality. *Psychological Bulletin*, 125(1), 47-63; Norenzayan, A., Choi, I., & Nisbett, R. E. (2002). Cultural similarities and differences in social inference: Evidence from behavioral predictions and lay theories of behavior. *Personality and Social Psychology Bulletin*, 28(1), 109-120.

[②] Dean, K. K., & Koenig, A. M. (2019). Cross-cultural differences and similarities in attribution. In K. D. Keith (Ed), *Cross-cultural psychology* (pp. 575-597). John Wiley & Sons.

[③] Gawronski, B. (2004). Theory-based bias correction in dispositional inference: The fundamental attribution error is dead, long live the correspondence bias. *European Review of Social Psychology*, 15(1), 183-217; Knowles, E. D., Morris, M. W., Chiu, C.-Y., & Hong, Y.-Y. (2001). Culture and the process of person perception: Evidence for automaticity among East Asians in correcting for situational influences on behavior. *Personality and Social Psychology Bulletin*, 27(10), 1344-1356; Lieberman, M. D., Jarcho, J. M., & Obayashi, J. (2005). Attributional inference across cultures: Similar automatic attributions and different controlled corrections. *Personality and Social Psychology Bulletin*, 31(7), 889-901.

为西方人确实倾向于自然地进行性情归因，而东方人更倾向于本能地进行情境归因，尤其是当情境因素显著时，这种倾向会更加明显。[①]

基于心理认知的跨文化差异研究更多地从文化心理学的角度出发，侧重于不同思维方式的区分。在个人主义文化的影响下，西方人更倾向于以分析性、独立的角度看待世界，认为每个人或事物都是独立的个体，因此更注重个人特质在行为结果中的作用，从而倾向于性情归因。相比之下，东方人受到集体主义文化的熏陶，往往以整体的视角看待世界，认为事物之间是相互联系、彼此影响的，因此更关注情境因素在塑造个人行为中的作用，倾向于情境归因。[②]此外，常人理论（lay theory）也为解释跨文化归因差异提供了一个有力框架。[③]东方人更倾向于相信增量理论（incremental theory），认为人的性格特征可以随着情境的变化而塑造和发展；西方人则更支持本质理论（entity theory），认为人的

① Briley, D. A., & Aaker, J. L. (2006). When does culture matter? Effects of personal knowledge on the correction of culture-based judgments. *Journal of Marketing Research*, 43(3), 395-408; Geeraert, N., & Yzerbyt, V. Y. (2007). Cultural differences in the correction of social inferences: Does the dispositional rebound occur in an interdependent culture? *British Journal of Social Psychology*, 46(2), 423-435.

② Choi, I., Nisbett, R. E., & Norenzayan, A. (1999). Causal attribution across cultures: Variation and universality. *Psychological Bulletin*, 125(1), 47-63; Nisbett, R. E., Peng, K., Choi, I., & Norenzayan, A. (2001). Culture and systems of thought: Holistic versus analytic cognition. *Psychological Review*, 108(2), 291-310.

③ Dweck, C. S., Hong, Y. Y, & Chiu, C. Y. (1993). Implicit theories individual differences in the likelihood and meaning of dispositional inference. *Personality and Social Psychology Bulletin*, 19(5), 644-656; Norenzayan, A., Choi, I., & Nisbett, R. E. (2002). Cultural similarities and differences in social inference: Evidence from behavioral predictions and lay theories of behavior. *Personality and Social Psychology Bulletin*, 28(1), 109-120.

内在特质是固定且不可改变的。[①]因此，这种文化差异导致了不同的归因倾向：西方人更容易将行为归因于相对稳定的性格因素，而东方人更倾向于将行为归因于可塑的情境因素。[②]

此外，学者还提出，东西方在自利性偏见上存在文化差异。[③]上文提到，自利性偏见通常指个体倾向于将成功归因于自身特质，而将失败归因于外部因素。然而，跨文化研究发现，西方人更容易表现出自利性偏见，而东方人在表现出自利性偏见的同时，也倾向于自我批评。[④]这种差

①　Chiu, C. Y., Hong, Y. Y., & Dweck, C. S. (1997). Lay dispositionism and implicit theories of personality. *Journal of Personality and Social Psychology*, 73(1), 19-30; Choi, I., Nisbett, R. E., & Norenzayan, A. (1999). Causal attribution across cultures: Variation and universality. *Psychological Bulletin*, 125(1), 47-63; Norenzayan, A., Choi, I., & Nisbett, R. E. (2002). Cultural similarities and differences in social inference: Evidence from behavioral predictions and lay theories of behavior. *Personality and Social Psychology Bulletin*, 28(1), 109-120.

②　Chiu, C. Y., Hong, Y. Y., & Dweck, C. S. (1997). Lay dispositionism and implicit theories of personality. *Journal of Personality and Social Psychology*, 73(1), 19-30; Choi, I., Nisbett, R. E., & Norenzayan, A. (1999). Causal attribution across cultures: Variation and universality. *Psychological Bulletin*, 125(1), 47-63; Dweck, C. S., Hong, Y. Y., & Chiu, C. Y. (1993). Implicit theories individual differences in the likelihood and meaning of dispositional inference. *Personality and Social Psychology Bulletin*, 19(5), 644-656; Norenzayan, A., Choi, I., & Nisbett, R. E. (2002). Cultural similarities and differences in social inference: Evidence from behavioral predictions and lay theories of behavior. *Personality and Social Psychology Bulletin*, 28(1), 109-120.

③　Dean, K. K., & Koenig, A. M. (2019). Cross-cultural differences and similarities in attribution. In K. D. Keith (Ed), *Cross-cultural psychology* (pp. 575-597). John Wiley & Sons.

④　Kashima, Y., & Triandis, H. C. (1986). The self-serving bias in attributions as a coping strategy: A cross-cultural study. *Journal of Cross-Cultural Psychology*, 17(1), 83-97; McClure, J., Meyer, L. H., Garisch, J., Fischer, R., Weir, K. F., & Walkey, F. H. (2011). Students' attributions for their best and worst marks: Do they relate to achievement? *Contemporary Educational Psychology*, 36(2), 71-81; Mezulis, A. H., Abramson, L. Y., Hyde, J. S., & Hankin, B. L. (2004). Is there a universal positivity bias in attributions? A meta-analytic review of individual, developmental, and cultural differences in the self-serving attributional bias. *Psychological Bulletin*, 130(5), 711-747.

异可以通过个人主义与集体主义的文化差异来解释。在个人主义文化中，强调个体在成功中的重要性有助于自我呈现，提升个体在群体中的形象；而在集体主义文化中，过于突出个人特质在成功中的作用可能无法赢得他人的认可。[1]此外，东方文化深受儒家思想影响，儒家文化提倡谦逊与虚心，这使得东方人更不倾向于将成功归因于自身。同时，儒家文化中的反思与自省观念也可能促使东方人更容易进行自我批评，而西方人不太受这种文化的影响。[2]

诚然，跨文化情境会影响不同文化背景下人们的归因方式，但无论处于何种文化背景，个体都会表现出一些共通的归因倾向。一些学者发现，性情归因具有跨文化的普遍性。也就是说，无论个体是受到东方文化还是西方文化的影响，他们都倾向于进行性情归因。在缺乏情境因素时，性情归因往往是各文化中个体主要的因果推断方式。[3]

---

[1] Bond, M. H., Leung, K., & Wan, K. C. (1982). The social impact of self-effacing attributions: The Chinese case. *The Journal of Social Psychology*, 118(2), 157-166; Muramoto, Y., Yamaguchi, S., & Kim, U. (2009). Perception of achievement attribution in individual and group contexts: Comparative analysis of Japanese, Korean, and Asian-American results. *Asian Journal of Social Psychology*, 12(3), 199-210.

[2] Choi, I., & Nisbett, R. E. (1998). Situational salience and cultural differences in the correspondence bias and actor-observer bias. *Personality and Social Psychology Bulletin*, 24(9), 949-960; Muramoto, Y., Yamaguchi, S., & Kim, U. (2009). Perception of achievement attribution in individual and group contexts: Comparative analysis of Japanese, Korean, and Asian-American results. *Asian Journal of Social Psychology*, 12(3), 199-210.

[3] Kurman, J. (2003). Why is self-enhancement low in certain collectivist cultures? An investigation of two competing explanations. *Journal of Cross-Cultural Psychology*, 34(5), 496-510; Norenzayan, A., Choi, I., & Nisbett, R. E. (2002). Cultural similarities and differences in social inference: Evidence from behavioral predictions and lay theories of behavior. *Personality and Social Psychology Bulletin*, 28(1), 109-120.

随着全球化的不断深入，东西方文化也在不断交融，互动主义的观点逐渐获得更多认可。[1]互动主义认为，个体的行为是由内在特质与所处环境共同决定的，所有行为都是情境与个人特质相互作用的结果。尤其在社会行为的预测方面，东西方文化中的学者都高度认同互动主义。[2]

第六节　小结

本章内容围绕归因偏见展开，介绍了几种经典的归因理论及其偏见现象。首先，基本归因错误是最早被关注的归因偏见，指人们在解释他人行为时，倾向于过度强调个人特质，忽略外部情境的影响。其次，行动者—观察者偏见指出，人们在解释自己行为时更倾向于归因于外部因素，而在解释他人行为时更倾向于归因于内在特质。尽管这种偏见得到了一些支持，但后续研究发现，它可能并不普遍存在。自利性偏见则进一步区分了个体在成功和失败情境下的归因倾向，成功时更倾向于归因于内在因素，失败时更倾向于归因于外部因素。此外，自我中心偏见指个体往往高估自己的观点和行为的普遍性，倾向于认为他人会与自己做出相同选择。跨文化研究揭示了东西方在归因方式上的差异，西方人更倾向于性情归因，东方人则倾向于情境归因。不过，在全球化背景下，互动主义逐渐被更多人认可，认为个体行为是内在特质与情境共同作用

① Norenzayan, A., Choi, I., & Nisbett, R. E. (2002). Cultural similarities and differences in social inference: Evidence from behavioral predictions and lay theories of behavior. *Personality and Social Psychology Bulletin*, 28(1), 109-120.
② Norenzayan, A., Choi, I., & Nisbett, R. E. (2002). Cultural similarities and differences in social inference: Evidence from behavioral predictions and lay theories of behavior. *Personality and Social Psychology Bulletin*, 28(1), 109-120.

的结果。识别归因偏见至关重要，因为它不仅影响人际关系，还可能进一步影响对社会群体的认知，导致刻板印象和歧视行为。通过识别并反思这些偏见，个体可以更公正地理解他人的行为，减少误解，并促进形成更包容的社会环境。

网络舆论的法庭

· 第二篇 ·

第五章

幻影公众：有认知偏见的局外人

心理学家对归因现象的研究主要集中在个体内或人际互动层面，一方面探讨个体的归因过程，另一方面关注归因对个体决策、社会认知、跨文化交流和人际关系的影响。尽管相关研究关注人际交往和社会互动，但这类研究通常是在私人领域进行的，与社会公共事务无关。然而，在社交媒体时代，私人领域和公共领域之间的界限逐渐模糊，个体的归因及相关表达很容易进入公共领域，引发公众关注，甚至演变为公共议题，影响公共事务。因此，在社交媒体时代，理解归因过程及其在公共领域的影响已成为当今的重要课题。

第一节　从个人到公众

个人指的是拥有独立身份的个体，通常在私人领域内实现自我表达与行动。私人领域涵盖了个人的生活空间及与之相关的各个方面，包括家庭生活、朋友关系、个人兴趣爱好，以及其他个人事务。在这一领域内，个体的活动、表达及决策通常免受外界或社会规范的直接干预，同时也不会对公共事务及公共决策产生直接影响。私人领域与公共领域作为相对的概念而存在。最早系统研究公共领域的学者汉娜·阿伦特（Hannah Arendt）指出，公共领域具有去私人化和去个人化的特征。她将公共领域视为一个开放的空间，社会成员在其中超越个人私利，对公共事务进行协商和对话。^①尤根·哈贝马斯（Jürgen Habermas）是公共领域理论的杰出构建者，他开创性地打破了传统的"国家—社会"二元模式，提出了"公共权力领域、公共领域、私人领域"的三重结构。在这一新架构中，哈贝马斯强调公共领域介于国家和社会的核心地位，指出公众意见正是在这一开放的交流与对话空间中逐渐形成和汇聚的。^②

想象一个小镇，居民们可以通过多种方式参与公共事务的讨论和决策。他们不仅能在定期的市民大会上对社区问题发表意见，如新公园建设、交通改善和教育质量提升等，还可以通过社交媒体、报纸、广播、电视等媒介更深入地了解并讨论公共事务。历史上，这些表达和参与的渠道曾以沙龙聚会、咖啡馆集会、街头游行或广场演讲的形式存在。原则上，公共领域对所有人开放，参与者不是为了处理私人事务，也不是作为团体代表接受官方询问，而是自愿参与对话和社会事务。当人们自愿聚集，围绕共同关心的社会议题展开讨论并积极表达意见时，就形成了"公众"。^③公众不是被动的受众，而是能够通过表达、对话和协商来影响公共事务和维护公共利益的群体。群体意味着个体的相遇，个体

———————

① 吴飞、杨龙梦珏：《论数字公共领域的结构新转型》，《国际新闻界》2023年第5期；汉娜·阿伦特：《人的境况》，王寅丽译，上海人民出版社2009年版。

② 尤根·哈贝马斯：《公共领域（1964）》，汪晖译，《天涯》1997年第3期；汪晖、陈燕谷：《文化与公共性》，生活·读书·新知三联书店2005年版。

③ 约翰·杜威：《公众及其问题》，本书翻译编译组，复旦大学出版社2015年版；约翰·杜威：《杜威全集·晚期著作（1925—1953）：第二卷（1925—1927）》，张奇峰、王巧贞译，华东师范大学出版社2015年版。

的汇聚产生了公共性，这与单一的私人性和个体性有所区别。①

第二节　幻影公众

回望 18—19 世纪，卢梭（Jean-Jacque Rosseau）与穆勒等杰出思想家高擎"天赋人权"的启蒙大旗，坚定不移地信奉人类蕴藏着无限的智慧，凭借理性的力量，能够探索并揭示真理。②这些启蒙时代的智者将公众置于至高无上的地位，认为公众是由个体公民组成的有机体，拥有超越个体意愿的统一意志，象征着无私与普世的崇高理念。在他们看来，社会的共同意志与社会契约的基石，正是在公众意见的自由表达与讨论中得以构筑。因此，他们珍视公众的言论自由以及参与公共事务的权利，视之为民主政治的基石。在他们笔下，民主之精髓，体现为公众意见与政策之间的公开互动影响；倘若政策制定过程缺失了公众声音的参与，那么关于政策的探讨都将失去其实际意义，成为空洞的言辞。③

20 世纪美国著名新闻评论家及作家李普曼挑战启蒙思想家的传统观念，认为公众与民主存在对立。一战期间，身为陆军上尉的他负责情报工作，赴欧洲参与协约国军事宣传，撰写数百万份传单投放至敌对国

① 尤根·哈贝马斯：《公共领域（1964）》，汪晖译，《天涯》1997 年第 3 期；汪晖、陈燕谷：《文化与公共性》，生活·读书·新知三联书店 2005 年版；吴飞、杨龙梦珏：《论数字公共领域的结构新转型》，《国际新闻界》2023 年第 5 期。

② 卢梭：《社会契约论》，何兆武译，商务印书馆 2003 年版；约翰·密尔：《论自由》，程崇华译，商务印书馆 1959 年版。

③ Bain, R., & Lasswell, H. D. (1941). Democracy through public opinion. *American Sociological Review*, 6(4), 596；Scoble, H. M., & Key, V. O. (1962). Public opinion and American democracy. *Midwest Journal of Political Science*, 6(3), 297.

阵地，有效推动了美国战时宣传。^①此番经历使李普曼深刻认识到宣传对民主体制的影响。尤其在 1919 年巴黎和会召开前后，有关和谈的谣言与假新闻甚嚣尘上，对美国公众的思想与信念产生了巨大影响。李普曼认识到舆论可以被政府操控，公民同意和所谓的共同意志可以被制造，因此深深怀疑公众参与公共事务的能力。

李普曼的《舆论》与《幻影公众》两本书均以公众为研究主体，指出传统民主理论所塑造的神圣公众形象，实则仅为一个幻影，因而将其称为幻影公众。^②李普曼将公众比作剧院后排聋哑的观众，他们虽置身于剧情之中，却难以保持清醒，仅能感受到周围事件的微弱震动，却对具体细节、幕后操控及自身去向一无所知。他们仿佛生活在一个迷雾重重、方向不明的世界里。在李普曼看来，公众是民主的局外人。相较于那些掌握特定事件或环境第一手信息的局内人，公众仅能窥见事件的模糊轮廓，既不了解事件的前因，也不清楚其后续发展，更缺乏事件处理所需的决策力和行动力。鉴于有限的时间、精力和兴趣，公众对公共事务的关注也是间歇性的，且很容易就转移了注意力。唯有当事件转化为充满矛盾冲突的通俗剧情时，其兴趣才能被激发。公众往往仅凭对剧情的粗浅了解与随意旁观，便迅速对善恶角色做出判断。传统民主理论将公众描绘为正义的化身，承载着真善美的理想，然而，现实中每个个体公众仅是偶尔且粗略地关注这些剧情，并随机聚集在一起，他们难以就什么是正义和美好达成统一的公众意见。^③

---

① 罗纳德·斯蒂尔：《李普曼传》，于滨、陈小平、谈锋译，中信出版社 2008 年版。
② 沃尔特·李普曼：《舆论》，常江、肖寒译，北京大学出版社 2018 年版；
沃尔特·李普曼：《幻影公众》，林牧茵译，北京联合出版公司 2020 年版。
③ 沃尔特·李普曼：《幻影公众》，林牧茵译，北京联合出版公司 2020 年版。

第三节 李杜之辩

李普曼虽将公众比拟为幻影公众，然而公众对于民主并非全然无益。在特定的情境或事件中，公众实际上是与某些利益相关的局外人。尽管作为局外人，他们可能缺乏直接处理公共事务的专业能力和持久的积极性，但他们仍拥有表达和发声的能力，成为局内人动员和争取的关键力量，从而起到制衡强权与专制、为法律制定创造有利环境的作用。李普曼对公众直接涉足公共事务的能力持保留态度，他坚信公众能够选择自身的代理人，将参与公共事务及决策的权力赋予那些拥有专业知识的局内人。而作为民主政治的局外人，公众能做的，是在局内人所呈现的选项中，以投票的形式表达他们的赞同或反对，有些对公共事务丧失兴趣的选民甚至会选择弃权。实质上，李普曼推崇的是精英政治，他提出对国家事务的管理应当交给精英阶层。

与李普曼不同的是，哲学家约翰·杜威（John Dewey）坚持民主需要公众不断地参与、警惕才能实现，他反对李普曼的精英主义与技术官僚制度。杜威与李普曼之间就民主的本质、公众在民主中的作用、新闻与民主的关系等一系列问题展开了辩论。这一辩论植根于特定的时代背景：工业化和城市化的飞速发展引发了一系列的社会问题，以无线电、电报、广播、电话等为代表的新兴技术的产生改变了公共传播的形式，也影响着人们的思想和行为。大量的公共讨论使得政府能够更方便地了解公众的意愿和诉求。但是，随之而来的是政府对思想和言论愈演愈烈的控制。第一次世界大战中战时宣传的成功以及战后各个政党对新闻与宣传的利用、对公众日常生活的操纵使得与舆论密切关联的新闻被污染，真相与谣言的混杂动摇了人们对新闻的信任，基于公众理性所形成的健康舆论环境不复存在，并进一步对民主政治产生了威胁。①在此基础上，以李普曼为代表的现实主义民主观与以杜威为代表的传统民主观之间产生了冲突。

李普曼以一种原子化的视角看待公众，他质疑传统民主理论中将公众视为有机整体的观念，认为这种理论错误地将公众的多样意愿和想法简化为单一意志，仿佛每个人都是庞大有机体中的一个细胞。而实际上公众不过是对特定议题感兴趣的人群的临时集合，缺乏稳定性和内在联系。②在一个事件中的局外人，也有可能是另一个事件中的局内人。李普曼指出，将公众视为有机体的理论忽视了局内人与局外人的本质区别。相比之下，杜威则主张公众是社会有机体的组成部分，个体能够组织起来，形成联合行动，共同为更广泛的社会共同体目标而努力。尽管并非所有公众都直接参与每一项行动，但作为社会共同体的意愿体现，公众会受到这些行动结果的深远影响。因此，杜威强调公众必须积极参与到公共事务的治理之中，唯有如此，才能制定出真正符合公众共同利益的政策。③

值得注意的是，杜威和李普曼都看到了民主进程中的一些问题，杜威认为李普曼的《幻影公众》的贡献是建设性的。他承认李普曼提到的种种现象真实地在社会生活中发生着，全知全能的公众是不存在的，公

① 陆晔：《美国新闻业"客观性法则"的历史演进》，《新闻大学》1994 年第 1 期；单波、黄泰岩：《新闻传媒如何扮演民主参与的角色？——评杜威和李普曼在新闻与民主关系问题上的分歧》，《国外社会科学》2003 年第 3 期。
② 沃尔特·李普曼：《幻影公众》，林牧茵译，北京联合出版公司 2020 年版。
③ 约翰·杜威：《公众及其问题》，本书翻译组译，复旦大学出版社 2015 年版；约翰·杜威：《杜威全集·晚期著作（1925—1953）：第二卷（1925—1927）》，张奇峰、王巧贞译，华东师范大学出版社 2015 年版。

众很多时候会被习惯、情感左右而无法做出理性、客观、正确的判断。公众对真相的判断较为肤浅，不能发现更深层次的内容。不过，与李普曼不同的是，杜威认为将公众排除在公共事务之外并不是解决问题的有效途径。杜威认为公众是可以被教化的，公众可以通过教育能不断汲取新知与技术，增强自我意识和权利意识。当知识积累到一定程度时，公众将产生质变，具备参与社会治理的能力。[1]在杜威看来，李普曼所提出的一系列问题都源于公众乃人类协作的结果，而一战对协作的破坏导致了公众暂时的消失。[2]

李普曼与杜威的分歧深刻反映了现实主义与传统主义民主观的碰撞。李普曼倡导基于人性被动性的精英政治和代议制民主，认为公众在精英主导的传统模式下往往被动接受决策，参与度受限。相反，杜威主张参与式民主，强调激发公众的主动性与智慧，通过自由讨论、意见贡献、经验分享等参与公共事务。这场争论发生在百余年前，李普曼作为现实主义民主观的代表，悲观地认为公众易受操纵，不堪民主之重；而杜威作为传统民主主义的支持者，坚持公众理性是民主实现的关键，其观点尽管更加理想化，但一直是民主理论的主流。李普曼勇于挑战传统、批判经典，其公众观激发了人们对公共事务与公共利益的反思，至今仍在新媒介环境下闪耀着理性的光辉，启迪着当代读者。

---

[1] 约翰·杜威：《公众及其问题》，本书翻译组译，复旦大学出版社 2015 年版；约翰·杜威：《杜威全集·晚期著作（1925—1953）：第二卷（1925—1927）》，张奇峰、王巧贞译，华东师范大学出版社 2015 年版。

[2] 单波、黄泰岩：《新闻传媒如何扮演民主参与的角色？——评杜威和李普曼在新闻与民主关系问题上的分歧》，《国外社会科学》2003 年第 3 期。

第四节　拟态环境与认知偏见

李普曼将公众视为幻影公众的一个核心原因在于公众认知的局限性。在任何一个没有小到成员可以全面掌握所有事件的社会中，认知局限在所难免。这一局限是因为"外部世界的迷雾"的存在，"我们头脑中的景象"不能真实地反映外部世界。[①]"迷雾"的形成受多种因素的影响，除事实本身的复杂性之外，战争、审查制度、社交圈子的限制和语言的贫乏等都影响着公众对外部世界的认知。即使大众传播技术的发展能让身居一隅的公众通过新闻媒体了解外部世界，但这个媒体所呈现的外部世界并不一定是真实的；即使公众自认为能不经过滤地看待外部世界，他们也并不能保证自己看到的世界一定是真实的图景。基于此，李普曼提出了"拟态环境"（pseudo-environment）的概念，它介于人和真实环境。拟态环境并非真实环境，却能激发人们的判断，进而驱使他们对真实环境采取行动。李普曼的拟态环境理论建立在这样一个基础假设之上：人类无法直接接触到现实世界的复杂性，所了解的永远只是事实的冰山一角，因此，只能通过媒体过滤的信息建构自己的拟态环境。然而，新闻媒体和其他信息源并不能完全还原现实，而是通过简化、选择和重组信息来形成一个替代现实，即拟态环境。这一概念强调了媒体在信息传递过程中的建构性作用，并且指出个人的观念往往是通过这种媒体生成的信息而非亲身经历塑造的。李普曼指出，拟态环境导致个体对现实的认知充斥着误解与偏见，其中，刻板印象便是这种认知偏见的一个典型例证。

[①] 沃尔特·李普曼：《舆论》，常江、肖寒译，北京大学出版社2018年版。

李普曼认为，刻板印象是人类认知的一种简化策略，用来应对现实中的复杂性和不确定性，然而这一简化的认知模式常常引发对群体成员的过度概括，忽略个体差异，从而导致对他人的不公正评价和不公平待遇。[①]媒体在公众形成刻板印象的过程中扮演着关键角色，因为媒体选择性地报道和呈现信息，影响了人们对现实的认知。李普曼的思想激励了众多媒介与传播学者，推动他们深入探讨拟态环境与刻板印象的关联。麦克斯韦·麦克姆斯（Maxwell E. McCombs）和唐纳德·肖（Donald Shaw）的议程设置理论指出，新闻媒体通过选择报道议题，影响公众对这些议题重要性的认知，这与拟态环境的构建紧密相关。[②]新闻媒体不仅决定公众的关注焦点，还影响其对这些议题的看法。乔治·格伯纳（George Gerbner）提出的涵化理论则强调，长期接触媒体塑造的世界观会使受众对现实世界产生系统性误解，如频繁接触暴力内容的观众可能认为现实世界更危险。[③]媒体框架理论同样关联刻板印象的形成。媒体通过选择性报道和强调特定角度，影响公众对事件和群体的解读，这可能强化既有刻板印象或塑造新的刻板印象。[④]罗伯特·恩特曼（Robert M. Entman）和安德鲁·罗杰基（Andrew Rojecki）研究了美国媒体中的

① 沃尔特·李普曼：《舆论》，常江、肖寒译，北京大学出版社 2018 年版；Allport, G. W. (1954). *The nature of prejudice*. Addison-Wesley.

② McCombs, M. E., & Shaw, D. L. (1972). The agenda-setting function of mass media. *Public Opinion Quarterly*, 36(2), 176-187.

③ Gerbner, G. (1998). Cultivation analysis: An overview. *Mass Communication & Society*, 1(3-4), 175-194.

④ Entman, R. M. (1993). Framing: Toward clarification of a fractured paradigm. *Journal of Communication*, 43(4), 51-58.

种族刻板印象，发现媒体对少数族裔的负面呈现加深了公众偏见。[①]拟态环境与刻板印象的关系不仅影响个体认知，还对社会产生深远影响。媒体塑造的拟态环境导致的刻板印象常引发社会偏见、歧视和不平等，影响公共政策和舆论，甚至触发社会极化和群体对立，威胁社会稳定。

第五节 小结

像许多传播学著作一样，本书深受李普曼思想的启发。本章首先阐述，当个体参与到社会公共议题和公共事务中时，他们便从私人领域进入了公共领域，成为公众的一员。然而，公众在公共事务中往往处于局外人地位。李普曼用"幻影公众"一词来形容那些处于迷雾中的公众，因为他们无法直接经历公共事务的全貌，只能依赖脑海中对真实世界的"幻象"来判断和行动。李普曼称这种公众头脑中对真实世界的映射为拟态环境。拟态环境主要由媒体建构，因为媒体通过选择性地报道和呈现信息，导致了公众对真实世界的偏见和误解。刻板印象便是李普曼关注的一种典型认知偏见。本书延续李普曼的思想，将公众定义为具有认知偏见的局外人，并在后续章节中探讨他们在舆论中的归因偏见。

[①] Entman, R. M., & Rojecki, A. (2001). The black image in the white mind: Media and race in America. *Choice Reviews Online*, 38(6), 38–3150.

第六章

社交媒体时代的网络舆论

　　社交媒体时代，生活的"法庭"从私人领域延伸至网络世界，形成了"网络法庭"。个体用户的言行能通过社交媒体发布并迅速传播至海量用户面前。作为旁观者的公众借助点赞、评论、转发等方式，参与对他人言行的归因与责任推断，表达立场与见解，扮演着法官和陪审员的角色。这些公开可见的观点表达、交流与碰撞，汇聚成网络舆论，进而建构出一个无形的网络法庭。原本仅囿于私人领域的个体言行，便轻而易举地转化为社会热点议题或公共事件。

第一节　舆论

　　"舆论"的英文表述为 public opinion。[1]早在 1387 年，"opinion"（意见）一词就已出现，并常常与"common"（共同的）、"general"（普遍的）等形容词搭配使用，用来描述大多数人所普遍持有的看法、观点或情感。但在这一时期，相关词语多被用于对一般的社会现象的讨

---

[1]　沃尔特·李普曼：《舆论》，常江、肖寒译，北京大学出版社 2018 年版。

论，例如道德、风尚、习俗等，尚未包含现在民主政治含义上的"舆论"所具有的公共性内涵。

据考，opinion 和 public 的搭配可追溯至 1588 年法国思想家米歇尔·蒙田（Michel de Montaigne）的著作[①]，但是现代民主政治意义上的"public opinion"这一术语——具有公共性和人民主权性内涵——的形成离不开以卢梭为代表的启蒙运动思想家的传播。据伊丽莎白·诺利－诺伊曼（Elisabeth Noelle–Neumann）考证，卢梭在 1744 年左右将"舆论"（opinion publique）作为一个独立的术语来使用，并在著作中多次使用该词对民主政治进行讨论。[②]例如，在《社会契约论》中，卢梭指出，国家是由全体公民通过讨论达成一致意见所凝聚而成的共同体。[③]社会契约的目的是保障人民的自由和平等，而舆论是反映人民对于社会事务的看法和诉求的一种方式。此外，舆论还可以对政府的行为起到监督作用，促使政府更好地履行其职责，保障人民的权利。[④]卢梭对舆论的评价颇高，认为舆论是在根本法、民法、刑法之外，不成文的第四种法律，即使旧法衰亡，"风俗、习惯，而尤其是舆论"依然可以凭其力量使习惯代替权威，复活或创新衰亡的法律体系。[⑤]这些洞见不仅揭示了舆论的公共性，更凸显了公民意见在现代社会中的规范性力量和深远影响，体现了

————————— ① 段然：《"舆论/public opinion?"：一个概念的历史溯源》，《新闻与传播研究》2019 年第 11 期；de Montaigne, M. (1724). *Les essais de Michel seigneur de Montaigne* (Vol. 2). de l'imprimerie de J. Tonson & J. Watts.

② Noelle-Neumann, E. (1993). *The spiral of silence: Public opinion—Our social skin*. University of Chicago Press.

③ Rousseau, J. J. (1964). *The social contract*. Londres.

④ Rousseau, J. J. (1964). *The social contract*. Londres.

⑤ Rousseau, J. J. (1964). *The social contract*. Londres.

启蒙思想家对于人民主权的提倡。

在中国，舆论一词首次登上历史舞台，是在三国时期曹魏谏臣王朗的疏文中："设其傲狠，殊无人志，惧彼舆论之未畅者，并怀伊邑。"①此时，"舆"本义为车厢，后被引申解释为"众"，"舆论"即众论，意指下层平民或庶众的言论和主张。②然而，中国古代并未形成从民间社会采集意见的制度，因此，舆论的内涵与西方舆论概念中蕴含的公共性和人民主权思想有着本质区别。③

伴随着西方思潮的传入，中国"舆论"的概念逐渐与公共性联系在一起，向西方概念上的舆论靠拢。④19 世纪中后期，public opinion 开始陆续出现在外国传教士编撰的字典或辞典里，多被译为"众意""众议""众论"。19 世纪末，梁启超等人发起维新变法运动，在报刊上发表多篇文章，如《舆论之母与舆论之仆》一文探讨舆论与政治、社会变革的关系，清政府亦尝试以"庶政公诸舆论"开启立宪改革，舆论一词在政治运动中被抛上风口浪尖。在立宪改革的推动下，舆论被赋予了国人参政、平民统治、限权政府的意义，并逐渐发展成为一个近代概念。⑤然而，随

---

① 赵锡元：《"舆论"溯源》，《史学集刊》1999 年第 4 期。
② 段然：《"舆论/public opinion?"：一个概念的历史溯源》，《新闻与传播研究》2019 年第 11 期；黄中业：《春秋时期的"皂隶牧圉"属于平民阶层说》，《齐鲁学刊》1984 年第 2 期；夏保国：《先秦"舆人"考论——中国"舆论"概念的历史语源学考察》，《学习与探索》2011 年第 6 期。
③ 段然：《"舆论/public opinion?"：一个概念的历史溯源》，《新闻与传播研究》2019 年第 11 期；胡泳、陈秋心：《舆情：本土概念与本土实践》，《传播与社会学刊》2017 年总第 40 期。
④ 胡泳、陈秋心：《舆情：本土概念与本土实践》，《传播与社会学刊》2017 年总第 40 期。
⑤ 段然：《"舆论/public opinion?"：一个概念的历史溯源》，《新闻与传播研究》2019 年第 11 期。

着辛亥革命爆发与晚清政府的瓦解，与宪政相伴相生的"舆论"也陷入价值意涵与现实脱节的困境，引发了各界人士对舆论问题的广泛关注与讨论。舆论概念随之从政治—社会领域拓展至学术领域，得到更规范的学理考察。1920 年，新闻教育家徐宝璜将舆论定义为"在社会上占多数之关于公共问题之自由的意见"，强调"公共问题"，认为意见和声音需要"在社会上占多数"才能成为舆论。这一界定推动了对"舆论"概念的学理性讨论。①大约在 1930 年，汉语词汇中的"舆论"与 public opinion 的价值意涵开始趋于一致。②

值得一提的是，在"舆论"概念普及与发展的过程中，"公共领域"理论产生了重要影响。哈贝马斯在其著作《公共领域的结构转型》中指出，公共领域是舆论的形成场所。正是社会成员在公共领域中对涉及公共利益问题的自由讨论和理性辩论，才使舆论得以形成，并对公共政策和社会治理产生影响。此外，公共领域的开放性和包容性是形成合理、合法的舆论的前提。舆论绝不仅是对某一问题的简单看法或态度的集合，而是具有批判性和规范性的意见，能够发挥舆论监督作用。这使得舆论能够作为一种社会力量，为政策决策和立法提供参考依据，推动民主决策的实现。这一过程也被称为"话语民主"，即通过理性沟通实现民主治理。③哈贝马斯在公共领域的讨论中特别强调平等、理性

① 王颖吉：《析徐宝璜发表于〈北京大学月刊〉的三篇新闻学佚文》，《新闻大学》2004 年第 1 期；徐宝璜：《舆论之研究》，《北京大学月刊》1920 年第 7 期。

② 段然：《"舆论 /public opinion?"：一个概念的历史溯源》，《新闻与传播研究》2019 年第 11 期。

③ Habermas, J. (2015). *Between facts and norms: Contributions to a discourse theory of law and democracy.* John Wiley & Sons.

的对话。他认为公共讨论需建立在交往行为理论的基础之上，并以交往理性为支撑。[①]交往理性区别于工具理性，后者将实现利益最大化作为标准；而交往理性建立在共同分享的生活世界基础上，交往过程中的主体具有言语能力和行为能力，这使得主体间的理性交往成为可能。[②]哈贝马斯的思想体现出他对"公众""舆论""公共性"等概念的思考。

第二节　网络舆论

依托不同的传播技术和媒介，舆论的呈现方式和载体各不相同。[③]在传统媒体时代，公众对公共事务的讨论主要通过线下面对面交流，或通过报纸社论、读者来信、电视辩论和谈话节目等形式展开。线下交流受到地域限制，参与人数有限，讨论的影响力也较为局限，难以形成公众广泛参与的舆论。传统媒体中介的舆论往往由媒体机构、具有影响力的个人或记者等主导，其意见和立场在很大程度上构成了舆论的主要内容。想要获取广泛的公民意见，以问卷调查为载体的大规模民意调查是常用的手段。此外，舆论也可能源于大规模民意调查的结果，再通过传统媒体的新闻报道加以呈现。这一新闻舆论的形成，实际上反映了传统媒体把关人对公众意见的主观建构。在《公共舆论：特性、形式和作用》一书中，哈伍德·切尔德斯（Harwood Childs）将舆论分为"作为结果

---

① 李龙：《论协商民主——从哈贝马斯的"商谈论"说起》，《中国法学》2007年第1期。
② Habermas, J. (1985). *The theory of communicative action, volume 1: Reason and the rationalization of society*. Beacon Press.
③ 张志安、晏齐宏：《网络舆论的概念认知、分析层次与引导策略》，《新闻与传播研究》2016年第5期。

的舆论"和"作为过程的舆论"。①传统媒体时代的舆论,更多的是"作为结果的舆论"以及"精英舆论"。②

随着互联网的普及,网络空间已成为公众针对社会议题表达意见的主要平台,舆论生态也发生了深刻变革。互联网凭借其实时性、参与性、互动性、联结性和匿名性等特点,为公众提供了一个低门槛的表达环境,这使得激烈的讨论和观点碰撞变得更加频繁,各种不同的意见汇聚成网络舆论。互联网使得信息传播展现出多节点、多层级的"病毒式"信息传播结构,而非传统媒体时代一对多的广播式传播。③相较于传统的舆论,网络舆论的扩散速度更快,传播范围也更广,在参与度、多元性和互动性等方面也实现了质的飞跃。公众关注的议题不仅限于政治、经济和民生等宏观话题,还涵盖了日常生活中的微观事件。相较于传统媒体时代的"结果性舆论",网络舆论则更倾向于"过程性舆论",它反映的是公众的表达和讨论过程,关注的是公众的表达权利及舆论的监督作用。

在互联网环境中,个体的利益诉求多样且杂乱,网络舆论往往缺乏理性,难以形成一致的结论,甚至常常出现"舆论反转"的现象。互联

---

① Childs, H. L. (1965). *Public opinions: Nature, formation, and role.* Van Nostrand.

② 张志安、晏齐宏:《网络舆论的概念认知、分析层次与引导策略》,《新闻与传播研究》2016 年第 5 期;Childs, H. L. (1965). *Public opinions: Nature, formation, and role.* Van Nostrand; Shoemaker, P. J., Eichholz, M., Kim, E., & Wrigley, B. (2001). Individual and routine forces in gatekeeping. *Journalism & Mass Communication Quarterly*, 78(2), 233-246; Zhou, Y., & Moy, P. (2007). Parsing framing processes: The interplay between online public opinion and media coverage. *Journal of Communication*, 57(1), 79-98.

③ Goel, S., Anderson, A., Hofman, J., & Watts, D. J. (2016). The structural virality of online diffusion. *Management Science*, 62(1), 180-196.

网的匿名性还催生了"火车上的陌生人"现象，即人们在匿名的环境中更敢于表达自己的观点。[1]同时，网络空间中相对自由的虚拟表达形式削弱了话语责任机制，使得个体的言论更加开放、极端和激进。[2]尽管如此，网络舆论在某些涉及公共利益的议题中，仍能发挥传递民意、维护公共利益和促进社会进步的作用。[3]相较于传统媒体时代，网络意见的表达已经相对自由和充分，然而，网络舆论中的民意表达仍然存在偏向性，尤其是在情绪化、不理性和极端化的讨论中，这与哈贝马斯所强调的平等、理性对话的公共领域理想相去甚远。从这一角度来看，互联网的舆论生态相比理想中的公共领域仍有不小的差距。

互联网的发展模糊了公共领域和私人领域的界限，私人领域内的话题易演变成公共议题。正如本书第五章所讨论的那样，传统理论概念上的公共领域具有去私人化和去个人化的特征，公私之间是可区分、界限清晰的。公共活动往往集中在特定的公共场所，私人生活则主要在家庭住所等私人空间进行。然而，数字技术的发展改变了公共、私人之间的区别以及二者关系的本质，公共领域和私人领域不再像过去那样紧密地依附于特定的物理区域和活动范围，而是和数字通信技术相交织，被"重

---

[1] Bargh, J. A., McKenna, K. Y., & Fitzsimons, G. M. (2002). Can you see the real me? Activation and expression of the "true self" on the Internet. *Journal of Social Issues*, 58(1), 33-48.

[2] 熊光清：《中国网络公共领域的兴起、特征与前景》，《教学与研究》2011 年第 1 期。

[3] 曹茹、白树亮：《试论现阶段我国网络舆论的特点》，《河北大学学报（哲学社会科学版）》2011 年第 2 期；严利华、高英波：《从个案激情、话语互动到公共理性——基于突发事件中的网络舆论分析》，《当代传播》2015 年第 1 期。

新构建为信息和象征性内容的领域"①。换言之，互联网技术的发展突破了传统的时空之间的物理区隔，社交媒体平台既可用于公共性议题的讨论，亦可被用于个人生活的分享。因此，互联网技术的发展"改变了迄今为止在公共领域普遍存在的交流模式"②。这也造成了一种非常不稳定的局面，导致公共领域和私人领域的界限模糊不清，容易引起争议，需要不断进行谈判和斗争。③在这种情况下，许多私人议题例如明星八卦等，通过转发、评论和分享发展成公共议题，甚至可能引发网络暴力事件，给社会治理带来新的挑战。

第三节 平台化与算法对网络舆论的影响

社交媒体平台、算法、人工智能技术等的发展进一步形塑了网络舆论生态。"平台"可以被定义为一种可编程且具有计算能力的数字媒介结构和基础设施。④它为内容生产、信息传播、互动与交流、商业活动等多样化的社会行为提供支持。平台自身蕴含特定的文化、规则和运行模式，这些因素不仅深刻影响了平台上的行为主体和社会互动，还在这些社会互动中不断被重塑，进而形成一个具有动态循环特征的

———————————

① Thompson, J. B. (2011). Shifting boundaries of public and private life. *Theory, Culture & Society*, 28(4), 49-70.

② Habermas, J. (2022). *Ein neuer strukturwandel der öffentlichkeit und die deliberative politik: Platz 1 der sachbuchbestenliste der WELT.* Suhrkamp Verlag.

③ Thompson, J. B. (2011). Shifting boundaries of public and private life. *Theory, Culture & Society*, 28(4), 49-70.

④ Van Dijck, J., Poell, T., de Waal, M. (2018). *The platform society: Public values in a connective world.* Oxford University Press.

平台生态。[①]平台的开放性、中立性、平等性和进步性是其关键特征。[②]开放性体现于平台对用户、开发者和第三方等行为主体的友好包容。中立性指平台作为工具或媒介，不主动偏向特定用户或内容。平等性则体现在平台为用户提供相对公平的参与机会。进步性反映了平台通过技术创新和生态协同推动社会、经济和文化的变革。[③]这些特征与互联网民主化潜力的论述高度契合，尤其是平台降低了参与公共对话的门槛，平等地为公众提供了表达机会，减少了传统媒体的精英垄断。[④]尽管这些特性得到了广泛认可，但也有研究者批评，算法和内容审核政策实际上削弱了平台的中立性，算法偏见和资源分配不均会加剧不平等，进步性也可能掩盖用户的劳动权益问题或隐私问题等。[⑤]当平台作为主导性基础设施和经济模式不断崛起，并向其他空间扩张，以平台的逻辑形塑平台外的社会互动时，"平台化"就产生了。[⑥]

今天，社交媒体平台取代了传统的报纸、广播等媒体，成为新的拟

① Gillespie, T. (2010). The politics of 'platforms'. *New Media & Society*, 12(3), 347-364.

② Gillespie, T. (2010). The politics of 'platforms'. *New Media & Society*, 12(3), 347-364; Van Dijck, J., Poell, T., de Waal, M. (2018). *The platform society: Public values in a connective world*. Oxford University Press.

③ Sundararajan, A. (2016). *The sharing economy: The end of employment and the rise of crowd-based capitalism*. MIT Press.

④ Gillespie, T. (2010). The politics of 'platforms'. *New Media & Society*, 12(3), 347-364; Jenkins, H. (2006). *Convergence culture: Where old and new media collide*. New York University Press; Shirky, C. (2008). *Here comes everybody: The power of organizing without organizations*. Penguin Books.

⑤ Gillespie, T. (2018). *Custodians of the Internet: Platforms, content moderation, and the hidden decisions that shape social media*. Yale University Press; Noble, S. U. (2018). *Algorithms of oppression: How search engines reinforce racism*. New York University Press.

⑥ Helmond, A. (2015). The platformization of the web: Making web data platform ready. *Social Media+ Society*, 1(2).

态环境，影响着人们的底层思维模式和认知方式。李普曼曾将以报纸为代表的传统媒体比作"探照灯"，公众只能看到灯照到的地方，而对未被报道的黑暗之处则缺乏关注；社交媒体平台的发展解构了传统媒体这一由精英主体所建构的拟态环境，在"人人都有麦克风"的时代，包括普通网民、意见领袖、传媒机构等在内的多元主体都可以借助平台进行信息传播、新闻生产等，参与拟态环境的建构。[1]虽然有学者指出，社交媒体构建的拟态环境更接近客观实际，因其跳过了传统媒体的把关环节，更有利于事实信息的呈现。[2]然而，平台用户所接触到的信息实际上仍是对现实世界不完全的数字化建构；尽管传统媒体的把关作用被弱化，但是平台的算法和人工审核等机制充当了新的"把关人"。

算法是平台的重要技术要素，能够自动处理海量数据，筛选和连接用户与相关内容、服务及广告，将各种输入数据转化为对用户有价值的输出，从而实现平台的各种功能。[3]例如，算法推荐功能，即平台利用算法对用户的浏览历史、点赞、评论、购买记录等数据进行分析，为用户提供个性化推荐内容的机制。[4]算法推荐在一定程度上为用户提供了便利，帮助用户快速发现自己感兴趣的内容，节省了搜索与筛选信息的时间和精力，增强了用户与平台的互动性，增加了用户的平台黏性。然而，

---

[1] 靖鸣、张朋华：《自媒体时代"拟态环境"的重构及其对大众传播理论的影响》，《现代传播（中国传媒大学学报）》2019 年第 8 期。

[2] 靖鸣、臧诚：《微博对把关人理论的解构及其对大众传播的影响》，《新闻与传播研究》2013 年第 2 期。

[3] Van Dijck, J., Poell, T., de Waal, M. (2018). *The platform society: Public values in a connective world.* Oxford University Press.

[4] Van Dijck, J., Poell, T., de Waal, M. (2018). *The platform society: Public values in a connective world.* Oxford University Press.

这种基于喜好的算法推荐也可能导致用户身处"过滤气泡"中。"过滤气泡"是一种独特的信息环境，算法为用户筛选并推荐符合他们偏好的信息，使用户只能沉浸在由相似信息和观点所构成的"气泡"和拟态环境中，无法接触到异质化的观点。[①]身处过滤气泡的用户如同置身于一个回声不断的房间中，相似的观点被反复强化，而不同的观点则被排斥或忽视，最终形成相对封闭且观点单一的信息环境，产生"回音室"效应。[②]由于长期接触相似的观点和信息，公众的认知偏见会不断得到强化。他们在解读信息时，会不自觉地按照已有的观点和立场去筛选和理解，对与自己观点相悖的信息产生抵触情绪，甚至直接忽视或否定。[③]来自群体的规范和压力也会促使公众不断调整自己的观点，并避免表达不同的意见，从而导致整个群体的观点逐渐趋于极端，加深了不同群体之间的分裂与不理解。[④]如此一来，社交媒体平台的拟态环境不仅限制了个体对多元信息的获取，还在群体层面加剧了观点的极端化，对公众认知与舆论的理性发展构成了潜在挑战。

被算法和平台形塑的网络舆论的公共性也值得讨论。算法的本质是商业化的逻辑，为了争夺算法的可见性，信息被商品化，购买热搜、删帖、封禁等体现出平台和商业逻辑对舆论的操纵和渗透。算法通过"转

---

① Pariser, E. (2011). *The filter bubble*. Penguin Press.

② Jamieson, K. H., & Cappella, J. N. (2008). *Echo chamber: Rush Limbaugh and the conservative media establishment*. Oxford University Press.

③ Del Vicario, M., Scala, A., Caldarelli, G., Stanley, H. E., & Quattrociocchi, W. (2017). Modeling confirmation bias and polarization. *Scientific Reports*, 7(1), 40391.

④ Jamieson, K. H., & Cappella, J. N. (2008). *Echo chamber: Rush Limbaugh and the conservative media establishment*. Oxford University Press.

赞评"指标等数据度量社交媒体的帖子的价值，从而实现高效分类和排序。这种度量形式极有可能助长流量至上、绩效至上的风气，损害网络舆论的公共性。网民在浏览网络空间时，帖子的"转赞评"指标极有可能让公众进行有偏差的统计推断，高估负面事件的严重性，并影响公众的责任推断，促使公众寻求根本性的变革。[①]

当平台型企业成为舆论的幕后操纵者，商业化逻辑的介入会使得舆论偏离公众的真实意志。这破坏了公共领域的理想交往结构，导致公共领域的衰落，对网络舆论的公共性造成损害，导致舆论无法再承担意见交换与达成共识的功能。[②]阿伦特与哈贝马斯对公共性的论述中强调了"开放性"和"同时在场"这两个要求，这意味着公共空间的有限性对于实现公共性有着至关重要的作用。[③]在礼堂、俱乐部这样的封闭且规模有限的场所，人们不必担心自己的意见无人聆听。但是，社交媒体平台开放性有余而在场性不足，舆论空间的规模无限扩张，而网民发布的内容什么时候会被其他人看到、会被谁看到、被多少人看到，都由算法分发机制来决定。[④]

① Ji, Y., & Kim, S. (2023). The impacts of social media bandwagon cues on public demand for regulatory intervention during corporate crises. *Journal of Contingencies and Crisis Management*, 31(3), 392-405.

② 李彪、郑满宁：《微博时代网络水军在网络舆情传播中的影响效力研究——以近年来 26 个网络水军参与的网络事件为例》，《国际新闻界》2012 年第 10 期；朱国伟：《网络舆情反转事件中的衍生风险及其传导：类型划分与疏解策略》，《吉首大学学报（社会科学版）》2023 年第 3 期；尤根·哈贝马斯：《公共领域（1964）》，汪晖译，《天涯》1997 年第 3 期；汪晖、陈燕谷：《文化与公共性》，生活·读书·新知三联书店 2005 年版。

③ 王家峰、李梦晗：《网络舆论的公共性悖论》，《天津社会科学》2022 年第 6 期。

④ 王家峰、李梦晗：《网络舆论的公共性悖论》，《天津社会科学》2022 年第 6 期。

除算法之外，以人工智能技术、社交机器人为代表的新一代信息传播技术也深刻影响着网络舆论。社交机器人是"一种自动生成内容并与社交媒体上的人类用户交互的计算机算法，努力模仿并很可能影响人类的行为"[1]。在社交媒体平台上，社交机器人已经成为非常活跃的传播主体。据估计，在2021年，有8%—18%的推特账号是机器人。[2]社交机器人账号的优势在于可以在短时间内进行大量的自动化发布以及点赞、转发、关注等。这些账号彼此之间还会通过战略性协调形成僵尸网络（botnets），进行协同性行动，对网络舆论生态进行操纵，其操纵策略包括宣传、跟随和设置障碍。[3]首先，社交机器人可以通过散播真假难辨的信息来说服和影响公众，进行煽动化宣传。例如，一项对社交机器人于2017年10月1日加泰罗尼亚独立公投期间在推特（Twitter）平台上的活动的研究指出，社交机器人会用暴力内容轰炸独立派的支持者，增加他们接触负面内容和煽动性信息的可能性，助长了危言耸听、恐惧和谴责情感，加剧了社会斗争。[4]其次，社交机器人还被用于营造出虚假的热度，假装某个任务或者想法获得广泛的共识，影响人们对社交媒体上的舆论气候的感知，让他们以为那些社交机器人所支持的观点是被

① Ferrara, E., Varol, O., Davis, C., Menczer, F., & Flammini, A. (2016). The rise of social bots. *Communications of the ACM*, 59(7), 96-104.

② Fukuda, M., Nakajima, K., & Shudo, K. (2022). Estimating the bot population on Twitter via random walk based sampling. *IEEE Access*, 10, 17201-17211.

③ Emiliano Treré (2018). From digital activism to algorithmic resistance. In G. Meikle (Ed.), *The Routledge companion to media and activism* (pp. 5-15). Routledge.

④ Stella, M., Ferrara, E., & De Domenico, M. (2018). Bots increase exposure to negative and inflammatory content in online social systems. *Proceedings of the National Academy of Sciences*, 115(49), 12435-12440.

更多的人共享的，支持该观点的人会获得公开表达自己意见的信心，而反对者倾向于保持沉默，导致社交机器人的观点成为最终的主导意见。[1]最后，社交机器人还可以通过"标签劫持"等设置障碍，淹没某一特定标签下的原内容。[2]比如，在叙利亚内战期间，社交机器人通过在内战相关标签下发布风景照片等无关推文，混淆公众视听，转移了用户对政府的批判。在俄乌冲突期间，也有大量的社交机器人被检测到通过扰乱既有的标签叙事来干扰公众，进而影响网络舆论。[3]

第四节　小结

本章首先阐释了舆论的定义及其公共性，并探讨了舆论在社会决策和民主治理中的作用。随着互联网的普及，网络舆论逐渐兴起，与传统媒体时代的精英舆论和"作为结果的舆论"不同，网络舆论是一种"过程性舆论"，更注重表达本身。网络意见的表达相对自由和多样，能够在一定程度上反映民意。然而，网络舆论也存在诸多问题，例如理性不

---

① 漆亚林、王钰涵：《社交机器人：数字用户的建构逻辑与智能陷阱的治理路向》，《新闻与传播研究》2022 年第 9 期；Ross, B., Pilz, L., Cabrera, B., Brachten, F., Neubaum, G., & Stieglitz, S. (2019). Are social bots a real threat? An agent-based model of the spiral of silence to analyse the impact of manipulative actors in social networks. *European Journal of Information Systems*, 28(4), 394-412.

② Duan, Z., Li, J., Lukito, J., Yang, K. C., Chen, F., Shah, D. V., & Yang, S. (2022). Algorithmic agents in the hybrid media system: Social bots, selective amplification, and partisan news about COVID-19. *Human Communication Research*, 48(3), 516-542.

③ 赵蓓、张洪忠、任吴炳等：《标签、账号与叙事：社交机器人在俄乌冲突中的舆论干预研究》，《新闻与写作》2022 年第 9 期。

足、公私界限模糊等，这对社会治理构成了新的挑战。在社交媒体平台上，算法和社交机器人等技术的操控，以及流量至上、绩效至上的运营逻辑，进一步改变了网络舆论的生态环境。这些因素加剧了舆论的极端化趋势，并削弱了舆论的公共性。在社交媒体平台构建的拟态环境中，公众的思维模式和归因等认知方式也不可避免地受到深刻影响。

负面网络热点事件中的归因倾向

　　社交媒体时代，普通用户发布的帖子可能迅速引发广泛关注，激起公众愤怒，演变成负面网络热点事件。负面网络热点事件通常具有明确的主张，伴随着大量负面评论与愤怒情感，容易迅速发酵成备受关注的社会议题。事件本身的特质深刻塑造着公众的归因过程及后续的参与行为，而公众个体的心理因素同样扮演着不可或缺的角色。此外，社交媒体平台独有的特性亦对此产生深远影响。例如，平台通过提供流行度指标，诸如转发、评论、点赞的数量以及是否跻身热搜榜单等，为事件热度提供了直观的度量"标准"。公众在接触这些流行度线索时，可能会因信息的放大效应而高估事件的严重程度，错误解读舆论风向，进而产生归因偏见。本章旨在梳理负面网络热点事件的关键特征，并深入探讨影响公众归因的多元因素。

第一节　负面网络热点事件的概念和分类

　　负面网络热点事件（online firestorm）是指在社交媒体平台上，针对个人或组织突然爆发的大量负面言论、抱怨或控诉。[1]这类事件在社交媒体时代频繁发生，公共机构、商业组织、社会名流，甚至普通个体都可能卷入其中。[2]通常而言，负面网络热点事件具有以下几个显著特征：首先，它们发端于社交媒体平台，由网络用户或社群推动形成；其次，这类事件的传播速度极快，但热度消退往往同样迅速；再次，其内容主要由大量负面评论或控诉组成，情感上充斥着敌意和愤怒，负面信息呈现出高度的一致性，鲜有多样化的观点；最后，负面网络热点事件往往与广泛关注的社会议题绑定，或进一步演变为新的社会议题，引发公众的高度关注，具备显著的社会影响力。[3]

网络热点事件的特征受到文化因素、社会情境甚至社交媒体平台的影响。笔者对 2019 年登上微博热搜的 491 个负面网络热点事件进行了内容分析，发现以下特征：首先，微博上的负面网络热点事件常见于商业、媒体与娱乐行业以及其他国家或地区的公共事务。与此相对应，最常引发负面事件的主体为娱乐业（明星）、企业以及其他国家或地区。微博用户的讨论焦点更多地指向企业、娱乐行业相关组织以及名人。其次，公众讨论最多的社会议题包括违法违规行为，名人或组织的政治立

① Pfeffer, J., Zorbach, T., & Carley, K. M. (2014). Understanding online firestorms: Negative word-of-mouth dynamics in social media networks. *Journal of Marketing Communications*, 20(1-2), 117-128.

② Johnen, M., Jungblut, M., & Ziegele, M. (2018). The digital outcry: What incites participation behavior in an online firestorm? *New Media & Society*, 20(9), 3140-3160.

③ Johnen, M., Jungblut, M., & Ziegele, M. (2018). The digital outcry: What incites participation behavior in an online firestorm? *New Media & Society*, 20(9), 3140-3160; Kim, S., Sung, K. H., Ji, Y., Xing, C., & Qu, J. G. (2021). Online firestorms in social media: Comparative research between China Weibo and USA Twitter. *Public Relations Review*, 47(1), 102010.

场，然后是公共安全、性骚扰以及虐待儿童等。①

目前，对于网络热点事件的分类尚未形成清晰的标准，但随着网络热点事件的日益增多，其分类已成为理解此类事件的关键环节之一。笔者借鉴危机传播领域中成熟的类型学理论，对微博上负面网络热点事件的类型进行内容分析。

情境危机沟通理论（situational crisis communication theory，SCCT）是危机传播领域中最主流的理论。该理论根植于韦纳的归因理论，提出可以根据危机的来源、稳定性和可控性判断危机的原因，进而推断危机责任，确定危机类型。②就危机来源而言，当危机源自组织内部时，危机责任较大；而当危机由外部因素引发时，危机责任较小。稳定性指的是危机原因是否长期存在，如果是，则危机责任较大；反之，如果原因是临时性的，则危机责任较小。可控性是指危机原因是否是组织可以控制的，若组织本可以控制危机原因，组织的危机责任较大；若组织无法控制危机的原因，其所承担的危机责任较小。当组织在危机中无须承担责任时，该危机被称为受害者危机（victim crisis）；当组织仅需承担部分责任时，该危机被称为偶发型危机（accidental crisis）；当组织需要承担全部责任时，该危机被称为本可避免型危机（preventable crisis）。当从情境危机沟通理论的危机类型切入时，笔者发现微博上最常见的网

① Kim, S., Sung, K. H., Ji, Y., Xing, C., & Qu, J. G. (2021). Online firestorms in social media: Comparative research between China Weibo and USA Twitter. *Public Relations Review*, 47(1), 102010.
② 伯纳德·韦纳：《归因动机论》，周玉婷译，中国人民大学出版社 2020 年版；Coombs, W. T. (2007). Protecting organization reputations during a crisis: The development and application of situational crisis communication theory. *Corporate Reputation Review*, 10, 163-176.

络热点事件属于本可避免型危机，通常由涉事主体的不当言行引发。此外，部分网络热点事件也属于受害者危机和偶发型危机。受害者危机包括青少年绑架、自然灾害等，在这些事件中，中国公众往往从受害者视角切入，表达对受害者的声援。

除了情境危机沟通理论提出的危机类型学，危机传播领域内另一种经典的分类方法是将危机分为能力危机（ability crisis）和社会责任危机（social responsibility crisis）。[1]该分类方法源于企业声誉研究中的企业联想，涵盖了企业能力联想与企业社会责任联想。企业能力联想指公众对企业在提供优质产品或服务、市场占有率、行业领导力、专业性、创新性等主营业务方面的认知；企业社会责任联想则涉及企业在履行社会责任、践行伦理道德、可持续发展、慈善公益等方面的行为。[2]基于此，企业能力危机指威胁企业能力声誉的危机，具体表现为企业主营业务或专业能力受到威胁；企业社会责任危机则指对企业社会责任声誉或企业美德构成威胁的负面事件。[3]笔者发现，在微博上，社会责任型网络热点事件更为常见。

---

[1] Brown, T. J., & Dacin, P. A. (1997). The company and the product: Corporate associations and consumer product responses. *Journal of Marketing*, 61(1), 68-84; Kim, S. (2014). What's worse in times of product-harm crisis? Negative corporate ability or negative CSR reputation? *Journal of Business Ethics*, 123(1), 157-170.

[2] Kim, S. (2011). Transferring effects of CSR strategy on consumer responses: The synergistic model of corporate communication strategy. *Journal of Public Relations Research*, 23(2), 218-241; Kim, S. (2014). What's worse in times of product-harm crisis? Negative corporate ability or negative CSR reputation? *Journal of Business Ethics*, 123(1), 157-170.

[3] Kim, S. (2014). What's worse in times of product-harm crisis? Negative corporate ability or negative CSR reputation? *Journal of Business Ethics*, 123(1), 157-170.

第二节 影响公众归因的因素

大量激增的负面评论是网络热点事件的重要特征之一。这些负面评论大多集中于攻击事件中的"过错方"。因此，明确谁应为负面事件承担责任，是推动负面网络热点事件发展的关键环节。然而，在推断事件责任的过程中，公众并非如韦纳所描述的那样，是理性的"法官"，他们的判断往往会受到多种因素的影响。

笔者对归因理论在传播学中的应用开展了系统性文献综述研究。[①]研究发现影响公众归因倾向的因素可以归纳为个体、组织与社会三个层面。具体而言，个体层面的影响因素包括个体的特征（如性别、种族）、事件的卷入程度、心理因素等。笔者对幼儿园虐童事件的研究发现，事件的卷入程度会影响公众的责任推断，当公众的卷入度越高时，他们会将负面事件的责任更多地归咎于被指控的过错方。[②]也就是说，相较于普通公众，有着较高议题卷入度的幼儿园孩子家长看到与虐童事件有关的负面新闻时，会认为该幼儿园需要承担更多的责任。组织层面的因素包括组织对负面事件的响应策略、事件发生前的声誉和历史表现，以及组织特征等。在组织层面的负面事件（或组织危机）研究中，情境危机沟通理论占据主导地位。该理论不仅基于韦纳的归因理论，通过来源、

---

① Ji, Y., Tao, W., & Wan, C. (2025). A systematic review of attribution theory applied to crisis events in communication journals: Integration and advancing insights. *Communication Research*.

② Ji, Y., & Kim, S. (2020). Crisis-induced public demand for regulatory intervention in the social media era: Examining the moderating roles of perceived government controllability and consumer collective efficacy. *New Media & Society*, 22(6), 959-983.

稳定性和可控性三个维度来判断组织的在负面事件中的责任，还借鉴凯利的协变模型，引入危机历史和危机前声誉作为影响因素。蒂莫西·库姆斯（Timothy W. Coombs）指出，组织存在相似的危机历史，意味着其行为具有一致性，反映出组织长期存在问题，公众因此可能将更多的责任归咎于涉事组织。若组织在负面事件发生前的声誉不佳，意味着当前违背公众期待的负面事件并非偶发事件，因此公众也会将更多的责任归咎于组织。[①]此外，大量的危机传播研究集中于探讨如何通过有效的危机回复来降低公众对组织责任的推断。例如，笔者提出，在面对与社会议题有关的负面事件时，组织在事件本身之外针对议题的表态，有助于减少公众对组织的责任推断。[②]社会层面的影响因素则包括文化环境、社会制度等。文化心理学家指出东西方公众存在着显著的归因差异，西方公众倾向于认为个体是有自我意志的，行为是自身性情和秉性的体现，因此西方公众倾向于进行脱离社会语境的性情归因，也就是只评估涉事个体或组织在负面事件中的责任；然而，东亚公众更关注个体行为的社会性，认为行为会随着环境的变化而变化，因此同时参与性情归因与情境归因，除了涉事的组织或个体外，东亚公众也会评估

① Coombs, W. T. (2007). Protecting organization reputations during a crisis: The development and application of situational crisis communication theory. *Corporate Reputation Review*, 10, 163-176; Kelley, H. H. (1967). Attribution theory in social psychology. *Nebraska Symposium on Motivation*, 15, 192-238.

② Ji, Y., & Wan, C. (2024). Working too much in China's tech industry: Corporate social advocacy as a crisis response strategy to issue-based opinion polarization. *Internet Research*, 34(2), 320-342.

社会环境是否需要对负面事件负责。①然而，社交媒体时代，跨文化归因差异也有所改变。当负面网络事件引发广泛的社会关切时，北美公众也可能同时参与性情归因和情境归因。负面网络热点事件常登上热搜榜，伴随着较高的"转赞评"数量。这些流行度指标会影响人们对事件严重性的评估和责任推断，进而影响后续的态度和行为。笔者通过实验研究发现，当一则信息包含了热搜词或高点赞量等流行度线索时，不论东亚公众还是北美公众都会高估事件的严重性，认为该事件是迫切需要解决的社会议题，亟须系统性纠正。②因此，公众不仅会评估涉事组织的责任，还会审视社会文化或制度等情境因素是否需要为事件负责。③这意味着，负面网络事件中的归因可能呈双重对象模式，即事件的过错方与情境因素共同承担责任。④

---

① Choi, I., Nisbett, R. E., & Norenzayan, A. (1999). Causal attribution across cultures: Variation and universality. *Psychological Bulletin*, 125(1), 47-63; Dean, K. K., & Koenig, A. M. (2019). Cross-cultural differences and similarities in attribution. In K. D. Keith (Ed), *Cross-cultural psychology* (pp. 575-597). John Wiley & Sons; Norenzayan, A., Choi, I., & Nisbett, R. E. (2002). Cultural similarities and differences in social inference: Evidence from behavioral predictions and lay theories of behavior. *Personality and Social Psychology Bulletin*, 28(1), 109-120.

② Ji, Y., & Kim, S. (2023). The impacts of social media bandwagon cues on public demand for regulatory intervention during corporate crises. *Journal of Contingencies and Crisis Management*, 31(3), 392-405; Lim, J. S. (2017). How a paracrisis situation is instigated by an online firestorm and visual mockery: Testing a paracrisis development model. *Computers in Human Behavior*, 67, 252-263.

③ Ji, Y., & Kim, S. (2023). The impacts of social media bandwagon cues on public demand for regulatory intervention during corporate crises. *Journal of Contingencies and Crisis Management*, 31(3), 392-405.

④ Ji, Y. (2023). The impacts of locus of crisis outcome control on responsibility attribution in hindsight: Focusing on comparisons between the American and Chinese public. *Chinese Journal of Communication*, 16(3), 303-323.

此外，公众通常会将流行度指标视为社会舆论的风向标，认为在负面网络热点事件中获得高赞的帖子代表了大多数人的意见，并以此类帖子的观点为参考，调整自己的看法，以符合公众所感知到的"主流舆论"。①事实上，在网络热点事件中，极端言论因其偏激的立场和强烈的情感，更容易获得较高点赞量和算法推荐。②当公众接触这些极端言论时，他们往往会重新审视自己原有的责任推断。当公众的推断与极端言论一致时，他们会愈发坚定；而当公众的责任推断与极端言论相悖时，他们则会反思自己是否与主流舆论背道而驰，或因害怕被孤立而调整自己的既有推断。③然而，随着社交媒体算法与人工智能技术的不断发展，被公众视为"舆论风向标"的流行度指标可能会受到操纵。④首先，算法可能会推送用户感兴趣的观点与信息，并减少推送异质信息，从而导致公众陷入"过滤气泡"中，误以为自己的观点代表主流意见。⑤其次，大量社交机器人账号被用于提升"转赞评"数量，以此影响公众感知到的

① Lim, J. S. (2017). How a paracrisis situation is instigated by an online firestorm and visual mockery: Testing a paracrisis development model. *Computers in Human Behavior*, 67, 252-263.

② O'Callaghan, P. (2020). Reflections on the root causes of outrage discourse on social media. In M. C. Navin, & R. Nunan (Eds.), *Democracy, Populism, and Truth* (pp.115-126). Springer.

③ Ji, Y., & Wan, C. (2024). Working too much in China's tech industry: Corporate social advocacy as a crisis response strategy to issue-based opinion polarization. *Internet Research*, 34(2), 320-342.

④ 漆亚林、王钰涵：《社交机器人：数字用户的建构逻辑与智能陷阱的治理路向》，《新闻与传播研究》2022 年第 9 期；Ross, B., Pilz, L., Cabrera, B., Brachten, F., Neubaum, G., & Stieglitz, S. (2019). Are social bots a real threat? An agent-based model of the spiral of silence to analyse the impact of manipulative actors in social networks. *European Journal of Information Systems*, 28(4), 394-412.

⑤ Pariser, E. (2011). *The filter bubble*. Penguin Press.

舆论气候，使一个本不受关注的、非主流的观点变成公众的"共识"。[①]

尽管归因看似是一个简单归咎原因和责任推断的过程，但其背后的心理动态机制极为复杂，受到多重因素影响。公众需要清晰地认识到自身的归因受到文化层面、组织层面、个体层面以及社交媒体流行度指标、算法、舆论气候等的影响，并非单纯、中立或客观的。

第三节　负面网络热点事件中的公众参与

负面网络热点事件的一个核心特点是大规模的公众参与。在组织公众关系的研究中，迈克尔·肯特（Michael L. Kent）和莫琳·泰勒（Maureen Taylor）强调，公众参与是组织与公众共同做出有益于个体、组织和社会层面决策的重要途径。[②]参与（engagement）被应用于多个学科，如公共关系、风险传播、政治传播、市场营销、社会学、心理学等。不同学者根据研究情境对公众参与有着不同的定义，但总体来看，这些定义可归纳为三个不同的侧重点。[③]一些学者强调公众的社会性与关系性，指出公众所处的社会情境对其参与的影响，并将推动关系的发展视为参

① 漆亚林、王钰涵：《社交机器人：数字用户的建构逻辑与智能陷阱的治理路向》，《新闻与传播研究》2022 年第 9 期；Ross, B., Pilz, L., Cabrera, B., Brachten, F., Neubaum, G., & Stieglitz, S. (2019). Are social bots a real threat? An agent-based model of the spiral of silence to analyse the impact of manipulative actors in social networks. *European Journal of Information Systems*, 28(4), 394-412.

② Kent, M. L., & Taylor, M. (2002). Toward a dialogic theory of public relations. *Public Relations Review*, 28(1), 21-37.

③ Johnston, K. A., & Taylor, M. (2018). Engagement as communication: Pathways, possibilities, and future directions. In K. A. Johnston, & M. Taylor (Eds.), *The handbook of communication engagement* (pp. 1-15). John Wiley & Sons.

与的核心结果。[1]另一些学者突出了公众参与是一个互动、交换的迭代动态过程，其核心在于参与、体验和共同行动，通过这些方式实现意义共创。[2]这个概念也强调公众参与作为一种话语，反映了个体如何、为何参与，以及参与对个人和社会的影响，突出了参与在促进社会资本和意义共创方面的重要性。[3]例如，吉恩·罗（Gene Rowe）和林恩·弗鲁尔（Lynn J. Frewer）从信息流动的视角，将公众参与定义为公众与组织者之间的双向信息流动的过程。在该过程中，公众介入组织议程设定、组织决策与政策制定活动。[4]第三个侧重点强调参与的动态性与多维性。受到社会心理学的影响，一些学者将参与定义为涵盖认知、情感与行为的多维概念，且这些维度会根据情境变化而有所不同。[5]这三个侧重点并非彼此互斥，而是彼此联系、相互补充的。

鉴于参与的多维性与动态性，金·约翰逊（Kim A. Johnson）和泰勒提出，参与的测量可以分为低、中、高三个层次。低水平的参与主要

---

① Heath, R. L. (2018). How fully functioning is communication engagement if society does not benefit? In K. A. Johnston, & M. Taylor (Eds.), *The handbook of communication engagement* (pp. 33-47). John Wiley & Sons; Johnston, K. A. (2018). Toward a theory of social engagement. In K. A. Johnston, & M. Taylor (Eds.), *The handbook of communication engagement* (pp. 17-32). John Wiley & Sons.

② Yousuf, M. (2018). Media engagement in networked environments: An ecological perspective. In K. A. Johnston, & M. Taylor (Eds.), *The handbook of communication engagement* (pp. 253-268). John Wiley & Sons.

③ Johnston, K. A., & Taylor, M. (2018). Engagement as communication: Pathways, possibilities, and future directions. In K. A. Johnston, & M. Taylor (Eds.), *The handbook of communication engagement* (pp. 1-15). John Wiley & Sons.

④ Rowe, G., & Frewer, L. J. (2005). A typology of public engagement mechanisms. *Science, Technology, & Human Values*, 30(2), 251-290.

⑤ Brodie, R. J., Hollebeek, L. D., Jurić, B., & Ilić, A. (2011). Customer engagement: Conceptual domain, fundamental propositions, and implications for research. *Journal of Service Research*, 14(3), 252-271.

体现为"在场"（presence）或"出现"（occurrence），例如计算社交媒体的点赞量、浏览量等指标；中等水平的参与触及关系维度，例如测量关系水平（信任）与互动质量；高水平的参与则关注社会层面的行动与变革。约翰逊与泰勒提出，不同水平的参与行为并不互斥，但学者不应当只停留在计算点赞、转发等参与行为上，而要更多地看到公众参与带来的更广泛、深刻的社会影响。[①]基于以上回顾，本书将负面网络热点事件中的公众参与定义为包含认知、情感与行为的动态的多维关系，旨在通过互动解决个人、组织或社会层面的议题。[②]公众参与测量的不同层次反映了公众参与实际上具有多种不同的形式。负面网络热点事件为理解多层次的公众参与提供了一个经验场域。在社交媒体时代，公众既可以通过平台特有的评论、点赞、转发等低成本、便捷的方式参与到负面网络热点事件中，也可以更为深入地撰写帖子，参与到事件的讨论中，形塑相关舆论。当负面网络热点事件的发展达到一定的规模时，这种参与还可能导致公众之间联结性的网络行动，进一步影响舆论生态。

究竟是什么因素促使公众参与到负面网络热点事件中来呢？有学者分析指出，公众的道德担忧是重要驱动因素。[③]社交媒体特有的流行度指标可能会影响公众对网络热点事件严重性的判断，当一个事件获得大

① Johnston, K. A., & Taylor, M. (2018). Engagement as communication: Pathways, possibilities, and future directions. In K. A. Johnston, & M. Taylor (Eds.), *The handbook of communication engagement* (pp. 1-15). John Wiley & Sons.

② Johnston, K. A. (2018). Toward a theory of social engagement. In K. A. Johnston, & M. Taylor (Eds.), *The handbook of communication engagement* (pp. 17-32). John Wiley & Sons.

③ Johnen, M., Jungblut, M., & Ziegele, M. (2018). The digital outcry: What incites participation behavior in an online firestorm? *New Media & Society*, 20(9), 3140-3160.

量的点赞或被推送至热搜榜单高位时，公众很可能会高估事件的严重性。[1]当网络热点事件越严重，公众越责备涉事方、越愤怒，他们就更倾向于参与其中，参与的方式也可能更为深层。例如，2022 年，当刘某某在社交媒体平台上遭受网络暴力并最终因之自杀时，公众可能会从简单的点赞行为升级为呼吁立法监管网络暴力。此外，流行度指标在一定程度上代表着参与该事件的公众数量，也是公众舆论的晴雨表。[2]个体期待寻求社会认可，所以更可能采取与其他公众一致的行为。当负面网络热点事件出现在热搜之上，与之相关的关键词高频出现在社交媒体首页时，公众往往认为事件已获得广泛关注，自己的发言也将得到他人的认可与赞同，从而激发他们参与网络热点事件的讨论。[3]

　　笔者通过分析发现，公众的参与方式因负面网络热点事件的类型而异。对于个体层面的热点事件，如夫妻出轨、家庭暴力等，公众更多地停留在浅层参与；对于组织层面的负面热点事件，公众可能参与抵制等行为。例如，2017 年，美国某航空公司因超售机票而强行拖拽乘客下机，事件发生后，公众在社交媒体平台上大规模地抵制该航空公司，导致其声誉大幅下滑。当热点事件涉及社会层面时，公众往往会积极地呼吁政府监管，参与标签行动等。例如，2020 年，一位非洲裔美国公民因遭遇某州警察暴力执法而不幸遇难，事件发生后，公众在推特上掀起了以

――――――　① Ji, Y., & Kim, S. (2023). The impacts of social media bandwagon cues on public demand for regulatory intervention during corporate crises. *Journal of Contingencies and Crisis Management*, 31(3), 392-405.

② Johnen, M., Jungblut, M., & Ziegele, M. (2018). The digital outcry: What incites participation behavior in an online firestorm? *New Media & Society*, 20(9), 3140-3160.

③ Johnen, M., Jungblut, M., & Ziegele, M. (2018). The digital outcry: What incites participation behavior in an online firestorm? *New Media & Society*, 20(9), 3140-3160.

"# BlackLivesMatter"（黑人的命也是命）为关键词的运动，旨在促进种族平等。

负面网络热点事件的类型并非固定的，而是可以相互转化的。例如，当个体层面的家庭暴力导致一方死亡时，原本属于个体层面的热点事件可能会升级为社会事件，引发公众对家庭暴力议题的关注。当公众将负面网络热点事件视为紧迫的社会议题时，他们很可能携手寻求社会层面的解决之法。[①]社交媒体的发展使得个人的观点能够与线上行动主义相结合，个体不仅能在平台上发表意见，还能组织线上社区协同推动事件的发展。即便没有紧密联系的组织结构，协同行动仍有可能发生。[②]促使负面网络热点事件升级为线上行动的主要因素有两个：一是信息的负面程度；二是信息发布者在网络结构中的权威性或影响力。[③]当大量的负面消息在社交媒体上迅速扩散时，公众往往认为这些信息代表了普遍的舆论气候，从而使得发布负面信息的行为成为一种主流规范。[④]当一件事由政府、媒体或名人进行发布时，可能会进一步激励公众参与到负面网络热点事

---

① Ji, Y., & Kim, S. (2020). Crisis-induced public demand for regulatory intervention in the social media era: Examining the moderating roles of perceived government controllability and consumer collective efficacy. *New Media & Society*, 22(6), 959-983.

② Bennett, W. L., & Segerberg, A. (2012). The logic of connective action: Digital media and the personalization of contentious politics. *Information, Communication & Society*, 15(5), 739-768.

③ Qu, J. G., Yang, C. Y., Chen, A. A., & Kim, S. (2024). Collective empowerment and connective outcry: What legitimize netizens to engage in negative word-of-mouth of online firestorms? *Public Relations Review*, 50(2), 102438.

④ Johnen, M., Jungblut, M., & Ziegele, M. (2018). The digital outcry: What incites participation behavior in an online firestorm? *New Media & Society*, 20(9), 3140-3160; Qu, J. G., Yang, C. Y., Chen, A. A., & Kim, S. (2024). Collective empowerment and connective outcry: What legitimize netizens to engage in negative word-of-mouth of online firestorms? *Public Relations Review*, 50(2), 102438.

件中。①以"# MeToo"运动为例，该运动起源于 2017 年的一个负面网络热点事件——好莱坞制片人哈维·韦恩斯坦（Harvey Weinstein）被指控涉及性骚扰和性侵行为。此后，众多女性用户在社交平台上纷纷贴上"# MeToo"标签，勇敢分享自己遭受性骚扰的亲身经历。与此同时，不少女星及女性名人也挺身而出，或是分享个人遭遇，或是呼吁所有女性勇于发声。这一话题迅速在全球范围内引发了广泛关注，它强烈呼吁社会各界根治性骚扰和性暴力行为。

第四节　小结

本章首先界定了负面网络热点事件，并运用危机传播领域的经典分类框架，深入剖析微博上涌现的负面网络热点事件。然后，本章探讨了网络热点事件中公众归因倾向，指出这种倾向不仅植根于个体心理特征、组织表现及社会情境之中，还显著受到社交媒体的影响。最后，本章阐述了网络热点事件中公众参与的多维度与动态性特征，指出其层次与形态受到事件严重性、信息发布者的影响力以及公众对舆论的感知的影响。

---

① Jin, Y., Liu, B. F., & Austin, L. L. (2014). Examining the role of social media in effective crisis management: The effects of crisis origin, information form, and source on publics' crisis responses. *Communication Research*, 41(1), 74-94; Qu, J. G., Yang, C. Y., Chen, A. A., & Kim, S. (2024). Collective empowerment and connective outcry: What legitimize netizens to engage in negative word-of-mouth of online firestorms? *Public Relations Review*, 50(2), 102438.

社交媒体时代的归因偏见

· 第三篇 ·

ATTRIBUTION BIAS IN ONLINE FIRESTORM

第八章

情境归因偏见

橘生淮南则为橘，生于淮北则为枳。

——《晏子春秋·内篇杂下》

中国古代先贤高度重视环境的影响。孟母三迁，意在为孟子营造更优质的学习环境，因其深信良好的环境是优质教育的保障，对个体成长至关重要。俗语"近朱者赤，近墨者黑"亦凸显了环境的关键作用。人在探寻自我、他人行为或社会现象的成因时，情境因素常被视为重要的解释维度。然而，若过度强调情境因素的作用，则可能导致情境归因偏见。

第一节　性情归因与情境归因

在第一篇第四章，本书介绍了社会心理学研究中的归因偏见，与性情归因和情境归因有关的偏见包括基本归因错误和跨文化归因偏见。性情归因指人们在归因时，将导致个体行为的原因归咎于其内在特质或性情，其底层假设是个体行为是个人特质的反映。情境归因则强调外界的环境因素是驱动个体行为的主要因素。[①]举个简单的例子，当看到一辆车发生交通意外时，性情归因表现为旁观者可能认为是司机的驾驶技术不精或者分心等个体因素导致了该事故的发生，而持有情境归因倾向的个体可能认为是路太滑、天气不好等外界因素导致了交通事故。人们在归咎事件原因时，往往很少严谨、理性、综合地考虑性情因素与情境因素。更多时候，人们会基于既有归因倾向或掌握的有限信息快速地做出判断。当人们过度简化归因过程，片面地强调、放大个人特质或是情境因素对人们行为的影响时，归因偏见就产生了。

当人们过度关注个人特质对行为的影响时，便会产生"基本归因错误"。作为最早受到关注的归因偏见之一，基本归因错误指的是人们在进行因果推断时忽视情境因素的影响，而简单地将人们的特质或内在因素作为解释行为的主要原因。[②]在基本归因错误这个概念提出之前，认知归因理论中的经典理论——对应推断理论已经呈现出性情归因的倾向。对应推断理论的核心观点是，个体的行为通常与其个人特质和内在动机密切相关，并将个人特质作为解释个体行为原因的关键因素。[③]但

① Chiu, C. Y., Hong, Y. Y., & Dweck, C. S. (1997). Lay dispositionism and implicit theories of personality. *Journal of Personality and Social Psychology*, 73(1), 19-30; Choi, I., Nisbett, R. E., & Norenzayan, A. (1999). Causal attribution across cultures: Variation and universality. *Psychological Bulletin*, 125(1), 47-63; Norenzayan, A., Choi, I., & Nisbett, R. E. (2002). Cultural similarities and differences in social inference: Evidence from behavioral predictions and lay theories of behavior. *Personality and Social Psychology Bulletin*, 28(1), 109-120.

② Ross, L. (1977). The intuitive psychologist and his shortcomings: Distortions in the attribution process. In L. Berkowitz (Ed.), *Advances in experimental social psychology* (Vol. 10, pp. 173-220). Academic Press.

③ Jones, E. E., & Harris, V. A. (1967). The attribution of attitudes. *Journal of Experimental Social Psychology*, 3(1), 1-24.

对应推断理论将这种归因倾向视为人们归因的常态，并没有将其视为一种偏见。直到 1977 年，罗斯指出这种将行为归因于个体特质的现象是一种认知偏见，而不是理性、严谨的因果推断。[1]基于此，罗斯将该现象命名为基本归因错误。他认为正是由于人们高估个人特质在解释行为中的作用，忽略情境因素，人们才会发生认知失调的现象。此外，他也指出过往心理学的实验证实了情境因素在影响个人特质方面的重要性，强调了人们的行为实际上也深受情境因素的影响。[2]

上述归因偏见更多的是在西方语境下提出并进行检验的，国内学者同样对归因偏见有着浓厚的兴趣。刘永芳提出的背景效应假设为归因偏见的产生提供了一种解释。[3]不同的情境因素会激发人们不同的背景事件记忆，从而影响人们的归因活动。刘永芳认为行动者与观察者身份的不同会导致他们所选取的背景事件不同。行动者倾向于认为自身的行为会随着情境的变化而变化，但自身的特质并没有变化，所以更倾向于推断是情境因素导致了各类行为的不同；而对于观察者来说，他看到了同一情境下形形色色的行为，所以更倾向于认为情境因素是稳定的，而每个人的行为因其特质的不同发生了改变，因而更倾向于将他人行为归因于其内在因素。[4]这意味着，行动者本人更有可能产生

① Ross, L. (1977). The intuitive psychologist and his shortcomings: Distortions in the attribution process. In L. Berkowitz (Ed.), *Advances in experimental social psychology* (Vol. 10, pp. 173-220). Academic Press.
② Ross, L. (1977). The intuitive psychologist and his shortcomings: Distortions in the attribution process. In L. Berkowitz (Ed.), *Advances in experimental social psychology* (Vol. 10, pp. 173-220). Academic Press.
③ 刘永芳：《归因过程"背景效应假设"的初步实验研究》，《心理科学》1997 年第 1 期。
④ 刘永芳：《归因理论及其应用》，上海教育出版社 2010 年版。

情境归因偏见，而观察者更有可能秉持性情归因的倾向。然而，在负面网络热点事件中，观察者的归因倾向往往不同。例如，当公众作为观察者，目睹网络暴力导致的受害者轻生事件时，他们通常不会将责任归咎于受害者的脆弱，而是更关注网络暴力治理，期待完善制度，遏制施暴者的肆意行为。

除了归因者身份的影响，文化心理学学者还进一步探讨了文化差异对归因倾向的影响。他们认为，并非所有文化中的公众都存在"基本归因错误"所描述的性情归因偏见。通过比较东亚与北美公众在归因方式上的差异，过往研究发现东亚公众更有可能进行情境归因，北美公众更倾向于性情归因。①导致这种差异的原因众说纷纭，有些学者认为归因分为两个步骤，东西方公众在第一步时都会进行性情归因，只是东亚公众会在第二步时考虑情境因素的重要性。②也有学者提出东西方公众本

---

① Choi, I., Nisbett, R. E., & Norenzayan, A. (1999). Causal attribution across cultures: Variation and universality. *Psychological Bulletin*, 125, 47-63; Hofstede, G. (1991). *Cultures and organizations: Software of the mind*. McGraw-Hill; Norenzayan, A., Choi, I., & Nisbett, R. E. (2002). Cultural similarities and differences in social inference: Evidence from behavioral predictions and lay theories of behavior. *Personality and Social Psychology Bulletin*, 28(1), 109-120.

② Gawronski, B. (2004). Theory-based bias correction in dispositional inference: The fundamental attribution error is dead, long live the correspondence bias. *European Review of Social Psychology*, 15(1), 183-217; Knowles, E. D., Morris, M. W., Chiu, C.-Y., & Hong, Y.-Y. (2001). Culture and the process of person perception: Evidence for automaticity among East Asians in correcting for situational influences on behavior. *Personality and Social Psychology Bulletin*, 27(10), 1344-1356; Lieberman, M. D., Jarcho, J. M., & Obayashi, J. (2005). Attributional inference across cultures: Similar automatic attributions and different controlled corrections. *Personality and Social Psychology Bulletin*, 31(7), 889-901.

质上就存在着不同的归因偏见。[①]这种假设以东西方的文化和哲学思想差异为支撑。具体而言，西方哲学的核心观念之一是"个体自由意志假设"，即主张个体行为源于独立意志和自主选择。该假设起源于古希腊哲学，并在启蒙运动中得到进一步发展，为西方的个体主义、民主与法治体系奠定了哲学基础，主张个人在不侵犯他人权利的前提下应享有最大限度的自由。因此，西方公众在归因时倾向于将个体视为独立自主的存在，认为其行为多由个人选择决定，并将行为原因归于个人特质。[②]

与西方强调个体主义的自由选择不同，东亚思想体系强调个体行为的社会性、伦理性以及与他人的关系，主张个体不仅是独立自主的存在，而是集体中的一部分，个体的行为应服务于集体利益和社会和谐。受这种思想体系的影响，东亚公众倾向以整体的眼光看待事物，认为人与事物是彼此相连的。就像中国人讲究成事需要"天时、地利、人和"，东亚公众在解释个体行为或社会现象时，往往会考虑个人特质之外的情境因素。[③]

———————　① Briley, D. A., & Aaker, J. L. (2006). When does culture matter? Effects of personal knowledge on the correction of culture-based judgments. *Journal of Marketing Research*, 43(3), 395-408; Geeraert, N., & Yzerbyt, V. Y. (2007). Cultural differences in the correction of social inferences: Does the dispositional rebound occur in an interdependent culture? *British Journal of Social Psychology*, 46(2), 423-435.

② Choi, I., Nisbett, R. E., & Norenzayan, A. (1999). Causal attribution across cultures: Variation and universality. *Psychological Bulletin*, 125(1), 47-63; Nisbett, R. E., Peng, K., Choi, I., & Norenzayan, A. (2001). Culture and systems of thought: Holistic versus analytic cognition. *Psychological Review*, 108(2), 291-310.

③ Choi, I., Nisbett, R. E., & Norenzayan, A. (1999). Causal attribution across cultures: Variation and universality. *Psychological Bulletin*, 125(1), 47-63; Nisbett, R. E., Peng, K., Choi, I., & Norenzayan, A. (2001). Culture and systems of thought: Holistic versus analytic cognition. *Psychological Review*, 108(2), 291-310.

第二节　负面网络热点事件中的结果可控性感知

在认知归因理论的研究中，来源和控制或可控性是解释人类归因的关键因素。朱丽安·罗特（Julian B. Rotter）的控制点理论（locus of control theory）将可控性定义为个体对于自己能否控制某一行为或事件的信念，并将控制点分为内部与外部两类。[1]内部控制点指个体能控制事件发生的原因，而外部控制点意味着事件的发生超出个体掌控，由运气等非社会性因素决定。韦纳对控制点理论提出挑战，认为该理论混淆了来源和可控性两个概念。他指出，并非所有内在因素都在个体的控制之下，例如智力是个体的内在属性，但不受个体控制。[2]韦纳的归因理论将来源、可控性和稳定性作为影响原因归咎和责任推断的三个维度。[3]若某事件的原因来自行为主体内部，则责任较大；若来自外部，则责任较小。若事件的原因可控，则责任较大，反之责任较小。若原因是稳定的，而非偶然的，则主体责任较大。

在实验设计和统计分析中，因果关系成立的必要条件之一是时间先后性，即"原因"必须在"结果"之前发生。然而，人们在进行归因时的因果推断实际上是一种"事后诸葛亮"的行为，即根据已发生的事件"结

① Lefcourt, H. M. (Ed.). (1982). *Locus of control: Current trends in theory and research*. John Wiley & Sons; Rotter, J. B. (1966). Generalized expectancies for internal versus external control of reinforcement. *Psychological Monographs: General and Applied*, 80(1), 1.

② Weiner, B. (1985). An attributional theory of achievement motivation and emotion. *Psychological Review*, 92, 548-573.

③ Weiner, B. (2010). *Social motivation, justice, and the moral emotions: An attributional approach*. Psychology Press.

果"倒推"原因"。社会心理学家阿尔伯特·班杜拉（Albert Bandura）指出，人类具有预见未来和未雨绸缪的能力，而这种对未来的预测又会反过来作为动力，影响当前的态度和行为。[1]例如，当高校教师预测申请某个科研项目的成功概率较高时，他们往往会更加愿意投入时间撰写项目申报书；而当他们预测申请成功的概率较低时，他们更可能放弃申请。在负面网络热点事件中，人们的归因和责任推断也会受到对未来的预测的影响。[2]班杜拉指出，期待实现理想结果是人类的本能。尤其是在负面事件中，人们往往会希望通过施加控制来化解危机，达到理想结果。[3]如果人们预期负面事件的后果会不尽如人意或失控，他们的归因可能会受到结果预期的影响，从而改变责任推断。综上所述，罗特和韦纳等归因理论家对于来源与可控性的研究均聚焦于原因可控性，而忽略了预期的结果可控性的影响。然而，人们的归因行为本质上是一种"马后炮"，在事件发生后，人们不仅会评估事件发生的原因，

[1] Bandura, A. (1986). *Social foundations of thought and action: A social cognitive theory*. Prentice-Hall, Inc.; Maddux, J. E. (1995). Self-efficacy theory. In J. E. Maddux (Ed.), *Self-efficacy, adaptation, and adjustment* (pp. 3-33). Springer.

[2] Ji, Y. (2023). The impacts of locus of crisis outcome control on responsibility attribution in hindsight: Focusing on comparisons between the American and Chinese public. *Chinese Journal of Communication*, 16(3), 303-323; Ji, Y., & Kim, S. (2020). Crisis-induced public demand for regulatory intervention in the social media era: Examining the moderating roles of perceived government controllability and consumer collective efficacy. *New Media & Society*, 22(6), 959-983.

[3] Bandura, A. (2001). Social cognitive theory: An agentic perspective. *Annual Review of Psychology*, 52, 1-26; Ji, Y. (2023). The impacts of locus of crisis outcome control on responsibility attribution in hindsight: Focusing on comparisons between the American and Chinese public. *Chinese Journal of Communication*, 16(3), 303-323.

还会考虑事件可能引发的后续结果及结果可控性。[1]

在罗特和韦纳的理论中，控制点或来源被简单地划分为内部因素和外部因素，其中外部因素被限定为机遇、运气等非社会性因素，忽略了文化、制度等社会结构性因素。而班杜拉的社会认知理论强调，个体作为社会行动者，其行为既受到社会情境的驱动，又受制于社会情境。[2]在负面网络热点事件中，为实现理想结果，公众通常会评估自身或其他行动主体是否能够有效控制结果。能够控制结果的主体包括公众自身（首要行动者）、代理行动者和集体行动者。公众可能通过以下方式实现对结果的控制：一是直接通过自身行动控制负面事件；二是委托代理行动者（如政府）代为行事；三是通过集体行动，依靠群体力量实现对结果的控制。[3]

基于班杜拉的社会认知理论和韦纳的归因理论[4]，笔者提出了结果可控性（locus of crisis outcome control）理论，即公众对谁能够控制负

[1] Ji, Y. (2023). The impacts of locus of crisis outcome control on responsibility attribution in hindsight: Focusing on comparisons between the American and Chinese public. *Chinese Journal of Communication*, 16(3), 303-323; Ji, Y., & Kim, S. (2020). Crisis-induced public demand for regulatory intervention in the social media era: Examining the moderating roles of perceived government controllability and consumer collective efficacy. *New Media & Society*, 22(6), 959-983.

[2] Bandura, A. (1986). *Social foundations of thought and action: A social cognitive theory*. Prentice-Hall, Inc.; Bandura, A. (2002). Social cognitive theory in cultural context. *Applied Psychology*, 51(2), 269-290.

[3] Bandura, A. (2001). Social cognitive theory: An agentic perspective. *Annual Review of Psychology*, 52, 1-26.

[4] 伯纳德·韦纳：《归因动机论》，周玉婷译，中国人民大学出版社2020年版；Bandura, A. (1986). *Social foundations of thought and action: A social cognitive theory*. Prentice-Hall, Inc.

面事件结果以实现理想状态的系统性评估。[①]在面对负面事件时，公众不仅关注事件发生的原因，还会评估不同主体对事件结果的可控性。结合个体行动者、代理行动者和集体行动者的划分，笔者提出了个人可控性、代理可控性和集体可控性的概念。[②]个人可控性是指公众评估自身行动对负面事件结果的控制能力，这种感知基于对事件及其社会情境的经验或观察。当公众认为自己有能力有效解决负面事件时，会感受到较高的个人可控性；反之，则会感到自己失去了对结果的直接控制。代理可控性则反映公众对代理行动者控制结果能力的评估，代理行动者通常被视为强大且有能力的存在，例如政府，能够响应公众诉求并代表公众行事。[③]在负面事件发酵为热点甚至社会议题时，公众普遍期待政府这一代理行动者能够在根源上解决问题并防止类似事件

————————

[①] Ji, Y. (2023). The impacts of locus of crisis outcome control on responsibility attribution in hindsight: Focusing on comparisons between the American and Chinese public. *Chinese Journal of Communication*, 16(3), 303-323; Ji, Y., & Kim, S. (2020). Crisis-induced public demand for regulatory intervention in the social media era: Examining the moderating roles of perceived government controllability and consumer collective efficacy. *New Media & Society*, 22(6), 959-983.

[②] Bandura, A. (1986). *Social foundations of thought and action: A social cognitive theory*. Prentice-Hall, Inc.; Ji, Y. (2023). The impacts of locus of crisis outcome control on responsibility attribution in hindsight: Focusing on comparisons between the American and Chinese public. *Chinese Journal of Communication*, 16(3), 303-323.

[③] Ji, Y. (2023). The impacts of locus of crisis outcome control on responsibility attribution in hindsight: Focusing on comparisons between the American and Chinese public. *Chinese Journal of Communication*, 16(3), 303-323; Ji, Y., & Kim, S. (2020). Crisis-induced public demand for regulatory intervention in the social media era: Examining the moderating roles of perceived government controllability and consumer collective efficacy. *New Media & Society*, 22(6), 959-983.

重演。①集体可控性则指公众对通过集体努力实现理想结果的信念。②
在社交媒体出现之前，公众的集体行动大多通过线下组织联系，成本
高昂。③社交媒体的出现赋予了集体行动者提升声量的可能性，公众借助
社交平台彼此联系、建立社群，通过转发、评论、点赞及热搜讨论形成网
络声量，从而形成一股不容忽视的力量，迫使责任承担者正视公众需求。④
结果可控性理论揭示了在负面事件中公众的结果预期对归因过程和行动
逻辑的影响，为理解及管理负面网络热点事件提供了新的理论视角。

第三节　情境归因偏见对公众治理诉求的影响

主流危机传播研究通常将负面事件中的涉事方（组织或个体）视为
危机责任的默认承担者，并通过对危机原因的来源、可控性和稳定性三

① Egorov, G., & Harstad, B. (2017). Private politics and public regulation. *The Review of Economic Studies*, 84(4), 1652-1682; Heath, R. L., & Palenchar, M. J. (2008). Issue management and crisis communication. In R. L. Heath, & M. J. Palenchar (Eds.), *Strategic issues management: Organizations and public policy challenges*. (pp.125-156). Sage Publications.

② Bennett, W. L., & Segerberg, A. (2012). The logic of connective action. *Information, Communication & Society*, 15, 739-768; Ji, Y. (2023). The impacts of locus of crisis outcome control on responsibility attribution in hindsight: Focusing on comparisons between the American and Chinese public. *Chinese Journal of Communication*, 16(3), 303-323; Ji, Y., & Kim, S. (2020). Crisis-induced public demand for regulatory intervention in the social media era: Examining the moderating roles of perceived government controllability and consumer collective efficacy. *New Media & Society*, 22(6), 959-983.

③ Bennett, W. L., & Segerberg, A. (2012). The logic of connective action. *Information, Communication & Society*, 15, 739-768.

④ Bennett, W. L., & Segerberg, A. (2013). *The logic of connective action: Digital media and the personalization of contentious politics*. Cambridge University Press.

个维度的评估，推断涉事方在多大程度上需要为负面事件负责。[①]这一理论假设根植于性情归因偏见，也就是基本归因错误，即将责任归因于涉事方的特质或秉性，却忽视了负面事件所处情境的影响。在传统归因研究中，外部因素通常被限定为运气、天气等非社会性因素，而对社会性因素的作用关注不足。对此，笔者提出情境因素应包括社会结构因素，例如制度、文化和社会群体规范等。[②]这些社会性因素构成了特定环境下人们进行社会互动的基本背景，对人们的认知和行为具有重要影响。因此，公众在负面事件的归因过程中，不仅进行性情归因，也会涉及情境归因，并可能受到情境归因偏见的影响。这种多维视角揭示了归因过程的复杂性和情境的重要作用。

在社交媒体时代，负面网络热点事件往往迅速吸引公众关注，并占据热搜高位，使事件迅速扩散至公共领域，进而与既有社会议题相关联或演变为新的社会议题。[③]公众通过热搜等方式获取的信息可能会使他们产生有偏差的统计推断，高估负面事件的严重性与普遍性，认为热搜所

---

① Coombs, W. T. (2007). Protecting organization reputations during a crisis: The development and application of situational crisis communication theory. *Corporate Reputation Review*, 10(3), 163-177.

② Ji, Y. (2023). The impacts of locus of crisis outcome control on responsibility attribution in hindsight: Focusing on comparisons between the American and Chinese public. *Chinese Journal of Communication*, 16(3), 303-323; Ji, Y., & Kim, S. (2020). Crisis-induced public demand for regulatory intervention in the social media era: Examining the moderating roles of perceived government controllability and consumer collective efficacy. *New Media & Society*, 22(6), 959-983.

③ Coombs, W. T., & Holladay, S. J. (2012). The paracrisis: The challenges created by publicly managing crisis prevention. *Public Relations Review*, 38(3), 408-415; Jaques, T. (2012). Is issue management evolving or progressing towards extinction: A status review. *Public Communication Review*, 2, 35-44.

显示的负面事件已然成为社会普遍存在的现象。[1]在这种情况下，公众的关注点可能从涉事组织或个体转向其所处的社会情境，认为社会性情境因素是导致该事件的主要原因。例如，2017 年，北京一所幼儿园因疑似虐童事件登上微博热搜，引发公众广泛关注。尽管许多公众呼吁彻查该幼儿园的责任，但更为普遍的诉求是要求政府相关部门整顿早教行业乱象，完善监管机制，以重建公众对早教行业的信任。这一事件表明，在负面事件中，公众的归因焦点可能从具体涉事方转向行业或社会层面的系统性问题。[2]当公众高度倾向于将负面事件的原因和责任归咎于制度、文化、规范等情境因素，而非涉事组织或个体时，情境归因偏见便随之产生。这种偏见凸显了社交媒体时代公众归因模式中情境因素的显示度。

当公众将负面事件的主要原因和责任归咎于情境因素时，涉事方的危机解决方案往往无法满足公众的期待。因为公众的诉求不仅仅是要求涉事方道歉或赔偿，更重要的是期望通过社会层面的治理措施来彻底化解相关社会议题。[3]当公众将解决社会议题作为理想结果时，他们会评估哪些社会行动者可以实现这一目标。例如，公众可能会评估自己是否

[1] Lim, J. S. (2017). How a paracrisis situation is instigated by an online firestorm and visual mockery: Testing a paracrisis development model. *Computers in Human Behavior*, 67, 252-263.

[2] Ji, Y., & Kim, S. (2020). Crisis-induced public demand for regulatory intervention in the social media era: Examining the moderating roles of perceived government controllability and consumer collective efficacy. *New Media & Society*, 22(6), 959-983.

[3] Ji, Y. (2023). The impacts of locus of crisis outcome control on responsibility attribution in hindsight: Focusing on comparisons between the American and Chinese public. *Chinese Journal of Communication*, 16(3), 303-323; Ji, Y., & Kim, S. (2020). Crisis-induced public demand for regulatory intervention in the social media era: Examining the moderating roles of perceived government controllability and consumer collective efficacy. *New Media & Society*, 22(6), 959-983.

有能力控制结果，或者代理行动者和集体行动者是否具有较高的可控性。通常情况下，我国公众普遍认为政府，作为涉事方的监管者以及公众的代理行动者，具有较高的掌控力。因此，公众的诉求往往集中在呼吁政府彻查和监管涉事方，制定相应的规章制度、法律法规或出台相关政策，以解决负面事件所引发的社会议题。[①]这种以解决社会议题为导向的负面网络热点事件治理诉求，正是社交媒体时代情境归因偏见作用的结果。

　　基于此，本书提出，社交媒体增强了负面事件升级为网络热点事件的可能性。一旦负面事件成为热点，并与社会议题相连，导致公众认为负面事件已经严重危及整个社会时，公众便会呼吁政府通过监管、立法、政策制定等方式进行治理。[②]本书将这种诉求概念化为负面网络热点事件中的公众治理诉求。值得注意的是，公众的治理诉求并不一定导致实际的政府行为或政策实施。社交媒体时代，公众治理诉求具有两个重要特征。一是公众治理诉求是被公开表达与广泛传播的。公众通过在社交媒体上发帖、转发、点评或评论等方式表达诉求，以此呼吁政府机构作为代理行动者来满足其期待。二是公众治理诉求在公共领域具有显著性。

① Rosenthal, U., & Kouzmin, A. (1997). Crises and crisis management: Toward comprehensive government decision making. *Journal of Public Administration Research and Theory*, 7(2), 277-304.

② Heath, R. L., & Palenchar, M. J. (2008). Issue management and crisis communication. In R. L. Heath, & M. J. Palenchar (Eds.), *Strategic issues management: Organizations and public policy challenges*. (pp.125-156). Sage Publications; Ji, Y. (2023). The impacts of locus of crisis outcome control on responsibility attribution in hindsight: Focusing on comparisons between the American and Chinese public. *Chinese Journal of Communication*, 16(3), 303-323; Ji, Y., & Kim, S. (2020). Crisis-induced public demand for regulatory intervention in the social media era: Examining the moderating roles of perceived government controllability and consumer collective efficacy. *New Media & Society*, 22(6), 959-983.

显著性反映了公众诉求在社会中的重要性和高度可见性。显著的诉求更容易被政府机构察觉，并更有可能推动政府响应、满足其期待。因此，公众会利用其对算法的朴素理解，通过铺热搜广场、抢占话题、发动标签行动等手段，试图影响平台的热搜或推荐机制，从而增加治理诉求的显著性。[①]

为了检验笔者提出的结果可控性理论，并揭示影响公众治理期待的底层机制，笔者开展了两项实证研究。

第一项研究聚焦于讨论在负面网络热点事件中，公众对代理行动者（政府）与集体行动者的可控性感知如何影响个体公众在负面网络热点事件中的责任推断及治理诉求。[②]当公众感知到高水平的集体可控性时，也就是说他们认为通过集体的力量能够影响涉事方，从而解决负面事件时，他们就不会在社交媒体上呼吁政府介入治理；而当他们认为集体力量不足以约束涉事方时，他们更可能依靠政府来制衡。例如，面对网络暴力问题，当前公众的集体力量难以遏制其蔓延，唯有呼吁政府出台政策法规，净化网络空间，减少网络施暴者，根治网络暴力。政府可控性感知会直接引发公众的治理诉求，例如呼吁政府进行监管，而集体可控

---

① Ji, Y., & Kim, S. (2023). The impacts of social media bandwagon cues on public demand for regulatory intervention during corporate crises. *Journal of Contingencies and Crisis Management*, 31(3), 392-405; Oehl, B., Schaffer, L. M., & Bernauer, T. (2017). How to measure public demand for policies when there is no appropriate survey data? *Journal of Public Policy*, 37(2), 173-204.

② Ji, Y., & Kim, S. (2020). Crisis-induced public demand for regulatory intervention in the social media era: Examining the moderating roles of perceived government controllability and consumer collective efficacy. *New Media & Society*, 22(6), 959-983.

性感知则并不直接影响这样的公众诉求。这表明，当公众认为政府能够控制负面事件的结果时，他们会期望政府介入治理，以杜绝类似事件。然而，高度的政府可控性感知可能导致公众在面对并不严重的负面事件时也呼吁政府介入治理，从而触发情境归因偏见，导致负面事件的升级。此外，高水平的政府可控性感知还会削弱公众对集体控制的依赖，这意味着公众更倾向于依赖政府来约束涉事方，而非依靠网络社群直接向涉事方施压来解决负面事件。

蔓延至公共领域的负面网络热点事件往往与社会议题交织，公众的议题卷入度会影响他们对负面事件的治理诉求。然而，公众感知到的外部可控性水平会改变议题卷入度对治理诉求的直接影响。具体来说，当公众认为对政府来说，负面事件的结果高度可控时，无论公众的议题卷入度水平如何，他们都可能在社交媒体上发帖呼吁政府介入治理。例如，2021年，当一名互联网员工因加班而猝死后，关于"996"工作制的劳资矛盾议题成为热议话题，即便是不在互联网企业工作的公众（议题卷入度较低的群体）也纷纷呼吁政府出台措施，整治不合理的工作时间。而当公众认为政府对负面事件结果的控制力较弱时，他们对政府的治理诉求会更多地受到他们自身议题卷入度水平的影响。在性别相关的负面事件中，通常只有与该议题相关的公众才会积极发声，呼吁政府采取治理举措。此外，当公众感知到较高水平的集体可控性时，议题卷入度对政府治理诉求的影响也会减弱，因为公众相信他们可以凭借集体的力量达到理想的结果。

除了对治理诉求的影响外，结果可控性感知还会对公众的责任推断产生影响，催生情境归因偏见。[1]过去的研究中，中国公众作为东方文化的代表，常被归类为"集体主义"和"情境归因"的典型；而美国公众则被视为西方文化的代表，其特点通常与"个人主义"和"性情归因"相联系。情境归因似乎是专属于东亚公众的特征。[2]可是，当中美公众面对与社会议题相关的负面网络热点事件时，意想不到的结果出现了。这里引出了笔者的第二项研究。

笔者通过一项中美比较的实证研究发现，社交媒体时代，东西方公众都存在情境归因偏见。具体而言，无论是中国公众还是美国公众，都倾向于将负面网络热点事件的原因归咎于文化或制度缺陷等外部情境因素，这种情境归因偏见可能是社交媒体时代的普遍现象。[3]在研究中，笔者虚构了一起职场性骚扰事件，并设定其被曝光在社交媒体平台上。研究结果表明，当中美公众意识到政府作为可信赖的代理行动者能够实现预期结果时（即感知到高水平的政府可控性时），他们更倾向于责备涉事企业。同时，还会扩展到对社会文化和制度缺陷的指责——公众会认为社会制度的缺陷也应为此类事件的发生负责，进而呼吁政府出台政

[1] Ji, Y. (2023). The impacts of locus of crisis outcome control on responsibility attribution in hindsight: Focusing on comparisons between the American and Chinese public. *Chinese Journal of Communication*, 16(3), 303-323.

[2] Choi, I., Nisbett, R. E., & Norenzayan, A. (1999). Causal attribution across cultures: Variation and universality. *Psychological Bulletin*, 125, 47-63; Hofstede, G. (1991). *Cultures and organizations: Software of the mind*. McGraw-Hill; Norenzayan, A., Choi, I., & Nisbett, R. E. (2002). Cultural similarities and differences in social inference: Evidence from behavioral predictions and lay theories of behavior. *Personality and Social Psychology Bulletin*, 28(1), 109-120.

[3] Ji, Y. (2023). The impacts of locus of crisis outcome control on responsibility attribution in hindsight: Focusing on comparisons between the American and Chinese public. *Chinese Journal of Communication*, 16(3), 303-323.

策，根治职场性骚扰这一社会问题，而不仅仅是解决单一负面事件。当公众认为政府对该职场性骚扰事件具有高控制力时，他们倾向于将该事件视为严重危机，认为涉事组织行为恶劣，亟需政府介入治理，从而加重对涉事组织的责备。换言之，当公众认为职场性骚扰问题已经演变为需要政府介入的社会危机时，也就意味着这一现象已成为普遍且严重的社会问题，整治这一问题已经刻不容缓。这使得他们认为现有制度无法有效遏制职场性骚扰，将负面事件的责任进一步归咎于制度缺陷，进而强烈呼吁彻底治理这一社会议题。[1]该机制在中美公众中均存在，表明即便是西方公众，也可能存在责备制度缺陷这一情境归因的倾向。

当评估个人可控性时，研究结果显示，中美公众表现出不同的模式。对于美国公众而言，当他们认为自己对负面事件结果的可控性不足时，他们更倾向于将事件的责任归咎于涉事组织。这可能源于当美国公众感到自己无法控制事件的结果时，会产生负面情感，进而导致对涉事组织的责备。[2]相比之下，中国公众对自身可控性感知的缺失并不会直接转化为对涉事组织的责备，而是更倾向于将责任归咎于制度缺陷，进而促使他们呼吁政府参与治理。这一现象或许与中国公众在许多负面网络热点事件中长期处于无力状态有关，他们已经对个人无法控制负面事件的结果感到习以为常，因此不会对涉事组织或个体产生强烈

---

[1] Egorov, G., & Harstad, B. (2017). Private politics and public regulation. *The Review of Economic Studies*, 84(4), 1652-1682.

[2] Ji, Y., & Kim, S. (2020). Crisis-induced public demand for regulatory intervention in the social media era: Examining the moderating roles of perceived government controllability and consumer collective efficacy. *New Media & Society*, 22(6), 959-983.

的负面感知。[1]然而，当负面事件与更广泛的社会议题相交织时，如职场性骚扰等问题，中国公众意识到自己无法通过个人力量影响涉事组织，会更倾向于通过社会层面的变革来解决问题，并将事件责任归咎于制度缺陷，以推动社会系统性的改进。这一研究结果也从另一个角度反映了中国公众在某些议题上可能表现出更强烈的情境归因倾向。

第四节　小结

本章首先回顾了基本归因错误与东西方跨文化归因差异，经典的归因理论研究主要集中在西方公众的性情归因偏见，本书则在笔者一系列实证研究的基础上，提出了结果可控性理论和情境归因偏见。笔者认为，在社交媒体时代，单一的负面事件往往会与更广泛的社会议题交织在一起，导致公众更容易陷入情境归因偏见。也就是说，无论是东方公众还是西方公众，都更容易高估负面事件的严重性，认为其已经威胁到整个社会，并将事件的责任归咎于社会制度的缺陷。因此，公众呼吁政府作为可信赖的代理行动者介入事件治理，不仅要求政府监管过错方，还期待政府出台相应的政策或法律法规。公众的诉求不仅是解决具体的负面热点事件，更是要根治相关的社会议题，以期未来不再发生类似事件。

---

[1] Huang, Y.-H. C., & Kim, S. (2018). Cultures of crisis response: Chinese public relations practices in context. *Chinese Journal of Communication*, 11(1), 1-4; Wu, Q. (2007). The making of a market economy in China: Transformation of government regulation of market development. *European Law Journal*, 13(6), 750-771.

第九章

框架效应

横看成岭侧成峰，远近高低各不同。

——苏轼《题西林壁》

框架理论是传播学中的经典理论。媒体框架，是指主流媒体在新闻报道中用于凸显事件特征的词汇、图片或语言表述。[①]相同事件若以不同框架呈现，读者的认知与态度会受到明显影响，这便是"框架效应"。例如，报道校园霸凌时，媒体若聚焦于霸凌者个人的行为与道德，公众易将责任归咎于个体，更关注对个体的惩罚；若强调社会对青少年心理健康及校园安全重视不足，公众则更倾向从社会层面反思家庭与学校教育，寻求体制机制保障，而非仅着眼于惩罚个体。社交媒体时代，主流媒体不再是框架的唯一主导，普通网友发布的内容及其内嵌框架，同样会塑造人们对事件的态度与归因。本章旨在阐述社交媒体框架对公众归因的影响。

---

① Druckman, J. N. (2001). The implications of framing effects for citizen competence. *Political Behavior*, 23(3), 225-256.

第一节　框架理论

　　早在 1955 年，格雷戈里·贝特森（Gregory Bateson）在一篇题为《关于游戏与幻觉的理论》的论文中从认知心理学的角度出发，使用"框架"（frame）一词解释人们如何在传播活动中理解彼此所传递的符号，以及建立传受双方对符号的诠释规则。[1]以猴子之间的游戏为例，贝特森认为，有些时候，看似在撕咬的猴子实际上是在游戏，而猴子自身似乎能够清晰地区分撕咬和游戏，也就是说，它们的游戏不仅仅是表面呈现的样子，猴子能够在不同的"框架"下，理解"撕咬"这一行为的不同含义。它们知道，在"游戏框架"中，"撕咬"是一种玩耍行为；而在"真实打斗框架"中，"撕咬"则是具有攻击性的严肃行为。[2]这体现出，框架影响着猴子对自身行为意义的理解和诠释，不同框架赋予了相同行为（撕咬）不同的意义。不仅是在动物之间，在人们的交往之中也存在着这种框架，有时候，人们还会在交往中故意给他人制造框架混乱，比如通过开玩笑、说反话等方式，让对方难以明确当前处于何种"框架"，从而产生不同的互动效果。[3]从这一角度来看，框架实际上具备情境性内涵。[4]

---

[1]　Bateson, G. (1955). A theory of play and fantasy. *Psychiatric Research Reports*, 2, 39-51；潘忠党：《架构分析：一个亟需理论澄清的领域》，《传播与社会学刊》2006 年总第 1 期。

[2]　Bateson, G. (1955). A theory of play and fantasy. *Psychiatric Research Reports*, 2, 39-51.

[3]　Bateson, G. (1955). A theory of play and fantasy. *Psychiatric Research Reports*, 2, 39-51.

[4]　刘强：《框架理论：概念、源流与方法探析——兼论我国框架理论研究的阙失》，《中国出版》2015 年第 8 期。

这一理论后为欧文·戈夫曼（Erving Goffman）所发展，1974年，戈夫曼的《框架分析：经验组织论》一书，提出了一套系统的框架理论。作为一个社会学家，虽然戈夫曼表达了对贝特森的认可，但是他的框架理论扎根于社会学而非心理学。戈夫曼认为，"情境"是由社会而非个体来定义的，"框架"不仅仅是贝特森理论中个体层面上的认知结构，更是与社会结构和组织相对应的一种社会现实；框架介于人和环境，影响着人们对现实的认识和理解，使"人们能够定位、感知、标记、识别出看似无限数量的具体事件"①。

戈夫曼认为，框架又可以分为自然框架和社会框架。前者指的是将事件的发生理解为由自然因素所决定，没有人为影响，比如时间的流逝，是无法改变的；后者则涉及人类的意志、目的和控制努力，如职业选择、人际交往。社会框架依托于社会规范，这是因为人们在认知和行动的时候不可避免地会受到社会规范的制约，社会规范可以凝聚共识，并具有引导性。②框架帮助人们确定事件的性质、意义和相关的行为准则，不同的框架引发了人们对同一事件的不同理解和反应，并影响着人们之间的互动和交流。③举例而言，不同的文化背景下有关礼仪的框架有所不同，在某些西方国家，见面时人们通常会互相拥抱或亲吻脸颊来表示问候；而在一些亚洲国家，如日本和韩国，人们更倾向于鞠躬行礼。如果

---

① Goffman, E. (1974). *Frame analysis: An essay on the organization of experience.* Northeastern University Press, p. 21.

② Goffman, E. (1974). *Frame analysis: An essay on the organization of experience.* Northeastern University Press.

③ Goffman, E. (1974). *Frame analysis: An essay on the organization of experience.* Northeastern University Press.

一个西方人在日本用亲吻脸颊的方式向当地人打招呼，可能会被认为是一种冒犯。

除了社会规范外，过往经验也会显著影响人们的认知。认知心理学中的"图式理论"（schema theory，也可译作"基模理论"）旨在解释这种影响。[①]"图式"这一概念由德国哲学家康德提出，被认为是人们大脑中与隐含知识相关的"纯概念"。[②]心理学家弗雷德里克·巴特列特（Frederic C. Bartlett）通过对记忆、知识结构的研究指出，图式是人们对过去经验的动态组织。[③]图式所解释的就是个体在接触一个新事物的时候，他们先前的经验如何塑造他们当前的认知、判断和行动反应。[④]例如，我们每个人都有关于"餐厅"的图式，其中包含了餐厅通常有桌椅、菜单、服务员，人们会在餐厅里点菜、吃饭等信息。因此，当我们到了一个新餐厅的时候，我们会知道需要叫服务员来点菜。图式理论指出，个体对世界的认知以一种结构化、体系化的形式存储在我们的大脑中，这种认知是高度凝练化、抽象化、概括化的。[⑤]比如，提到"护士"这一职业时，人们脑海中可能首先浮现的是一个女性而非男性的形象。这是因为我们在日常生活中接触和观察到的护士大部分是女性，所以我

① Pan, Z., & Kosicki, G. M. (1993). Framing analysis: An approach to news discourse. *Political Communication*, 10(1), 55-75.

② Kant, I. (1990). *Critique of pure reason*. Prometheus Books.

③ Bartlett, F. C. (1932). *Remembering: A study in experimental and social psychology*. Cambridge University Press.

④ Maravita, A., & Iriki, A. (2004). Tools for the body (schema). *Trends in Cognitive Sciences*, 8(2), 79-86; Wood, M. L., Stoltz, D. S., Van Ness, J., & Taylor, M. A. (2018). Schemas and frames. *Sociological Theory*, 36(3), 244-261.

⑤ Hutto, D. D., & Myin, E. (2012). *Radicalizing enactivism: Basic minds without content*. MIT press; Maravita, A., & Iriki, A. (2004). Tools for the body (schema). *Trends in Cognitive Sciences*, 8(2), 79-86.

们脑海中有关护士的图式会是女性形象。

图式和框架既相互关联又有所区别。有学者认为，我们的知识以一种数据结构的方式存储于记忆中，这种特定的记忆结构被称为框架，这与图式的概念相似，框架起到了构建和整合信息的作用，帮助个体理解和处理复杂的知识和经验。[①]从图式和框架的关系上来看，图式解释了框架对个体认知影响的内在逻辑：不同的框架可以通过激活个体不同的图式唤起他们的相关反应。[②]

20世纪80年代末，以威廉·甘姆森（William A. Gamson）为代表的传播学者将框架理论引入了新闻传播领域，不过传播学者对于框架的定义各有侧重。[③]从意义建构的角度出发，甘姆森指出，框架是对事件进行组织和叙事的形式，通过对事件的不同组织方式，框架建构了事件的不同意义。[④]从新闻生产的角度，托德·吉特林（Todd Gitlin）指出，新闻记者在梳理事件信息、撰写报道时，会无意识地为事件设定框架。该框架是记者筛选信息、突出重点与呈现事件所遵循的原则，影

① 孙彩芹：《框架理论发展35年文献综述——兼述内地框架理论发展11年的问题和建议》，《国际新闻界》2010年第9期；Barsalou, L. W. (2012). Frames, concepts, and conceptual fields. In A. Lehrer, E. F. Kittay, & R. Lehrer (Eds.), *Frames, fields, and contrasts: New essays in semantic and lexical organization* (pp. 21-74). Routledge; Minsky, M.(1974). A framework for representing knowledge. In J. Haugeland (Ed.), *Mind design II: Philosophy, psychology, and artificial intelligence* (pp. 111-142). MIT Press.

② Wood, M. L., Stoltz, D. S., Van Ness, J., & Taylor, M. A. (2018). Schemas and frames. *Sociological Theory*, 36(3), 244-261.

③ 李宗亚、罗文辉、卢弘毅、魏然：《资讯处理策略与政治讨论对赛局性知识与实质性知识的影响》，《中华传播学刊》2019年第36期。

④ Gamson, W. A., Croteau, D., Hoynes, W., & Sasson, T. (1992). Media images and the social construction of reality. *Annual Review of Sociology*, 18(1), 373-393; Gamson, W. A., & Modigliani, A. (1989). Media discourse and public opinion on nuclear power: A constructionist approach. *American Journal of Sociology*, 95(1), 1-37.

响着最终报道的内容，以及向读者传达的事件要点与关键信息。[①]恩特曼认为，框架的本质在于突出和建构某种社会现实，通过定义问题、诊断原因、推断责任以及寻求解决方案，框架可以帮助人们认识特定的社会议题或事件。[②]其中，定义问题指的是为社会议题或事件定性，指出其中需要解决的问题；诊断原因则是揭示议题或事件发生的原因；责任推断旨在评估谁应该为议题或事件承担责任；寻求解决方案则是为议题或事件的处置方式提供思路。[③]不难发现，在恩特曼的讨论中，归因和责任推断是框架理论的核心要素。恩特曼还指出，在传播过程中存在四个不同的框架：（1）传播者框架，指传播者受认知结构中既有图式的影响，在进行表达时会做出有意识或者无意识的框架判断；（2）文本框架，指传播内容中的关键词、短语等文字表述；（3）受众框架，即受众的认知和态度，其会受到传播者框架或文本框架的影响，但受众框架不一定与传播者框架或文本框架一致；（4）文化框架，即社会中大多数人所持有的一套通用框架或主流框架。[④]迪特兰姆·舍夫勒（Dietram A. Scheufele）进一步提出了媒介框架和受众框架（audience frames）（或称"个人框架"，individual frames）的概念。[⑤]媒介框架关注媒体机构

---

① Gitlin, T. (2003). *The whole world is watching: Mass media in the making and unmaking of the new left*. University of California Press.

② Entman, R. M. (1993). Framing: Toward clarification of a fractured paradigm. *Journal of Communication*, 43(4), 51-58.

③ Entman, R. M. (1993). Framing: Toward clarification of a fractured paradigm. *Journal of Communication*, 43(4), 51-58.

④ Entman, R. M. (1993). Framing: Toward clarification of a fractured paradigm. *Journal of Communication*, 43(4), 51-58.

⑤ Scheufele, D. A. (1999). Framing as a theory of media effects. *Journal of Communication*, 49(1), 103-122.

或新闻记者在对事件进行报道时所采用的新闻的组织方式和特定框架，用以塑造受众对特定事件的理解、引导公共话语；受众框架则关注新闻消费者对新闻的理解后所形成的认知框架。[①]

第二节　责任推断的二元对象模型

在危机传播领域，情境危机沟通理论（SCCT）是主流理论。[②]该理论有两个理所当然的前提假设。其一，在组织危机范畴内，秉持着"事件由谁引发，责任便落于谁"的理念，即原因归咎近乎与责任归咎画上等号。虽说库姆斯在理论建构伊始便清晰明确地对二者加以区分，然而鉴于它们之间存在着极为紧密的关联，后续的 SCCT 学派几乎将归因完全等同于责任推断，所提及的"归因"，既涵盖原因归咎，亦囊括责任归咎。其二，SCCT 学派默认涉事方为原因归咎与责任推断的对象，因此，仅评估涉事方对负面事件的责任程度。该单一对象的归因和归责假设是建立在北美公众的基本归因错误的基础上，也就是过度强调性情归因而忽略情境归因。[③]笔者在第八章已经指出，基本归因错误源于西

---

① 李宗亚、罗文辉、卢弘毅、魏然：《资讯处理策略与政治讨论对赛局性知识与实质性知识的影响》，《中华传播学刊》2019 年第 36 期；Kinder, D. R., & Sanders, L. M. (1990). Mimicking political debate with survey questions: The case of white opinion on affirmative action for blacks. *Social Cognition*, 8(1), 73-103.

② Coombs, W. T. (2007). Protecting organization reputations during a crisis: The development and application of situational crisis communication theory. *Corporate Reputation Review*, 10(3), 163-177.

③ Ross, L. (1977). The intuitive psychologist and his shortcomings: Distortions in the attribution process. In L. Berkowitz (Ed.), *Advances in experimental social psychology* (Vol. 10, pp. 173-220). Academic Press.

方哲学中个体自由意志假设，该假设认为个体或组织的性情和秉性是固定的，并不会因环境的变化而变化，个体或组织的行为是自由选择的结果和自身秉性的彰显。所以，SCCT 忽略情境因素是否需为事件承担责任。[①]

鉴于笔者的研究主要是在跨文化语境以及社会层面展开，故而其底层假设与 SCCT 的上述两大前提假设大异其趣。首先，笔者在仙托·艾英戈（Shanto Iyengar）的框架理论基础上区分因果责任（casual responsibility）与处置责任（treatment responsibility）。[②]因果责任聚焦于探究是 "谁" 引发了事件，而处置责任着重考量"谁"应肩负起解决或处理该事件的责任。通过对电视新闻报道的研究，艾英戈发现记者常采用两种框架来建构争议性事件，即情节式框架（episodic frame）与主题式框架（thematic frame）。[③]情节式框架如同显微镜，将争议性事件的成因与责任精准地锁定在涉事者自身，它是基于个案研究或是围绕事件本身展开的细致报告。与之相反，主题式框架恰似望远镜，它把事件放置于广阔的社会情境之中，为读者提供与事件相关社会议题的背景

① Menon, T., Morris, M. W., Chiu, C. Y., & Hong, Y. Y. (1999). Culture and the construal of agency: Attribution to individual versus group dispositions. *Journal of Personality and Social Psychology*, 76(5), 701; Morris, M. W., & Peng, K. (1994). Culture and cause: American and Chinese attributions for social and physical events. *Journal of Personality and Social Psychology*, 67(6), 949.

② Iyengar, S. (1991). *Is anyone responsible? How television frames political issues*. University of Chicago Press; Ji, Y. (2023). The impacts of locus of crisis outcome control on responsibility attribution in hindsight: Focusing on comparisons between the American and Chinese public. *Chinese Journal of Communication*, 16(3), 303-323.

③ Iyengar, S. (1991). *Is anyone responsible? How television frames political issues*. University of Chicago Press.

知识，从社会层面探寻事件发生的根源以及解决之道。在情节式框架中，因果责任常与处置责任紧密联系；而在主题式框架中，"肇因者"与"担责者"往往大相径庭。以关于失业的探讨为例，在包含情节式框架的报道中，一方面，将失业者自身视作事件发生的"肇因者"，例如他们因工作能力欠佳而失业；另一方面，他们也可能被认定为需承担事件处置责任的"担责者"，被期望通过提升技能、积极求职等举措改善自身境遇。而在包含主题式框架的报道中，失业更可能被记者当作一个社会议题来描绘，即便某个个体因工作能力不佳而在裁员浪潮中首当其冲，但在经济下行、大规模裁员的社会情境下，失业议题的处置责任更多地落在了经济宏观调控部门以及劳动和社会保障部门等政府机构的肩上。

其次，在区分因果责任与处置责任的基础之上，笔者进一步提出了责任推断的二元对象模型（dual-agent approach to responsibility attribution）。①此模型深受文化心理学和艾英戈的框架理论的启发。②在第八章中笔者曾指出，文化心理学研究显示，北美公众和东亚公众在归因倾向上大相径庭。北美公众更偏向于性情归因，而东亚公众秉持全局式归因理念，会同时考量性情因素与情境因素。坦尼娅·梅农（Tanya

---

① Ji, Y. (2023). The impacts of locus of crisis outcome control on responsibility attribution in hindsight: Focusing on comparisons between the American and Chinese public. *Chinese Journal of Communication*, 16(3), 303-323; Ji, Y., & Kim, S. (2023). The impacts of social media bandwagon cues on public demand for regulatory intervention during corporate crises. *Journal of Contingencies and Crisis Management*, 31(3), 392-405.

② Iyengar, S. (1991). *Is anyone responsible? How television frames political issues*. University of Chicago Press; Morris, M. W., & Peng, K. (1994). Culture and cause: American and Chinese attributions for social and physical events. *Journal of Personality and Social Psychology*, 67(6), 949.

Menon）等学者还将情境因素细分为社会性情境因素和非社会性情境因素。[1]在经典归因理论中，所谓的外因大多指运气、天气这类非社会性（non-social）因素。[2]然而，文化心理学家认为，社会性（social）情境因素更具研究价值。社会性情境因素涵盖正式的社会制度，如政治制度、经济体制、法律法规、公共政策等，还包括非正式的文化、规范以及社会价值等。[3]这些社会性情境因素宛如社会互动的基础设施和背景幕布，既为一些社会行动赋予能量，也对特定行动加以限制。所以，在尊崇"近朱者赤，近墨者黑""橘生淮南则为橘，生于淮北则为枳"理念的东亚社会，公众在进行归因时，社会性情境因素同样会成为原因归咎和责任推断的对象。

然而，艾英戈关于电视新闻报道框架的研究揭示，一旦社会性情境因素被凸显，比如借助主题式框架来报道负面事件，北美公众也会投身于社会性情境归因之中。[4]这说明，在社会议题的舆论里，哪怕是素有性情归因倾向的北美人，也极有可能受媒介框架的引导，在推断责任时将社会性情境因素纳入思考范畴。在社交媒体时代，网友的任何一句抱怨都有可能瞬间点燃广泛的公共讨论，迅速发酵成社会热点事件，进而与既有社会议题交织融合，或是催生全新的社会议题。经由热搜呈现的抱怨或负面事件，极易让公众高估事件的严重性。公众会误以为类似事

[1] Menon, T., Morris, M. W., Chiu, C. Y., & Hong, Y. Y. (1999). Culture and the construal of agency: Attribution to individual versus group dispositions. *Journal of Personality and Social Psychology*, 76(5), 701.

[2] Heider, F. (1958). *The psychology of interpersonal relations*. John Wiley & Sons; Weiner, B. (1986). *An attributional theory of motivation and emotion*. Springer.

[3] Knight, J. (1992). *Institutions and social conflict*. Cambridge University Press.

[4] Iyengar, S. (1991). *Is anyone responsible? How television frames political issues*. University of Chicago Press.

件在社会中普遍存在，从而自然而然地将关注焦点从涉事方身上转移开来，投向更为宏观的社会议题，开始着重审视社会性情境因素所带来的影响。[①]在社交媒体环境下，笔者围绕虚构的职场性骚扰事件开展了实验研究，结果显示，无论是东亚公众还是北美公众，在进行责任推断时，都会权衡肇事者与社会性情境各自应承担的责任。这意味着，他们的目光不仅聚焦于肇事者的过错，还会深入反思社会性情境因素，如职场文化是否健康、女性权益保护是否到位以及劳动仲裁相关法律法规是否完备等问题。[②]基于上述种种分析，笔者提出责任推断的二元对象模型，指出公众在进行原因归咎和责任推断时，考量对象不应局限于涉事方本身，社会性情境因素同样应纳入其中。

第三节　责任框架对公众归因倾向与治理诉求的影响

框架理论研究始于传统媒体时代，彼时主流媒体机构是框架的主要生产者。在传统媒体主导时期，负面事件多由媒体披露，媒体通过框架的使用为事件定性并奠定舆论基调。学者通过对新闻报道的内容分析发现，报道负面事件时，责任框架是最常用的框架之一。[③]责任框架

① Ji, Y., & Kim, S. (2023). The impacts of social media bandwagon cues on public demand for regulatory intervention during corporate crises. *Journal of Contingencies and Crisis Management*, 31(3), 392-405.

② Ji, Y. (2023). The impacts of locus of crisis outcome control on responsibility attribution in hindsight: Focusing on comparisons between the American and Chinese public. *Chinese Journal of Communication*, 16(3), 303-323.

③ An, S. K., & Gower, K. K. (2009). How do the news media frame crises? A content analysis of crisis news coverage. *Public Relations Review*, 35(2), 107-112; Kuttschreuter, M., Gutteling, J. M., & De Hond, M. (2011). Framing and tone-of-voice of disaster media coverage: The aftermath of the Enschede fireworks disaster in the Netherlands. *Health, Risk & Society*, 13(3), 201-220.

能帮助公众厘清负面事件引发的问题、诊断成因、评估责任方并寻求解决办法。[①]以往文献表明，单篇媒体报道通常只将主要责任归咎于一方，要么是涉事方本身，要么是社会性情境因素。[②]就媒体对责任框架的使用偏好而言，目前的研究结果并不一致。一项研究发现，在美国，65.2%的新闻报道将虐待老年人问题界定为个人问题，而非社会议题。[③]另一项研究则指出，中国报纸在报道个人抑郁问题时，更多地将责任归咎于社会性情境因素，而非抑郁的个人。[④]

在当下的社交媒体时代中，得益于一键发布和转发等功能的便利性，普通用户也能成为框架构建者。[⑤]由于无须受制于严谨的事实核查和编审流程，他们构建框架的速度往往比主流媒体还要快。[⑥]这种速度上的优势，使得普通用户很可能掌握对负面事件的定义权，进而影响其他公

① Entman, R. M. (1993). Framing: Toward clarification of a fractured paradigm. *Journal of Communication*, 43(4), 51-58.

② Semetko, H. A., & Valkenburg, P. M. (2000). Framing European politics: A content analysis of press and television news. *Journal of Communication*, 50(2), 93-109.

③ Mastin, T., Choi, J., Barboza, G. E., & Post, L. (2007). Newspapers' framing of elder abuse: It's not a family affair. *Journalism & Mass Communication Quarterly*, 84(4), 777-794.

④ Zhang, Y., Jin, Y., & Tang, Y. (2015). Framing depression: Cultural and organizational influences on coverage of a public health threat and attribution of responsibilities in Chinese news media, 2000-2012. *Journalism & Mass Communication Quarterly*, 92(1), 99-120.

⑤ Van der Meer, T. G., Verhoeven, P., Beentjes, H., & Vliegenthart, R. (2014). When frames align: The interplay between PR, news media, and the public in times of crisis. *Public Relations Review*, 40(5), 751-761.

⑥ Liu, B. F. (2010). Distinguishing how elite newspapers and A-list blogs cover crises: Insights for managing crises online. *Public Relations Review*, 36(1), 28-34; Sweetser, K. D., & Metzgar, E. (2007). Communicating during crisis: Use of blogs as a relationship management tool. *Public Relations Review*, 33(3), 340-342.

众对负面事件的认知和看法。学者发现普通用户也倾向用责任框架表达观点。[1]在运用责任框架时，陈龙指出我国社交媒体用户倾向于参与"借题发挥"式责任归咎，借助话语勾连，公众将一些负面事件和社会性情境因素相联系，从而审视体制机制是否需要承担责任。[2]比如，"硕士生代导师小孩打比赛"事件，勾连的是教育公平、教育资源分配的问题。然而，这种"借题发挥"式的责任归咎可能存在对事件的随意定性、贴标签的问题，带有明显的情境归因偏见。[3]

框架通过突出事件中的特定元素，将复杂且具争议性的事件进行简化，为公众提供了一条认知捷径，帮助他们快速把握争议的焦点与重点，进而影响公众对事件的理解与看法。[4]确凿的实证证据表明，公众在接触不同报道框架后，后续的认知、态度和行为会出现显著差异。[5]特别是那些对负面事件知之甚少的公众，如果某个框架线索唾手可得，他们自

① Choi, Y., & Lin, Y. H. (2009). Consumer response to crisis: Exploring the concept of involvement in Mattel product recalls. *Public Relations Review*, 35(1), 18-22.

② 陈龙：《"借题发挥"：一种中国特色的网络舆论话语生成模式》，《新闻与传播研究》2019 年第 12 期。

③ 陈龙：《"借题发挥"：一种中国特色的网络舆论话语生成模式》，《新闻与传播研究》2019 年第 12 期。

④ Gamson, W. A., & Modigliani, A. (1987). The changing culture of affirmative action. In R. Braungart (Ed.), *Research in political sociology* (pp.137-177). JAI Press; Nelson, T. E., Clawson, R. A., & Oxley, Z. M. (1997). Media framing of a civil liberties conflict and its effect on tolerance. *American Political Science Review*, 91(3), 567-583.

⑤ Druckman, J. N. (2004). Political preference formation: Competition, deliberation, and the (ir) relevance of framing effects. *American Political Science Review*, 98(4), 671-686; Valkenburg, P. M., Semetko, H. A., & De Vreese, C. H. (1999). The effects of news frames on readers' thoughts and recall. *Communication Research*, 26(5), 550-569.

身的归因和归责就可能轻易受到该框架的影响。[1]接触主题式框架的公众，更有可能从解决社会议题、寻求集体利益保护的角度去看待问题，因此倾向于认为社会整体应对负面事件负责。而接触情节式框架的公众更倾向于将责任归咎于事件中的个体。[2]此外，不同的框架还会对社会层面的政策支持产生影响。主题式框架会指出社会层面存在的问题，并将一些导致社会问题的因素描述为 "个人无法控制"，从而使这些问题更有可能获得政策支持。相反，在情节式框架中，如果像糖尿病这类健康问题的产生因素被描述为患者可通过自身行为加以控制，那么这就会增加公众对糖尿病患者的负面刻板印象，进而减少对糖尿病研究及政策的支持。[3]总而言之，责任框架接触会影响公众的责任推断活动，并进一步影响他们的治理诉求。如果处置责任被归咎于个体，那么公众会倾向于从个体层面寻求解决方案，比如调整饮食、改变作息、寻求医疗帮助。反之，如果处置责任被归咎于社会整体，那么公众会倾向于由国家、

[1] Entman, R. M. (1993). Framing: Toward clarification of a fractured paradigm. *Journal of Communication*, 43(4), 51-58.

[2] Boukes, M. (2022). Episodic and thematic framing effects on the attribution of responsibility: The effects of personalized and contextualized news on perceptions of individual and political responsibility for causing the economic crisis. *The International Journal of Press/Politics*, 27(2), 374-395; Xu, S. (2018). When individual cultural orientation and mediated portrayal of risk intersect: Effects of individualism–collectivism and media framing on risk perception and attribution of responsibility. *Journal of Contingencies and Crisis Management*, 26(4), 499-509.

[3] Gollust, S. E., Lantz, P. M., & Ubel, P. A. (2010). Images of illness: How causal claims and racial associations influence public preferences toward diabetes research spending. *Journal of Health Politics, Policy and Law*, 35(6), 921-959; Temmann, L. J., Wiedicke, A., Schaller, S., Scherr, S., & Reifegerste, D. (2021). A systematic review of responsibility frames and their effects in the health context. *Journal of Health Communication*, 26(12), 828-838.

政府从社会层面提供补救措施，比如完善法律法规和公共政策等。[①]

　　值得注意的是，框架的媒介效果是有限且有条件的。[②]笔者以社交媒体上的职场性骚扰和企业数据泄露事件为背景展开实验研究。[③]结果表明，责任框架接触并不会直接影响被试的责任归咎和治理诉求。即不论公众阅读的社交媒体帖子将负面事件责任归咎于涉事方还是社会性情境因素，他们对涉事方和社会性情境因素的责备程度及治理诉求均无显著差异。这一结果契合有限效果论的观点。[④]个体在对媒体效果的敏感性上存在显著差异。媒体效果研究者常借助认知失调理论来阐释条件性的媒体效果，那些与公众既有态度相符的媒体框架更易产生效果。[⑤]责任框架直接效应不显著的另一原因，可能是社交媒体帖子的论点强度和质量欠佳。说服研究凸显了论点质量和强度在提高信息加工水平、

① Zhang, Y., Jin, Y., Stewart, S., & Porter, J. (2016). Framing responsibility for depression: How US news media attribute causal and problem-solving responsibilities when covering a major public health problem. *Journal of Applied Communication Research*, 44(2), 118-135.

② Gallagher, K. M., & Updegraff, J. A. (2011). Health message framing effects on attitudes, intentions, and behavior: A meta-analytic review. *Annals of Behavioral Medicine*, 43(1), 101-116; Valkenburg, P. M., Peter, J., & Walther, J. B. (2016). Media effects: Theory and research. *Annual Review of Psychology*, 67, 315-338.

③ Ji, Y., & Kim, S. (2023). The impacts of social media bandwagon cues on public demand for regulatory intervention during corporate crises. *Journal of Contingencies and Crisis Management*, 31(3), 392-405.

④ Lazarsfeld, P. F., Berelson, B., & Gaudet, H. (1944). *The people's choice: How the voter makes up his mind in a presidential election*. Duell, Sloan and Pearce; Pearce, L. J., & Field, A. P. (2016). The impact of "scary" TV and film on children's internalizing emotions: A meta-analysis. *Human Communication Research*, 42(1), 98-121.

⑤ Festinger, L. (1957). *A theory of cognitive dissonance*. Stanford University Press.

影响公众态度方面的重要性。[1]与传统新闻媒体报道相比，社交媒体帖子受字数限制，论点质量和强度往往较低，所以单条帖子的框架效果通常较小。[2]

尽管笔者的研究未发现责任框架的主效应，但发现责任框架接触对公众归因与治理诉求的影响，会受该框架在社交媒体上流行度的调节。[3]高水平的流行度意味着包含责任框架的帖子在社交媒体上收获了大量的点赞、分享和评论；流行度低则意味着该帖子无人问津。研究结果显示，当社交媒体帖子获大量点赞、分享和评论时，无论接触何种责任框架，公众对监管干预的呼声都较高。这表明，在中国，负面事件若演变为公众关注的社会议题，公众往往期待在社会层面根治该议题。反之，当流行度较低时，公众更易受责任框架的影响。若阅读将责任归咎于社会性情境因素的帖子，他们更倾向于要求政府监管干预。这一发现合乎逻辑，因为公众认为责任在社会性情境因素时，往往会寻求社会层面的解决方案。[4]

[1] Petty, R. E., & Cacioppo, J. T. (1986). The elaboration likelihood model of persuasion. In L. Berkowitz (Ed.), *Advances in experimental social psychology* (Vol. 19, pp. 123-205). Academic Press.

[2] Lee, E. J., & Jang, Y. J. (2010). What do others' reactions to news on Internet portal sites tell us? Effects of presentation format and readers' need for cognition on reality perception. *Communication Research*, 37(6), 825-846.

[3] Ji, Y., & Kim, S. (2023). The impacts of social media bandwagon cues on public demand for regulatory intervention during corporate crises. *Journal of Contingencies and Crisis Management*, 31(3), 392-405.

[4] Huang, Y. H. C., & Kim, S. (2018). Cultures of crisis response: Chinese public relations practices in context. *Chinese Journal of Communication*, 11 (1), 1-14.

第四节　小结

　　本章首先回顾了框架理论的发展历程。基于艾英戈的框架理论，笔者区分了因果责任和处置责任这两个概念。同时，笔者也对危机传播领域的主流理论——情境危机沟通理论进行了反思。该理论建立在基本归因错误的基础上，遵循着 "谁导致，谁负责" 这种单一的归因模式，却忽略了在责任推断过程中，公众其实也会考虑社会性情境因素对事件的影响。鉴于此，笔者提出了责任推断的二元对象模型。笔者认为，公众在对事件进行归因和归责时，目光不会仅仅停留在涉事方身上，也会认真审视社会性情境因素，判断其是否也应成为原因归咎和责任推断的对象。笔者的实验研究结果表明，社交媒体时代，普通用户所发布的帖子的框架效应是有限的，它受到帖子流行度的影响。对于那些鲜少有人关注的社交媒体帖子，责任框架反而能发挥更大的影响力。而当帖子在社交媒体上备受瞩目时，不管它采用哪种责任框架，公众大多会倾向于把负面事件的责任归结到社会性情境因素上，并且希望能从社会层面找到解决问题的办法。

显著性线索效应

> 影响民众想象力的，并不是事实本身，而是它们发生和引起注意的方式。
>
> ——古斯塔夫·勒庞（Gustave Le Bon）《乌合之众》

在认知资源有限的情况下，人类对事物的认知难以做到全面而细致。显著性作为一种关键的认知线索，发挥着重要作用。那些显著、突出的信息，例如闪烁且高对比度的霓虹灯广告，往往更容易吸引人们的注意力。显著性线索曾助力人类快速识别草丛中鲜艳的毒蛇，从而有效规避潜在的危险。然而，在某些情况下，它也可能改变甚至扭曲我们的认知和归因活动。社交媒体时代，公众对于议题显著性和重要性的感知，在很大程度上受到"转赞评"数据、热搜排名等流行度线索的左右。这种影响使得公众容易高估某些议题的负面影响，进而导致情境归因偏见。

第一节　显著性线索与议程设置理论

人类被形象地称为"认知吝啬鬼"（cognitive misers）。在不确定情境下或面对复杂的信息时，个体的认知资源是有限的，难以对信息进行全面、深入的加工。为了减轻认知负担并提高决策效率，人们往往会依赖启发式（heuristic）或寻求认知捷径，依赖一些线索来快速做出判断。[1]在说服研究中，启发式和线索是解释个体信息处理的关键概念。启发式是个体在不确定情境中快速做出判断所依赖的认知捷径或黄金原则，线索则是能激活启发式或指向认知捷径的信号。例如，专家代言可以被视为一种线索，能够激活"专家是权威的、值得信赖的"的启发式。[2]

　　显著性(salience)线索在人类的信息处理和认知过程中起着关键作用。显著性指的是信息的可见性和突出性。在不确定的情境下，人们往往更容易关注显著或突出的线索，而忽视那些不那么引人注目的内容。[3]这种对显著性线索的注意通常是无意识的、自动的且不自觉的。[4]在某些情况下，显著性线索有助于个体识别风险并提高生存机会。例如，听到狗

[1] Fiske, S. T., & Taylor, S. E. (1984). *Social cognition*. Addison-Wesley; Tversky, A., & Kahneman, D. (1974). Judgment under uncertainty: Heuristics and biases. *Science*, 185(4157), 1124-1131.

[2] Chaiken, S. (1980). Heuristic versus systematic information processing and the use of source versus message cues in persuasion. *Journal of Personality and Social Psychology*, 39(5), 752-766; Fiske, S. T., & Taylor, S. E. (1984). *Social cognition*. Addison-Wesley; Gigerenzer, G., & Todd, P. M. (2000). *Simple heuristics that make us smart*. Oxford University Press; Tversky, A., & Kahneman, D. (1974). Judgment under uncertainty: Heuristics and biases. *Science*, 185(4157), 1124-1131.

[3] Deborah Schenk (2010). Exploiting the salience bias in designing taxes. *NYU Law and Economics Research Paper*, 10, 52.

[4] Bordalo, P., Gennaioli, N., & Shleifer, A. (2022). Salience. *Annual Review of Economics*, 14(1), 521-544.

吠声时，人们会下意识地将其视为危险信号并做出躲避反应。[1]然而，显著性线索也可能扭曲决策的过程。商家经常利用显著性线索吸引消费者注意，进而刺激消费。例如，化妆品广告中对稀有成分（如"金箔""鱼子酱提取物"）的强调，或饮品上的"0 糖"标签，都是显著性线索在消费场景中的应用。这些突出信息常使消费者忽视其他不那么显眼但同样重要或更重要的信息。虽然依赖显著性线索的启发式有助于提高决策效率，但它也可能影响判断的准确性和合理性，甚至导致偏见。

在传播学领域，议程设置理论是经典且常青的理论，它主要探讨新闻报道中的线索如何激发公众的显著性启发式。1972 年，麦库姆斯和肖在论文《大众媒体的议程设置功能》中，首次通过实证研究检验了新闻报道对北卡罗来纳州教堂山选民的影响，这项研究成为议程设置理论的开山之作。[2]该理论的核心观点是，媒体和新闻报道虽不能直接决定公众对某一事件或议题的具体看法，但可以通过报道的频率、篇幅和位置等因素，影响公众对议题重要性和显著性的认知。正如伯纳德·科恩（Bernard C. Cohen）所言，新闻媒体可能无法左右人们的观点，但是在决定人们关注什么议题方面取得了惊人的成功。[3]媒介效果是通过"议程显著性"（agenda salience）来实现的，即媒体通过赋予不同公共议题或政治人物不同程度的重要性和显著性，引导公众的

[1] Bordalo, P., Gennaioli, N., & Shleifer, A. (2022). Salience. *Annual Review of Economics*, 14(1), 521-544.

[2] McCombs, M. E., & Shaw, D. L. (1972). The agenda-setting function of mass media. *Public Opinion Quarterly*, 36(2), 176-187.

[3] Cohen, B. C. (2015). *Press and foreign policy*. Princeton University Press.

注意力和讨论焦点。①该理论也被称为第一层议程设置。②

　　然而，第一层议程设置理论主要关注新闻报道中议题的显著性，并未探讨媒体对公众价值判断、情感导向等方面的影响。随着研究的深入，麦库姆斯等学者发现，不同议题具有各自的属性和特征，当媒体或新闻机构讨论这些议题时，一些属性会被突出强调，而另一些可能被一笔带过。通过这一过程，属性的显著性会在媒体与公众之间发生转移。基于这一发现，麦库姆斯等人提出了"属性议程设置"理论，也被称为第二层议程设置。③该理论指出，议题的属性可分为实质属性（substantive attributes）和情感属性（affective attributes）两个维度。实质属性指的是媒体报道中对某些客观特征的描述，如候选人的意识形态立场、资格和经验；情感属性则指媒体对候选人所表达的主观情感倾向或评价色彩，如积极、消极或中性的描述，这些描述会激发选民对候选人的不同情感反应。④通过一项针对西班牙选民的研究，麦库姆斯发现，媒体不仅影

① McCombs, M. E., & Shaw, D. L. (1972). The agenda-setting function of mass media. *Public Opinion Quarterly*, 36(2), 176-187.

② Brosius, H. B., & Weimann, G. (1996). Who sets the agenda: Agenda-setting as a two-step flow. *Communication Research*, 23(5), 561-580; McCombs, M. E., & Shaw, D. L. (1972). The agenda-setting function of mass media. *Public Opinion Quarterly*, 36(2), 176-187; Rogers, E. M., & Dearing, J. W. (2012). Agenda-setting research: Where has it been, where is it going? In J. Anderson (Ed.), *Communication yearbook* 11 (pp. 555-594). Routledge; Weaver, D. H. (2008). Agenda-setting effects. In W. Donsbach (Ed.), *The international encyclopedia of communication* (pp.145-151). Wiley Publishing.

③ McCombs, M., Llamas, J. P., Lopez-Escobar, E., & Rey, F. (1997). Candidate images in Spanish elections: Second-level agenda-setting effects. *Journalism & Mass Communication Quarterly*, 74(4), 703-717.

④ McCombs, M., Llamas, J. P., Lopez-Escobar, E., & Rey, F. (1997). Candidate images in Spanish elections: Second-level agenda-setting effects. *Journalism & Mass Communication Quarterly*, 74(4), 703-717.

响公众对议题显著性的看法，还会影响他们对议题中特定属性显著性的理解。[1]

值得注意的是，属性议程设置理论与我们在第九章中讨论的框架理论密切相关。框架理论关注的是媒体在呈现内容时通过选择某些属性并使其更为显著的方式，来影响公众的认知和态度。新闻框架对公众议程的影响是属性议程设置研究的重要组成部分。[2]然而，尽管框架和属性都涉及新闻报道中某些信息内容的突出呈现，它们之间并不完全等同。举例而言，框架理论还关注新闻生产、新闻消费等过程层面，这是属性议程设置所未涉及的。此外，议程设置理论侧重于媒体对公众显著性启发式的影响，而框架效应不仅涵盖了认知层面的影响，如恩特曼提出的定义问题、诊断原因、推断责任等，还包括寻求解决方案等行为层面的影响。[3]

无论是第一层还是第二层议程设置，都涉及议题显著性从新闻报道到公众认知层面的转移，这是议程设置理论的核心主张，即"媒体议程上显著的议题或属性，随着时间的推移，会在公众议程上变得显著"[4]。公众议程的显著性指的是公众对某一议题的重要性或显著性程度

[1] McCombs, M., Llamas, J. P., Lopez-Escobar, E., & Rey, F. (1997). Candidate images in Spanish elections: Second-level agenda-setting effects. *Journalism & Mass Communication Quarterly*, 74(4), 703-717.

[2] Entman, R. M. (1993). Framing: Toward clarification of a fractured paradigm. *Journal of Communication*, 43(4), 51-58; McCombs, M., Llamas, J. P., Lopez-Escobar, E., & Rey, F. (1997). Candidate images in Spanish elections: Second-level agenda-setting effects. *Journalism & Mass Communication Quarterly*, 74(4), 703-717.

[3] Entman, R. M. (1993). Framing: Toward clarification of a fractured paradigm. *Journal of Communication*, 43(4), 51-58.

[4] McCombs, M. (2005). A look at agenda-setting: Past, present and future. *Journalism Studies*, 6(4), 543-557.

的感知，或者是某一议题在多大程度上成为公众"首要考虑"的内容。①
有限效果论认为，新闻媒体对公众的影响有限，受多种因素的制约，而
议程设置理论揭示了新闻议程对公众议程的显著影响，从而为媒介或传
播效果研究从有限效果论向适度效果论的转变提供了理论依据。②

　　不过，第一层和第二层议程设置理论建立在两个特定假设之上：其
一，不同议题及其属性的显著性转移是离散发生的；其二，人类的认知
过程具有逻辑性和分层性。③但心理学与认知科学的研究成果显示，人
们获取信息、构建思维结构的方式并非线性，而是借助一种网状的认知
地图来运作。④郭蕾、麦库姆斯等学者通过实证研究发现，媒体的影响
力不仅体现在左右人们的思考方式和关注焦点，还在于能够将议题与属
性之间关系网络的显著性传递给公众。⑤这一研究成果被归纳为网络议
程设置（network agenda setting）理论，也就是第三层议程设置理论。
该理论与第一层、第二层议程设置理论共同搭建起了完整的议程设置理
论体系，为媒介效果研究提供了更为全面、深入的视角。

---

① Young, M. L. (1992). *Dictionary of polling: The languages of contemporary opinion research*. Greenwood.

② Klapper, J. T. (1960). *The effects of mass communication*. The Free; Severin, W. J., & Tankard, J. W. (2001). *Communication theories: Origins, methods, and uses in the mass media*. Longman.

③ Vu, H. T., Guo, L., & McCombs, M. E. (2014). Exploring "the world outside and the pictures in our heads": A network agenda-setting study. *Journalism & Mass Communication Quarterly*, 91(4), 669-686.

④ Kaplan, S. (1973). Cognitive maps in perception and thought. In R. M. Downs & D. Stea (Eds.), *Image and environment: Cognitive mapping and spacial behavior* (pp. 63-78). Aldine.

⑤ Vu, H. T., Guo, L., & McCombs, M. E. (2014). Exploring "the world outside and the pictures in our heads": A network agenda-setting study. *Journalism & Mass Communication Quarterly*, 91(4), 669-686.

第二节 社交媒体时代的算法推荐与显著性效应

社交媒体时代，新闻传播格局发生了天翻地覆的变化，新闻无处不在。[1]媒介技术的持续革新，不仅极大地丰富了新闻内容的数量与种类，也显著提升了新闻的可获取性。更重要的是，它彻底重塑了公众的新闻消费习惯。在传统媒体时代，人们主要通过主动检索的方式获取新闻，而如今，在社交、娱乐等日常场景中，新闻往往以被动、偶然的方式进入人们的视野，这种新型的新闻消费模式被形象地称为"新闻找到我"或偶遇式新闻接触。[2]研究表明，即便用户没有主动关注新闻动态，其也能够借助算法推荐以及好友分享，轻松获取所需的信息。[3]可见，传统媒体时代那种主动检索的新闻消费模式正在逐渐被新的传播方式取代。

在社交媒体时代，算法推荐是一大显著特征，它能够将特定内容推送给公众，进而影响内容的可见性。社交媒体常用的推荐算法主要包含"内容评分"与"用户聚类"两部分。[4]"内容评分"是依据内容的

[1] Hargreaves, I., & Thomas, J. (2002). *New news, old news*. Independent Television Commission.

[2] Boczkowski, P. J., Mitchelstein, E., & Matassi, M. (2018). "News comes across when I'm in a moment of leisure": Understanding the practices of incidental news consumption on social media. *New Media & Society*, 20(10), 3523-3539; Fletcher, R., & Nielsen, R. K. (2018). Are people incidentally exposed to news on social media? A comparative analysis. *New Media & Society*, 20(7), 2450-2468; Gil de Zúñiga, H., Weeks, B., & Ardèvol-Abreu, A. (2017). Effects of the news-finds-me perception in communication: Social media use implications for news seeking and learning about politics. *Journal of Computer-Mediated Communication*, 22(3), 105-123.

[3] Gil de Zúñiga, H., Weeks, B., & Ardèvol-Abreu, A. (2017). Effects of the news-finds-me perception in communication: Social media use implications for news seeking and learning about politics. *Journal of Computer-Mediated Communication*, 22(3), 105-123.

[4] 薛可、李亦飞：《智能传播时代下算法推荐的失控与重构》，《上海交通大学学报（哲学社会科学版）》2023 年第 5 期。

停留度、评论量、点赞量、收藏量、访问量、转发量等指标进行加权计算，得出该内容在社交媒体上的流行度。"用户聚类" 则是对用户的浏览历史、点赞、评论、购买记录等数据展开分析，为用户提供契合其喜好的个性化内容。[①]在算法推荐的作用下，传统媒体所定义的新闻显著性标准发生了转变。社交媒体依据自身的推荐逻辑，对新闻讯息进行重新筛选、整合与分层，使得新闻在传播过程中的呈现方式与重要性排序，都有别于传统媒体时代。[②]尽管记者和编辑在新闻生产时，依旧会对新闻及新闻要素进行筛选，将其置于新闻框架内，并通过版面编排等方式，区分重要与不重要的要素，然而，经算法推荐和过滤后，人们在社交媒体平台上接触的新闻，不再取决于它是否为报纸头版头条，而更多地取决于内容的点赞和互动量，或者是否符合用户浏览习惯。算法通过影响公众对不同信息的接触，进一步影响他们对议题显著性的感知。一项关于社交媒体上政治信息接触的实验研究显示，与未接触政治信息的对照组相比，接触政治信息的被试更易认为相关议题是重要的，且这种效果在政治兴趣低的被试中更为明显。[③]

除了算法推荐，社交媒体的好友推荐同样影响着公众偶遇式的信息

---

① 薛可、李亦飞：《智能传播时代下算法推荐的失控与重构》，《上海交通大学学报（哲学社会科学版）》2023 年第 5 期；Van Dijck, J., Poell, T., de Waal, M. (2018). *The platform society: Public values in a connective world*. Oxford University Press.

② Boczkowski, P. J., Mitchelstein, E., & Matassi, M. (2018). "News comes across when I'm in a moment of leisure": Understanding the practices of incidental news consumption on social media. *New Media & Society*, 20(10), 3523-3539.

③ Feezell, J. T. (2018). Agenda setting through social media: The importance of incidental news exposure and social filtering in the digital era. *Political Research Quarterly*, 71(2), 482-494.

接触。[①]在社交媒体环境下，许多用户主要通过好友获取资讯，他们通常相信来自社交媒体好友的内容是值得关注的。这种信息获取方式可能会改变某些议题在特定群体中的显著性。[②]以流感信息传播为例，专业医疗机构发布的流感病毒专业报告，主动关注的人或许寥寥无几。但在家庭微信群里，家长分享的流感相关推文和短视频，却能让群内成员知晓近期是流感高发期，进而提醒做好防护措施。除了好友直接推荐，平台算法也会对用户的社交网络进行分析。这意味着，即便用户对某条新闻缺乏兴趣，但只要其好友对该新闻进行了点赞、评论等互动，这篇新闻在用户浏览社交媒体时的曝光概率就会增加。[③]就像微信公众号的"看一看"功能，当微信好友阅读某篇文章并点击"在看"后，该文章便会展示在"看一看"页面，从而提高了文章对于其他用户的可见性。

相较于传统媒体时代依赖记者和编辑的中心化议程设置模式，社交媒体通过算法—用户—内容的三维互动，重新塑造了议程设置的格局。算法通过数据分析进行内容推荐，影响内容的可见性；用户既是议程的生产者也是消费者，其数据行为（如点赞、转发等）会被算法记录并反馈，结果是那些获得大量互动的议题会被推送至更广泛的受众群体；而

---

① Gil de Zúñiga, H., Weeks, B., & Ardèvol-Abreu, A. (2017). Effects of the news-finds-me perception in communication: Social media use implications for news seeking and learning about politics. *Journal of Computer-Mediated Communication*, 22(3), 105-123.

② Boczkowski, P. J., Mitchelstein, E., & Matassi, M. (2018). "News comes across when I'm in a moment of leisure": Understanding the practices of incidental news consumption on social media. *New Media & Society*, 20(10), 3523-3539.

③ Boczkowski, P. J., Mitchelstein, E., & Matassi, M. (2018). "News comes across when I'm in a moment of leisure": Understanding the practices of incidental news consumption on social media. *New Media & Society*, 20(10), 3523-3539.

在内容层面，引发愤怒、惊讶等情感的内容更容易得到传播。[①]在这种模式的驱动下，对事件重要性的判断不再由记者和媒体机构主导，也不再体现为报纸版面的位置、电视新闻的时长等传统形式，而是通过获得的点赞数、转发量等流行度指标来衡量。娱乐性话题（如明星八卦）可能比一些讨论社会现象的严肃议题获得更多关注，公众往往将"很多人转发"视为"显著性"和"重要性"的标志，认为那些流行度较低或不被推送的信息不值得关注。这种现象可能影响公众的归因过程，进而导致偏见的产生。

第三节　流行度线索对公众归因倾向与治理诉求的影响

在社交媒体时代，人们对负面网络事件进行原因归咎和责任推断时，除了依据责任框架这类内容线索，还会借助非内容线索，其中社交媒体算法生成的流行度线索或从众线索（bandwagon cue）尤为常用。[②]流行度线索的生成基于社交媒体平台上群体用户的传播行为或偏好。社交媒体算法通过分析大量用户数据，提炼出反映信息显著性和流行程度的指标。这些指标包括帖子的点赞、转发、评论数量，或话题、关键词的热搜排名和热度指数等。这些信号不仅反映了某条信息的传播程度和显著

---

① Brady, W. J., Crockett, M. J., & Van Bavel, J. J. (2020). The MAD model of moral contagion: The role of motivation, attention, and design in the spread of moralized content online. *Perspectives on Psychological Science*, 15(4), 978-1010.

② Ji, Y., & Kim, S. (2023). The impacts of social media bandwagon cues on public demand for regulatory intervention during corporate crises. *Journal of Contingencies and Crisis Management*, 31(3), 392-405.

性，也影响着其他用户对该信息的后续关注和接受程度。①相较于传统媒体时代，社交媒体时代的人们更多依赖流行度线索来处理在线信息。这是因为，网络信息的激增与个体认知资源的有限性使得人们无法对每一条信息进行详细的阅读和深入的思考。②在这种情况下，流行度线索通过展示信息或议题在群体中的显著性和流行度，帮助人们快速做出判断和决策。这种依赖流行度线索的认知捷径，减轻了信息筛选和处理的认知负担，从而提高了决策效率。

流行度线索会引发"乐队花车效应"（bandwagon effect）。这一效应指的是人们之所以采取某种行为，是因为他们相信周围的人也在做同样的事情。③"花车"最初指的是一种马车，通常在游行中载着铜管乐队以吸引追随者。后来，在 19 世纪的美国总统竞选中，知名艺人丹·赖斯（Dan Rice）鼓励大家"赶上潮流"（jump on the bandwagon）并投票支持他所支持的总统候选人，从而赋予了"花车"

① Kim, J., & Gambino, A. (2016). Do we trust the crowd or information system? Effects of personalization and bandwagon cues on users'attitudes and behavioral intentions toward a restaurant recommendation website. *Computers in Human Behavior*, 65, 369-379; Wang, S., Chu, T. H., & Huang, G. (2023). Do bandwagon cues affect credibility perceptions? A meta-analysis of the experimental evidence. *Communication Research*, 50(6), 720-744; Yang, H., & Tang, Y. (2019). The role of social media in driving bandwagon effects: Evidence from online reviews. *International Journal of Advertising*, 38(2), 276-295.

② Metzger, M. J., Flanagin, A. J., & Medders, R. B. (2010). Social and heuristic approaches to credibility evaluation online. *Journal of Communication*, 60(3), 413-439; Walther, J. B., & Jang, J. W. (2012). Communication processes in participatory websites. *Journal of Computer-Mediated Communication*, 18(1), 2-15.

③ Howard, J. (2019). Bandwagon effect and authority bias. In J. Howard (Ed.), *Cognitive errors and diagnostic mistakes: A case-based guide to critical thinking in medicine* (pp. 21-56). Springer.

从众和流行等内涵。①简言之，乐队花车效应就是"随大流"或从众效应，即个体通过改变自己的观点和行为，以迎合他们所感知到的群体趋势。今天，社交媒体平台通过数字技术和算法，将用户行为数据转化为可见的流行度线索，从而激活从众效应和显著性效应的启发式。当用户看到某条内容获得大量点赞、评论或转发时，往往会形成"多数人认同即重要"的认知偏差。这一心理机制显著提高了相关议题在个体认知框架中的显著性程度。②

在社交媒体的信息环境中，流行度线索虽然为公众提供了便捷的认知途径，却也容易引发一系列问题，其中最显著的就是导致公众在统计推断上出现偏差，进而高估某些负面事件的显著性和严重性。③负面事件的严重性，主要体现在其对涉事方、利益相关方以及社会整体造成的伤害和不良后果。在现实中，公众很难确切知晓负面事件的真实伤害程度。公众往往只能依据负面事件在社交媒体上的显著性来推

① Wang, S., Chu, T. H., & Huang, G. (2023). Do bandwagon cues affect credibility perceptions? A meta-analysis of the experimental evidence. *Communication Research*, 50(6), 720-744.

② Sundar, S. S. (2008). The MAIN model: A heuristic approach to understanding technology effects on credibility. In M. J. Metzger, & A. J. Flanagin (Eds.), *Digital media, youth, and credibility* (pp. 72-100). MIT Press.

③ Kim, H. S., & Sundar, S. S. (2014). Can online buddies and bandwagon cues enhance user participation in online health communities? *Computers in Human Behavior*, 37, 319-333; Lim, J. S. (2017). How a paracrisis situation is instigated by an online firestorm and visual mockery: Testing a paracrisis development model. *Computers in Human Behavior*, 67, 252-263.

断其严重性。①而流行度线索，作为衡量事件在社交媒体上显著性的关键指标，就成为公众做出这种推断的重要依据。举例来说，当一个负面事件在社交媒体上引发了较高的关注，点赞数、讨论量居高不下时，公众会下意识地认为该事件所反映的问题在社会层面广泛存在，且更为严重。这是因为在公众的认知逻辑里，大量的关注和讨论意味着问题的普遍性和严重性。根据笔者在第九章提出的责任推断的二元对象模型，公众在对负面事件进行原因归咎和责任推断时，会同时审视涉事方和社会性情境因素所应承担的责任。在责任分配的过程中，受到流行度线索的影响，公众更可能高估了事件的严重性和普遍性，从而将更多的责任归咎于社会性情境因素，呼吁社会层面的解决方案。从这个角度来看，社交媒体的流行度线索对个体的认知和判断产生了深远影响。它不仅使个体高估负面事件对社会福祉的不利影响，还容易让个体在责任推断过程中产生情境归因偏见。②这种现象在社交媒体时代频繁出现，值得我们深入思考和研究，以避免因认知偏差而对社会问题进行误判。

　　笔者开展了一项实验研究，旨在探究社交媒体负面事件中，流行度

① Coombs, W. T., & Holladay, S. J. (2002). Helping crisis managers protect reputational assets: Initial tests of the situational crisis communication theory. *Management Communication Quarterly*, 16(2), 165-186; Ji, Y., & Kim, S. (2023). The impacts of social media bandwagon cues on public demand for regulatory intervention during corporate crises. *Journal of Contingencies and Crisis Management*, 31(3), 392-405; Kim, H. S., & Shyam Sundar, S. (2014). Can online buddies and bandwagon cues enhance user participation in online health communities? *Computers in Human Behavior*, 37, 319-333.

② Ji, Y., & Kim, S. (2023). The impacts of social media bandwagon cues on public demand for regulatory intervention during corporate crises. *Journal of Contingencies and Crisis Management*, 31(3), 392-405.

线索的接触对公众归因倾向及治理诉求的影响。[1]实验一以一家真实企业曾发生的数据泄露事件为背景，重点考察社交媒体上流行度线索对公众治理诉求的直接影响。在该实验中，设置了高流行度与低流行度线索接触两个实验组。高流行度实验组的社交媒体帖子下方展示有"27k"个点赞、"3.2k"条评论以及"5.3k"条转发；而低流行度实验组的社交媒体帖子下方仅显示 1 个点赞、1 条评论和 1 条转发。实验结果表明，当公众接触到带有高流行度线索的社交媒体帖子时，他们更倾向于呼吁监管机构介入企业的数据泄露事件，期望通过立法或出台公共政策，从社会层面彻底解决互联网行业的数据泄露问题。实验二则以虚构的职场性骚扰事件为情境，目的是对实验一的研究结论进行复现，并进一步检验流行度线索接触对公众治理诉求的影响机制。结果显示，当被试接触到高流行度的社交媒体帖子时，他们更有可能高估负面事件的严重程度及其负面影响。[2]而这种对负面事件严重程度认知的提升，会促使公众更多地将事件责任归咎于社会性情境因素，进而寻求社会层面的治理措施。[3]

---

[1] Ji, Y., & Kim, S. (2023). The impacts of social media bandwagon cues on public demand for regulatory intervention during corporate crises. *Journal of Contingencies and Crisis Management*, 31(3), 392-405.

[2] Lim, J. S. (2017). How a paracrisis situation is instigated by an online firestorm and visual mockery: Testing a paracrisis development model. *Computers in Human Behavior*, 67, 252-263; Sung, M., & Hwang, J. S. (2014). Who drives a crisis? The diffusion of an issue through social networks. *Computers in Human Behavior*, 36, 246-257.

[3] Coombs, W. T. (2007). Protecting organization reputations during a crisis: The development and application of situational crisis communication theory. *Corporate Reputation Review*, 10(3): 163-177; Iyengar, S. (1991). *Is anyone responsible? How television frames political issues*. University of Chicago Press; Ji, Y., & Kim, S. (2023). The impacts of social media bandwagon cues on public demand for regulatory intervention during corporate crises. *Journal of Contingencies and Crisis Management*, 31(3), 392-405.

　　笔者的研究证实，社交媒体中的流行度线索会影响公众对负面事件显著性和严重性的感知，进而左右他们的归因和责任推断。更关键的是，研究揭示出流行度线索容易引发情境归因偏见，促使公众呼吁社会层面的治理举措。在传统媒体时代，只有像英国石油公司（BP）石油泄漏危机这类给社会造成严重实质性伤害的负面事件，才会引发公众对社会层面监管干预和治理措施的强烈诉求。[①]但如今，即便危机并不十分严重，未造成重大伤亡，公众也更倾向于要求监管干预和社会层面的治理。[②]这主要是因为流行度线索导致公众在统计推断上出现偏差，产生情境归因偏见。该研究为治理和公共管理领域提供了极具价值的见解。相关文献表明，公众对监管干预和治理的诉求是公众参与社会议题的重要途径。[③]不过，过度的情境归因偏见和治理诉求，会给治理主体带来实施压力。所以，探究公众何时、如何以及为何提出治理诉求，具有重要意义。本研究的成果，或许能帮助治理主体理解社交媒体时代公众的情境归因偏见和治理诉求的增长趋势，助力他们合理回应公众诉求，提升社会治理的效率与效果。

---

① Heath, R. L., & Palenchar, M. J. (2008). Issue management and crisis communication. In R. L. Heath, & M. J. Palenchar (Eds.), *Strategic issues management: Organizations and public policy challenges.* (pp.125-156). Sage Publications; Rosenthal, U., & Kouzmin, A. (1997). Crises and crisis management: Toward comprehensive government decision making. *Journal of Public Administration Research and Theory*, 7, 277-304.

② Coombs, W. T. (2013). *Applied crisis communication and crisis management: Cases and exercises*. Sage Publications.

③ Sheaff, R., Pickard, S., & Smith, K. (2002). Public service responsiveness to users' demands and needs: Theory, practice and primary healthcare in England. *Public Administration*, 80(3), 435-452; Stoker, G. (1998). Governance as theory: Five propositions. *International Social Science Journal*, 50(155), 17-28.

第四节　小结

　　显著性效应阐释了人类作为 "认知吝啬者"，依赖显著性线索以简化决策过程的内在机制。在传统媒体时代，新闻媒体凭借其议程设置功能，实现了议题显著性在媒体与公众之间的转移。在此模式下，媒体对议题的选择、呈现方式及报道力度，主导着公众对议题显著性的认知。步入社交媒体时代，用户的新闻与信息消费模式发生了重大转变，从传统的主动接触过渡为"新闻找到我"的偶遇式接触模式。这一变革使得社交媒体算法生成的流行度线索，诸如内容的点赞量、评论量、转发量以及热搜排名等，成为公众评估议题重要性的关键依据。笔者的实证研究揭示，流行度线索不仅会作用于公众对负面事件显著性和严重性的感知，还会进一步左右其归因方式与责任推断。在此过程中，容易诱发情境归因偏见，导致公众即便面对并不十分严重的负面事件，也倾向于呼吁社会层面的治理举措。

信源线索效应

谁说的话比说什么更重要。

——卡尔·霍夫兰（Carl Hovland）

　　社交媒体时代，用户在浏览帖子时，不仅关注内容本身，还会留意帖子的点赞、评论数量以及发布者身份。俗话说，"人贵言重，人微言轻"，表明说话者的身份直接影响其话语的说服力。在负面事件中，这一现象尤为明显，公众对信息的信任程度往往取决于其来源。例如，一条关于某品牌奶粉质量问题的曝光帖，若由普通消费者发布，公众可能持保留态度；然而，若相同内容由权威食品检测机构发布，公众更可能抵制该品牌。本章将深入探讨信源线索效应，分析其如何与责任框架和流行度线索相互作用，共同影响公众的归因判断和治理诉求。

第一节　信源线索与信息处理

　　如第十章所述，人类在认知判断和决策过程中，十分依赖启发式线索来展开分析。①从信息加工理论的角度来看，公众对信息的消费和评估，往往建立在两类线索的相互作用之上：内容线索（content cues）和非内容线索（non-content cues）。内容线索与信息内容本身直接相关。以第九章探讨的框架效应为例，在新闻报道里，框架、关键词、情节等内容要素，能够影响公众对负面事件的归因。②非内容线索则独立于信息内容，能够为公众提供外部附加的决策信号。第十章讨论的流行度线索，以及本章重点关注的信源线索，都属于这一类别。

信源线索（source cue）是指信息发布时所标注的来源标识，比如机构名称、作者身份等，一般会出现在信息的下方或者侧边。③信源线索为公众提供了推断信源可信度的认知捷径。信源可信度指的是公众对传播者可信度做出的判断，当信源可信度较高时，更易引发公众观点的改变和行为依从性。④1951 年，霍夫兰等学者在《传播与劝服》一书中明确指出，信源可信度是影响说服效果的关键因素，其影响力甚至可能

① Chaiken, S. (1980). Heuristic versus systematic information processing and the use of source versus message cues in persuasion. *Journal of Personality and Social Psychology*, 39(5), 752; Todorov, A., Chaiken, S., & Henderson, M. D. (2002). The heuristic-systematic model of social information processing. In J. P. Dillard, & M. Pfau (Eds.), *The persuasion handbook: Developments in theory and practice* (pp.195-211). Sage Publications.
② Entman, R. M. (1993). Framing: Toward clarification of a fractured paradigm. *Journal of Communication*, 43(4), 51-58.
③ Sundar, S. S. (2008). The MAIN model: A heuristic approach to understanding technology effects on credibility. In M. J. Metzger, & A. J. Flanagin (Eds.), *Digital media, youth, and credibility* (pp. 72-100). MIT Press.
④ 卡尔·霍夫兰、欧文·贾尼斯、哈罗德·凯利：《传播与劝服：关于态度转变的心理学研究》，张建中、李雪晴、曾苑等译，中国人民大学出版社 2015 年版；O'Keefe, D. J. (2002). Guilt as a mechanism of persuasion. In J. P. Dillard, & M. Pfau (Eds.), *The persuasion handbook: Developments in theory and practice* (pp.329-344). Sage Publications; Pornpitakpan, C. (2004). The persuasiveness of source credibility: A critical review of five decades' evidence. *Journal of Applied Social Psychology*, 34(2), 243-281.

超越内容本身的逻辑论证。[①]霍夫兰进一步指出，信源可信度主要包含两个维度：专业性和可靠性。[②]专业性指的是信息传播者在特定领域的知识、技能或经验水平，以及其被认可的能力。具备较高专业性的信源通常更具权威性，因此公众更倾向于接受其观点或建议。可靠性则衡量传播者所提供的信息在公众眼中是否真实、诚实和值得信赖。这两个维度被广泛认为是衡量信源可信度的基本标准，并对后续的传播与说服研究产生了深远影响。

信源线索对公众认知的影响可以通过详尽可能性模型（elaboration likelihood model）和启发式—系统模型（heuristic-systematic model）加以解释。详尽可能性模型由理查德·佩蒂（Richard E. Petty）和约翰·卡乔波（John T. Cacioppo）提出，强调人们在评估信息论点时所投入的认知努力程度不同。根据认知投入的差异，该模型将信息加工分为两条路径：中心路径和边缘路径。中心路径指个体对信息内容进行深入、系统的审慎评估，而边缘路径依赖启发性线索（如信息来源或流行度）进行快速、简化的判断。例如，在美容产品的宣传中，模特的外貌优势可能被视为其功效的有力证明。[③]个体的认知动机和能力决定了路径的选

① 卡尔·霍夫兰、欧文·贾尼斯、哈罗德·凯利：《传播与劝服：关于态度转变的心理学研究》，张建中、李雪晴、曾苑等译，中国人民大学出版社2015年版；Metzger, M. J., Flanagin, A. J., & Medders, R. B. (2010). Social and heuristic approaches to credibility evaluation online. *Journal of Communication*, 60(3), 413-439.

② 卡尔·霍夫兰、欧文·贾尼斯、哈罗德·凯利：《传播与劝服：关于态度转变的心理学研究》，张建中、李雪晴、曾苑等译，中国人民大学出版社2015年版。

③ Petty, R. E., & Cacioppo, J. T. (1986). The elaboration likelihood model of persuasion. *Advances in Experimental Social Psychology*, 19, 123-205.

择。当公众缺乏足够的认知动机、精力或认知能力时，信源线索作为"认知捷径"的作用尤为显著，影响其判断和决策。然而，当公众具备较充分的认知动机和较高的认知水平时，信源不再仅仅作为信息接受或拒绝的依据，而是与其他可用信息共同纳入考量，以形成更全面的判断和评估。[①]

  启发式—系统模型对信息加工方式的划分与详尽可能性模型相似，区分了系统式处理与启发式处理。启发式—系统模型由谢莉·柴肯（Shelly Chaiken）提出，该模型认为，人们在评估信息时，系统式处理涉及对信息内容进行深入分析和审慎考量，而启发式处理依赖认知捷径或线索进行快速判断。[②]值得注意的是，与详尽可能性模型中中心路径与边缘路径的相互独立不同，柴肯等人指出，系统式与启发式处理并不互斥，而是以"叠加"（additivity）或"衰减"（attenuation）的方式共存。[③]叠加效应指的是，当启发式和系统式处理同时发生且得出一致结论时，其影响会叠加，从而增加个体对信息的接受或拒绝程度。例如，公众更倾向于相信由专家撰写（启发式）且内容严谨、数据翔实（系

---

① Petty, R. E., & Cacioppo, J. T. (1984). Source factors and the elaboration likelihood model of persuasion. *Advances in Consumer Research*, 11(1), 668-672; Petty, R. E., & Cacioppo, J. T. (1986). The elaboration likelihood model of persuasion. *Advances in Experimental Social Psychology*, 19, 123-205.

② Chaiken, S. (1980). Heuristic versus systematic information processing and the use of source versus message cues in persuasion. *Journal of Personality and Social Psychology*, 39(5), 752-766.

③ Chen, S., & Chaiken, S. (1999). The heuristic-systematic model in its broader context. In S. Chaiken & Y. Trope (Eds.), *Dual-process theories in social psychology* (pp. 73-96). The Guilford Press; Maheswaran, D., & Chaiken, S. (1991). Promoting systematic processing in low-motivation settings: Effect of incongruent information on processing and judgment. *Journal of Personality and Social Psychology*, 61(1), 13.

统式）的健康饮食指南。相反，衰减效应发生在两种处理模式得出的结论相互矛盾时，其中一种模式的结果会削弱另一种模式的影响。例如，当公众阅读一份漏洞明显、逻辑不严谨的研究报告时，即便该报告出自权威机构（启发式线索），其可信度仍会降低，因为系统式处理的结果削弱了启发式线索的影响。反之亦然，若信息内容论证薄弱，但来自高可信度的信源，启发式处理仍可能减少公众的批判性思考，使其更倾向于接受该信息。①

与信源线索相关的启发式有声誉启发式（reputation heuristic）、一致性启发式（consistency heuristic）、期望违背启发式（expectancy violation heuristic）、说服意图启发式（persuasive intent heuristic）、自我确认启发式（self-confirmation heuristic）等。②声誉启发式指个体在面对新信息时，基于信息来源的声誉来做出判断和决策的一种心理捷径。③简而言之，人们更倾向于相信声誉良好的信息来源，而对声誉较差的来源持怀疑态度。例如，在突发公共卫生事件中，公众往往更信任官方媒体发布的信息，而对个人社交媒体上的内容持保留态度。一致性启发式指人们在判断信息可信度时，会参考他人的信念和态度。如果某个信息

---

① Todorov, A., Chaiken, S., & Henderson, M. D. (2002). The heuristic-systematic model of social information processing. In J. P. Dillard, & M. Pfau (Eds.), *The persuasion handbook: Developments in theory and practice* (pp.195-211). Sage Publications.

② Metzger, M. J., & Flanagin, A. J. (2013). Credibility and trust of information in online environments: The use of cognitive heuristics. *Journal of Pragmatics*, 59, 210-220.

③ Sundar, S. S. (2008). The MAIN model: A heuristic approach to understanding technology effects on credibility. In M. J. Metzger, & A. J. Flanagin (Eds.), *Digital media, youth, and credibility* (pp. 73-100). MIT Press.

来源得到广泛认可，人们也更倾向于相信该来源。例如，如果多数人都信赖某家新闻机构，其发布的内容往往更容易被接受。期望违背启发式指个体在接触某个信息来源时，如果其未达到预期，他们会迅速判断该来源不可信。例如，语法错误或低质量排版可能会导致用户对网页上的信息产生怀疑，即便内容本身具有合理性。说服意图启发式指当个体察觉到某个信源具有强烈的说服意图时，他们可能会认为自己正在被操控，从而降低对信息的信任。例如，如果某条新闻反复强调某个观点，而缺乏客观呈现，人们可能会质疑其可信度。[1]自我确认启发式指个体倾向于认为与自己既有信念一致的信息更可信，而与其相悖的信息不可信，无论这些信息的论证多么充分、研究多么严谨、来源多么权威。例如，在政治讨论中，人们更容易接受支持其立场的报道，而对对立观点的信息则倾向于忽视或反驳。[2]这些启发式类型展示了个体在信息处理过程中如何依赖认知捷径来做出判断，评估他们对信源的信任程度。

第二节 社交媒体时代的信源可信度感知

社交媒体时代，越来越多的人依赖社交平台获取所需信息。社交媒体用户的新闻消费模式，多为偶遇式新闻接触（incidental news exposure）。也就是说，他们获取信息并非主动为之，而是在出于其他

---

[1] Metzger, M. J., & Flanagin, A. J. (2013). Credibility and trust of information in online environments: The use of cognitive heuristics. *Journal of Pragmatics*, 59, 210-220.

[2] Metzger, M. J., Flanagin, A. J., & Medders, R. B. (2010). Social and heuristic approaches to credibility evaluation online. *Journal of Communication*, 60(3), 413-439.

目的上网时，偶然浏览到新闻。这种情况下，许多用户仅依据标题、图片等表层信息快速浏览新闻，很少投入时间进行深度阅读与分析。[1]社交媒体上的信息来源丰富多样，既有专家对政策的专业解读，也有普通网民的碎片化评论，还有好友带有情绪化的转发内容。这些不同类型的信息同时呈现，导致信息环境变得更为复杂。[2]此外，社交媒体上由用户生成的内容中，常常混杂着低质量信息、错误信息和谣言，这就引发了信息可信度的问题。[3]在这样的环境里，信息消费者不能单纯依赖传统媒体机构或专业人士的审核，而需要主动承担起信息把关人的角色，对信息的真实性和可靠性进行评估。[4]然而，由于处理信息的时间和认知资源有限，人们通常会采用启发式认知模式，凭借特定线索快速评估信息的可信度。其中，信源线索是判断信息可信度的关键依据之一。

常见的信源线索主要包括好友推荐和专家背书。首先，社交媒体中的好友推荐是极为重要的信源线索。过往研究表明，社交媒体用户每日接收的新闻，有 70% 源自其社交媒体好友。用户往往将社交媒体好

[1] Boczkowski, P. J., Mitchelstein, E., & Matassi, M. (2018). "News comes across when I'm in a moment of leisure": Understanding the practices of incidental news consumption on social media. *New Media & Society*, 20(10), 3523-3539.

[2] Kümpel, A. S. (2022). Social media information environments and their implications for the uses and effects of news: The PINGS framework. *Communication Theory*, 32(2), 223-242; Metzger, M. J., Flanagin, A. J., & Medders, R. B. (2010). Social and heuristic approaches to credibility evaluation online. *Journal of Communication*, 60(3), 413-439.

[3] Lin, X., Spence, P. R., & Lachlan, K. A. (2016). Social media and credibility indicators: The effect of influence cues. *Computers in Human Behavior*, 63, 264-271.

[4] Haas, C., & Wearden, S. T. (2003). E-credibility: Building common ground in web environments. *L1-Educational Studies in Language and Literature*, 3, 169-184.

友视为信息把关人，以此减少自身评估信息可信度时所需投入的认知精力，他们普遍认为来自好友的消息可信度较高。①例如，网络新闻读者对好友推荐的报道信任度更高，觉得这类新闻在质量和新闻价值上优于新闻编辑发布的新闻或自己筛选出的新闻。②杰森·特科特（Jason Turcotte）等人的研究还发现，好友分享能提升公众对传统媒体所生产新闻的可信度感知；当没有好友分享时，参与者往往会认为同样内容的新闻可信度较低。③其次，专家或专业机构也是关键的信源线索。尤其是在讨论转基因、气候变暖等专业性较强的科学性议题时，由于知识具有高度专业性，个体缺乏相应的决策能力和风险判断能力，此时人们会更依赖专家或专业机构的指导来做出反应。④在这种情形下，来自专家或专业机构的信息能够增强人们对信息可信度的感知，进而改变他们的信念；甚至在某些情况下，来自专家或专业机构的信息比来自好友的信息更具说服力。⑤

① Hermida, A., Fletcher, F., Korell, D., & Logan, D. (2012). Share, like, recommend: Decoding the social media news consumer. *Journalism Studies*, 13(5-6), 815-824; Turcotte, J., York, C., Irving, J., Scholl, R. M., & Pingree, R. J. (2015). News recommendations from social media opinion leaders: Effects on media trust and information seeking. *Journal of Computer-Mediated Communication*, 20(5), 520-535.

② Sundar, S. S., & Nass, C. (2001). Conceptualizing sources in online news. *Journal of Communication*, 51(1), 52-72.

③ Turcotte, J., York, C., Irving, J., Scholl, R. M., & Pingree, R. J. (2015). News recommendations from social media opinion leaders: Effects on media trust and information seeking. *Journal of Computer-Mediated Communication*, 20(5), 520-535.

④ Siegrist, M., & Cvetkovich, G. (2000). Perception of hazards: The role of social trust and knowledge. *Risk Analysis*, 20(5), 713-720.

⑤ Wang, Y. (2021). Debunking misinformation about genetically modified food safety on social media: Can heuristic cues mitigate biased assimilation? *Science Communication*, 43(4), 460-485.

在社交媒体时代，社交媒体中介的危机传播模型（social-mediated crisis communication model，SMCC）对不同类型信源在危机传播中的作用与效果展开了深入探讨。[1]危机中的涉事方，作为危机的中心来源，在信息传播中占据核心位置。但值得注意的是，中心信息源并不等同于最有影响力的信源。SMCC 着重指出，危机管理者务必要精准识别并高度关注危机中的社交媒体影响者。这是因为，社交媒体影响者所输出的信息，一方面能契合其追随者或粉丝在信息与情感上的双重需求；另一方面，他们所表达的观点，无论是直接传导，还是通过层层扩散间接作用，都会对其他关键公众产生影响，这些关键公众涵盖了传统媒体以及危机中的利益相关方等。[2]

SMCC 相关研究深入剖析了信源在危机传播中的关键作用，以及其对公众认知、情感和行为反应产生的多方面影响。一项针对校园危机的实验研究发现，信息来源会影响学生对危机回应的接受程度。当危机由外部因素引发时，学校如果否认自己在事件中的责任，并以官方名义直接发布声明（而非通过第三方），往往更容易获得学生的认可和支持。[3]研究还发现，信息来源的传播效果与公众在负面事件中的情感紧密相连。公众在负面事件中的情感，可分为归因相关情感（attribution-dependent

① Jin, Y., & Austin, L.(2022). *Social Media and Crisis Communication* (2nd edition). Routledge.
② Jin, Y., & Liu, B. F. (2010). The blog-mediated crisis communication model: Recommendations for responding to influential external blogs. *Journal of Public Relations Research*, 22(4), 429-455.
③ Jin, Y., Liu, B. F., & Austin, L. L. (2014). Examining the role of social media in effective crisis management: The effects of crisis origin, information form, and source on publics' crisis responses. *Communication Research*, 41(1), 74-94.

emotions）和归因无关情感（attribution-independent emotions）。前者如愤怒、蔑视、厌恶，由归因过程引发；后者由事件本身引起，与归因和责任归咎无关。[①]一项实验表明，若危机由涉事方内部因素导致，且信息由第三方通过社交媒体传播，公众极易产生愤怒、蔑视和厌恶等归因相关情感。这是因为公众会将危机责任归咎于涉事方，而第三方在社交媒体上的传播会进一步强化这种负面情感反应。相反，对于由外部因素引发的危机，公众更容易接纳涉事方的回应。[②]综上所述，信源在社交媒体中介的危机传播模型理论中发挥重要作用，能够影响公众对危机响应的接受度和信任度以及危机沟通的有效性。

第三节　信源线索对公众归因倾向与治理诉求的影响

前文已述，信源线索在公众态度形成过程中发挥着关键作用。当人们判定某一信息源可信时，便更易接纳该信息所传达的观点。[③]信源线索同样会左右公众的归因与归责。高可信度信息源所提供的归因框架，

① Choi, Y., & Lin, Y. H. (2009). Consumer responses to Mattel product recalls posted on online bulletin boards: Exploring two types of emotion. *Journal of Public Relations Research*, 21(2), 198-207.

② Jin, Y., Liu, B. F., & Austin, L. L. (2014). Examining the role of social media in effective crisis management: The effects of crisis origin, information form, and source on publics' crisis responses. *Communication Research*, 41(1), 74-94.

③ Sundar, S. S. (2008). The MAIN model: A heuristic approach to understanding technology effects on credibility. In M. J. Metzger, & A. J. Flanagin (Eds.), *Digital media, youth, and credibility* (pp. 73-100). MIT Press; Turcotte, J., York, C., Irving, J., Scholl, R. M., & Pingree, R. J. (2015). News recommendations from social media opinion leaders: Effects on media trust and information seeking. *Journal of Computer-Mediated Communication*, 20(5), 520-535.

对公众的影响力更为显著。以某品牌的负面口碑传播为例，若负面评价源自可信的专家或权威人士，消费者往往更易采信，进而对品牌加以责备；反之，若信息源被认为不可信，消费者则更倾向于指责信息提供者，怀疑其传播负面信息是出于个人偏见或利益冲突等动机。[①]研究还表明，信源对人们评估负面事件的严重性也有影响。[②]当负面信息由好友发布时，人们有可能会觉得负面信息中提到的问题被普遍关注或与自己的相关度高，从而高估问题的严重性。这种高估的严重性会进一步触发情境归因偏见。

笔者以职场性骚扰事件为背景开展的实验研究，探讨了信源线索如何影响中国和美国公众的责任归咎与治理诉求。在实验中，信源线索被操纵为信息发布者的身份，即社交媒体上的值得信任的好友或陌生人。本研究假设，相较于陌生人发布的信息，来自社交媒体好友的信息更能增强个体的相关性感知和信息可信度，从而触发启发式认知，进而影响人们对负面事件的归因和治理诉求。[③]研究发现，无论是中国公众还是美国公众，信源线索对其责任推断都没有直接影响。虽然这

① Laczniak, R. N., DeCarlo, T. E., & Ramaswami, S. N. (2001). Consumers' responses to negative word-of-mouth communication: An attribution theory perspective. *Journal of Consumer Psychology*, 11(1), 57-73.

② Hong, S., & Len-Riós, M. E. (2015). Does race matter? Implicit and explicit measures of the effect of the PR spokesman's race on evaluations of spokesman source credibility and perceptions of a PR crisis' severity. *Journal of Public Relations Research*, 27(1), 63-80.

③ Procopio, C. H., & Procopio, S. T. (2007). Do you know what it means to miss New Orleans? Internet communication, geographic community, and social capital in crisis. *Journal of Applied Communication Research*, 35(1), 67-87; Sweetser, K. D., & Metzgar, E. (2007). Communicating during crisis: Use of blogs as a relationship management tool. *Public Relations Review*, 33(3), 340-342.

一结果与研究假设不符，但在一定程度上也是合理的。因为，无论帖子是由信任的朋友还是陌生人发布，其本质都是个人观点和证词。[①]说服研究认为，个人观点和证词的说服力较弱，因为这些论点仅代表一个小样本，且缺乏普适性。[②]另一个可能的原因是该实验同时操控了责任框架、流行度线索和信源线索。过往研究发现，高水平的流行度线索会削弱社交媒体上好友推荐的影响。[③]如果一篇社交媒体帖子获得大量点赞、评论和转发，公众会认为该帖子的观点得到了广泛认可，代表了主流舆论，是社会态度的体现。[④]由于人们倾向于顺应社会态度，相较于来自社交媒体好友的背书，公众更容易受到高水平流行度线索所支持的归因框架的影响。[⑤]

尽管信源线索的主效应不显著，但笔者发现，对于美国公众而言，其对公众治理诉求的影响取决于归因框架的调节。当社交媒体帖子将性

① Lee, E. J., & Jang, Y. J. (2010). What do others' reactions to news on Internet portal sites tell us? Effects of presentation format and readers' need for cognition on reality perception. *Communication Research*, 37(6), 825-846.

② Brosius, H. B., & Bathelt, A. (1994). The utility of exemplars in persuasive communications. *Communication Research*, 21(1), 48-78; Petty, R. E., Cacioppo, J. T., & Goldman, R. (1981). Personal involvement as a determinant of argument-based persuasion. *Journal of Personality and Social Psychology*, 41(5), 847.

③ Fu, W. W., & Sim, C. C. (2011). Aggregate bandwagon effect on online videos' viewership: Value uncertainty, popularity cues, and heuristics. *Journal of the American Society for Information Science and Technology*, 62(12), 2382-2395.

④ Lee, E. J., & Jang, Y. J. (2010). What do others' reactions to news on Internet portal sites tell us? Effects of presentation format and readers' need for cognition on reality perception. *Communication Research*, 37(6), 825-846; Zerback, T., Koch, T., & Krämer, B. (2015). Thinking of others: Effects of implicit and explicit media cues on climate of opinion perceptions. *Journalism & Mass Communication Quarterly*, 92(2), 421-443.

⑤ Lee, E. J., & Jang, Y. J. (2010). What do others' reactions to news on Internet portal sites tell us? Effects of presentation format and readers' need for cognition on reality perception. *Communication Research*, 37(6), 825-846; Zhang, J., Liu, Y., & Chen, Y. (2015). Social learning in networks of friends versus strangers. *Marketing Science*, 34(4), 573-589.

骚扰事件的责任归咎于涉事公司时，若该帖子由社交媒体好友发布，而非陌生人，他们更倾向于呼吁立法或出台公共政策等社会层面的整改措施。然而，当帖子将职场性骚扰事件归因于社会制度的缺陷时，陌生人发布的内容比好友发布的内容对公众的社会治理诉求影响更大。总体而言，美国公众在阅读由陌生人发布且归咎于社会制度的帖子时，最可能呼吁社会层面的系统性改革。根据文化心理学，北美公众容易受到基本归因错误的影响，即他们倾向于将危机责任归咎于涉事主体，而非其所处的外部社会环境。[①]从这一角度来看，将责任归咎于涉事公司符合美国公众既有的性情归因倾向，而将责任归咎于外部社会环境则违背其归因倾向。基于这一归因倾向，上述交互效应可重新表述如下：当美国公众接触到符合其归因倾向的信息时，社交媒体好友发布的帖子具有更强的说服力；而当他们接触到与其既有归因倾向相悖的信息时，陌生人发布的帖子更具说服效果。从这一角度来看，本研究的发现与既有政治传播研究的结论一致，即当陌生人推荐反直觉的论点时，其说服效果更强。这可能是因为公众倾向于将陌生人的观点视为主流舆论的投射，从而影响他们的态度和治理诉求。[②]

---

① Markus, H. R., & Kitayama, S. (1991). Culture and the self: Implications for cognition, emotion, and motivation. *Psychological Review*, 98(2), 224; Ross, L. (1977). The intuitive psychologist and his shortcomings: Distortions in the attribution process. In L. Berkowitz (Ed.), *Advances in experimental social psychology* (Vol. 10, pp. 173-220). Academic Press.

② Messing, S., & Westwood, S. J. (2014). Selective exposure in the age of social media: Endorsements trump partisan source affiliation when selecting news online. *Communication Research*, 41(8), 1042-1063; Zerback, T., Koch, T., & Krämer, B. (2015). Thinking of others: Effects of implicit and explicit media cues on climate of opinion perceptions. *Journalism & Mass Communication Quarterly*, 92(2), 421-443.

对于中国公众而言，实验结果揭示了信源线索与流行度线索之间的交互作用。当面对高流行度的社交媒体内容时，无论是何种信源，公众都会倾向于呼吁社会层面的危机治理措施。换言之，当公众浏览一篇广受关注的社交媒体帖子时，无论发布者是社交媒体好友还是陌生人，他们都会期待通过立法、政策制定等手段来应对职场性骚扰问题。[①]然而，当公众接触一篇无人问津的社交媒体帖子时，只有当该帖子是由他们的好友发布时，他们才更可能期待社会层面的治理举措。这或许是因为"好友"这一信源线索激活了公众的个人相关性认知捷径，使他们更容易将议题与自身联系起来。当公众意识到职场性骚扰问题与自身相关时，他们更有可能成为议题驱动的社会行动者，呼吁根本性的解决方案。[②]

第四节　小结

本章首先介绍信源线索效应，并基于详尽可能性模型与启发式—系统模型，从信息处理的角度对其作用机制进行解析。随后，探讨社交媒体时代的偶遇式新闻接触和信息来源的多元化如何加剧可信度判断的复杂性，使公众在信息传播中承担信息把关人的角色，并依赖信源线索作为评估依据。此外，本章介绍社交媒体中介的危机传播模型，强调社交媒体影响者在危机传播中的作用。最后，笔者通过实验研究探讨信源线

① Ji, Y. (2023). The impacts of locus of crisis outcome control on responsibility attribution in hindsight: Focusing on comparisons between the American and Chinese public. *Chinese Journal of Communication*, 16(3), 303-323.

② Jiang, H., Kim, J. N., Liu, B., & Luo, Y. (2017). The impact of perceptual and situational factors on environmental communication: A study of citizen engagement in China. *Environmental Communication*, 13(5), 582-602.

索对公众归因倾向和治理诉求的影响。研究虽未发现信源线索的主效应，但揭示了其通过与责任框架及流行度线索的交互作用，产生间接影响。这种交互效应在不同文化背景下表现出差异性。在美国，公众对社交媒体信息的接受程度受其既有归因倾向的影响。当信息的责任框架符合其性情归因倾向时，社交媒体好友发布的帖子更具说服力；反之，当责任框架与其既有归因倾向相悖时，陌生人发布的帖子更具说服效果。在中国，流行度线索对公众的治理期待起到边界作用。当公众浏览一篇热门帖子时，无论信源是谁，他们都更倾向于呼吁社会层面的治理举措。然而，当帖子关注度较低时，仅当其发布者是公众的社交媒体好友时，才更可能激发公众的社会治理诉求。

第十二章

敌意归因偏见

　　心存爱意者栖于仁爱之世，充满敌意者遁于敌意环绕之境；然皆同一世界。

——韦恩·戴尔（Wayne Dyer）

　　在心理学领域，倾向于将他人行为归因于恶意的心理过程被称为"敌意归因偏见"。这种偏见极易激发个体的攻击性行为，成为个体对所感知到的恶意的一种反击。在新闻学与传播学领域，"敌意媒体效应"备受关注。它描述的是持有鲜明立场的公众往往认为媒体故意偏袒与自身立场相对立的群体，或者秉持与自身立场相悖的观点。随着社交媒体的兴起，不文明和不良信息内容呈爆发式增长。长期接触这类内容的公众，很可能逐渐形成敌意归因偏见。更令人担忧的是，他们可能在不知不觉中进一步助长网络暴力的蔓延态势。本章将探讨公众在面对主流媒体与社交媒体时产生敌意归因偏见的原因及其社会影响。

第一节　心理学领域的研究

敌意归因偏见（hostile attribution bias）是指当个体处于信息不明确的情境中，面对某种行为时，会倾向于从敌意的角度去解读，将其视作具有攻击性的行为。[①]这种归因偏见在负面情境中更为常见。在积极、和谐的情境下，人们往往会以善意的眼光看待他人的行为，极少会恶意揣测他人的行为意图。但一旦处于负面情境，比如遭遇冲突、挫折时，个体以敌意解读他人行为的倾向就会显著增强。[②]1980 年，在发展心理学领域，威廉·纳斯比（William Nasby）等学者开创性地提出了"敌意归因偏见"这一概念。当时，他们开展了一项针对两组青春期男孩的实验研究。在实验过程中，当这些男孩置身于充满不确定性的情境时，研究人员观察到，他们往往会下意识地将他人的行为解读为怀有恶意。这种带有敌意的解读，进一步引发了后续的攻击行为，使得原本可能平常的互动不断激化。[③]

在此之后，敌意归因偏见在儿童研究领域迅速引发广泛关注。其中，敌意归因偏见与攻击行为之间的关联更是成为研究的重中之

[①] Milich, R., & Dodge, K. A. (1984). Social information processing in child psychiatric populations. *Journal of Abnormal Child Psychology*, 12(3), 471-489.

[②] Dodge, K. A. (2006). Translational science in action: Hostile attributional style and the development of aggressive behavior problems. *Development and Psychopathology*, 18(3), 791-814.

[③] Nasby, W., Hayden, B., & DePaulo, B. M. (1980). Attributional bias among aggressive boys to interpret unambiguous social stimuli as displays of hostility. *Journal of Abnormal Psychology*, 89(3), 459-468.

重。[①]有学者对 41 项相关研究开展了元分析。结果显示，无论是采用纵向追踪，对儿童成长历程进行长期监测，还是运用横截面研究，在同一时间点对不同年龄段儿童展开分析，都得出了高度一致的结论：怀有敌意归因偏见的儿童，在日常行为中更容易显露出攻击性行为。更值得警惕的是，这种不良心理倾向如果得不到及时纠正，这些儿童成年后，极有可能滋生暴力倾向，对个人生活和社会秩序造成潜在威胁。[②]安妮·马丁内利（Anne Martinelli）等展开了系统性文献综述，针对敌意归因偏见与不同类型攻击行为的关系进行了深入的探讨。他们发现，敌意归因偏见主要与反应型攻击（reactive aggression）存在关联，与主动型攻击（proactive aggression）毫无关系。究其原因，敌意归因偏见往往源于个体感知到外界存在的恶意挑衅或威胁，在这种被动的情境下，个体更容易产生反应型攻击行为。[③]近年来，研究焦点逐渐扩展至成人群体。斯特凡妮·图恩特（Stéphanie K. Tuente）等学者对 25 项有关成人敌意

① De Castro, B. O., Veerman, J. W., Koops, W., Bosch, J. D., & Monshouwer, H. J. (2002). Hostile attribution of intent and aggressive behavior: A meta-analysis. *Child Development*, 73(3), 916-934; Dodge, K. A., Malone, P. S., Lansford, J. E., Sorbring, E., Skinner, A. T., Tapanya, S., Tirado, L. M. U., Zelli, A., Alampay, L. P., Al-Hassan, S. M., Bacchini, D., Bombi, A. S., Bornstein, M. H., Chang, L., Deater-Deckard, K., Di Giunta, L., Oburu, P., & Pastorelli, C. (2015). Hostile attributional bias and aggressive behavior in global context. *Proceedings of the National Academy of Sciences*, 112(30), 9310-9315; Pornari, C. D., & Wood, J. (2010). Peer and cyber aggression in secondary school students: The role of moral disengagement, hostile attribution bias, and outcome expectancies. *Aggressive Behavior*, 36(2), 81-94.

② De Castro, B. O., Veerman, J. W., Koops, W., Bosch, J. D., & Monshouwer, H. J. (2002). Hostile attribution of intent and aggressive behavior: A meta-analysis. *Child Development*, 73(3), 916-934.

③ Martinelli, A., Ackermann, K., Bernhard, A., Freitag, C. M., & Schwenck, C. (2018). Hostile attribution bias and aggression in children and adolescents: A systematic literature review on the influence of aggression subtype and gender. *Aggression and Violent Behavior*, 39, 25-32.

归因偏见的研究进行了系统性文献综述，研究结果表明，成人也普遍存在敌意归因偏见，并且这种偏见同样可能诱发攻击行为。[1]但需要注意的是，并非所有的敌意归因偏见都会直接引发攻击行为，它也有可能引发抑郁、焦虑等其他压力反应，给个体的心理健康带来负面影响。[2]

肯尼思·道奇（Kenneth A. Dodge）综合神经科学、人格心理学、发展心理学等多领域研究，提出了一个阐释敌意归因偏见形成过程的发展模型。该模型的核心主张为：敌意归因偏见源于个体未形成良性归因习惯。[3]道奇指出，幼儿在早期发展阶段，常将他人的挑衅行为视作恶意。但随着后天学习与社会化，个体逐渐学会良性归因，即意识到许多负面行为并非恶意，可能只是好心办坏事或无心之失。然而，部分个体未能养成这种良性归因习惯，依旧倾向于将负面结果解读为恶意。这种归因倾向会留存于记忆中，发展成稳定的敌意图式（hostile schema），进而形成归因风格。个体在成长过程中，遭受过身体虐待、重大生活创伤或在与亲朋好友互动时频繁接触到敌意归因倾向，会更易形成敌意归因风格。这些过往经历会让他们在不确定情境中，不由自主地依赖已形成的敌意图式。这种归因图式提供了一条认知捷径，一旦被激活，个体就很容易把他人的行为解读为带有恶意。基于这种偏见，他们在后续做决策时，更倾向于采取攻击性或

---

[1] Tuente, S. K, Bogaerts, S., & Veling, W. (2019). Hostile attribution bias and aggression in adults—A systematic review. *Aggression and Violent Behavior*, 46, 66-81.

[2] Dodge, K. A. (2006). Translational science in action: Hostile attributional style and the development of aggressive behavior problems. *Development and Psychopathology*, 18(3), 791-814.

[3] Crick, N. R., & Dodge, K. A. (1994). A review and reformulation of social information-processing mechanisms in children's social adjustment. *Psychological Bulletin*, 115(1), 74-101; Dodge, K. A. (2006). Translational science in action: Hostile attributional style and the development of aggressive behavior problems. *Development and Psychopathology*, 18(3), 791-814.

其他反社会行为，并且还会觉得这些行为是合理正当的。

　　敌意归因偏见作为一种认知活动，不仅直接影响个体行为，还会通过激发个体的负面情感而诱发攻击行为。[①]在敌意归因偏见的研究中，愤怒和悲伤是常被提及的两种情感。[②]具体而言，当个体认定某人的行为存在恶意时，其极有可能产生愤怒情感，并可能试图通过攻击行为来消解这份愤怒。然而，认知与情感并非单向作用的，情感同样能够激发认知偏见。[③]伊丽莎白·勒梅里斯（Elizabeth A. Lemerise）和威廉·阿赛尼奥（William F. Arsenio）强调，当个体处于愤怒状态时，往往会以充满敌意的视角看待他人行为，觉得他人行为怀有恶意，进行敌意归因。[④]

① Crick, N. R., & Dodge, K. A. (1994). A review and reformulation of social information-processing mechanisms in children's social adjustment. *Psychological Bulletin*, 115(1), 74-101; Dodge, K. A., & Coie, J. D. (1987). Social-information-processing factors in reactive and proactive aggression in children's peer groups. *Journal of Personality and Social Psychology*, 53(6), 1146-1158.

② Chen, P., Coccaro, E. F., & Jacobson, K. C. (2012). Hostile attributional bias, negative emotional responding, and aggression in adults: Moderating effects of gender and impulsivity. *Aggressive Behavior*, 38(1), 47-63; Zajenkowska, A., Prusik, M., Jasielska, D., & Szulawski, M. (2021). Hostile attribution bias among offenders and non-offenders: Making social information processing more adequate. *Journal of Community & Applied Social Psychology*, 31(2), 241-256.

③ Crick, N. R., & Dodge, K. A. (1994). A review and reformulation of social information-processing mechanisms in children's social adjustment. *Psychological Bulletin*, 115(1), 74-101; Lemerise, E. A., & Arsenio, W. F. (2000). An integrated model of emotion processes and cognition in social information processing. *Child Development*, 71(1), 107-118.

④ Crick, N. R., & Dodge, K. A. (1994). A review and reformulation of social information-processing mechanisms in children's social adjustment. *Psychological Bulletin*, 115(1), 74-101; Lemerise, E. A., & Arsenio, W. F. (2000). An integrated model of emotion processes and cognition in social information processing. *Child Development*, 71(1), 107-118; Lerner, J. S., Li, Y., Valdesolo, P., & Kassam, K. S. (2015). Emotion and decision making. *Annual Review of Psychology*, 66(1), 799-823.

文化在敌意归因偏见中所发挥的作用也不容小觑。王伊兰等学者通过实验研究发现，在负面事件中，如果个体是行为主体，美国公众相较于中国公众，更容易形成敌意归因。但当行为主体有着明确的群体身份特征时，情况则有所不同，中国公众此时更容易表现出敌意归因偏见。[①] 举例来说，当一个普通个体做出冒犯行为时，美国公众往往会把这一行为解读为个人的蓄意之举。可要是该个体有着明显的群体身份属性，就像在冬奥会赛场上，美国短道速滑队员与中国队员发生碰撞，这时中国公众更有可能觉得美国队员是为了赢得比赛而故意为之。这一研究发现与跨文化心理学家的观点不谋而合，即东亚公众在归因时更倾向于考虑情境因素，而西方公众更倾向于从个体性情角度进行归因。

第二节　敌意媒体效应

敌意归因偏见的影响不仅发生在人际关系层面，还延伸至新闻传播领域。即便新闻媒体秉持中立客观的态度对某一议题或事件展开报道，那些存在既有态度的公众，仍极有可能认定媒体的报道偏向于与自身立场相悖的观点，甚至会觉得媒体对自己怀有敌意，这便是"敌意媒体效应"。[②] 敌意媒体效应聚焦的并非媒体对公众产生的影响，而是公众如何感知媒体或媒体报道，以及这种感知怎样引发公众态度与行为的改变。[③] 1985 年，

[①] 王伊兰、彭凯平、周治金：《文化与敌意归因：中美被试对个体和团体行为的判断差异》，《心理学进展》2011 年第 1 期。
[②] Perloff, R. M. (2015). A three-decade retrospective on the hostile media effect. *Mass Communication and Society*, 18(6), 701-729.
[③] Perloff, R. M. (2015). A three-decade retrospective on the hostile media effect. *Mass Communication and Society*, 18(6), 701-729.

罗伯特·瓦隆（Robert P. Vallone）等学者提出了敌意媒体效应。当时，他们邀请了亲阿拉伯与亲以色列党派的公众，共同观看一部短片，影片冷静客观地讲述了 1982 年贝鲁特大屠杀事件。但实验结果显示，两个党派的成员都觉得影片对自己所在立场怀有敌意偏见，并且他们相信，中立的观众看完短片后会转而支持对立立场。[1]此后，众多学者在不同情境下，借助同样中立、客观的报道，进一步验证了这一效应的存在。不过在现实生活中，新闻报道很难做到绝对客观，而且多数公众对各类事件也未形成明确立场。于是，敌意媒体效应的研究方向逐渐转变为，探究普通公众对带有立场的媒体报道的感知。当媒体立场鲜明时，获得支持的一方往往觉得媒体报道基本中立，或只是稍有偏向己方；而持相反立场的一方，则明显能感受到媒体的敌意。[2]格伦·汉森（Glenn J. Hansen）等学者对 34 项有关敌意媒体效应的研究进行元分析，结果进一步证实，无论媒体报道实际立场怎样，人们在面对媒体报道时，的确会表现出敌意归因偏见。[3]

周树华和闫岩在梳理敌意媒体效应文献后指出，公众卷入度和媒体印象是导致敌意媒体效应的关键因素。[4]公众卷入度涵盖价值卷入度

[1] Vallone, R. P., Ross, L., & Lepper, M. R. (1985). The hostile media phenomenon: Biased perception and perceptions of media bias in coverage of the Beirut Massacre. *Journal of Personality and Social Psychology*, 49(3), 577-585.

[2] Choi, J., Yang, M., & Chang, J. J. (2009). Elaboration of the hostile media phenomenon: The roles of involvement, media skepticism, congruency of perceived media influence, and perceived opinion climate. *Communication Research*, 36(1), 54-75.

[3] Hansen, G. J., & Kim, H. (2011). Is the media biased against me? A meta-analysis of the hostile media effect research. *Communication Research Reports*, 28(2), 169-179.

[4] 周树华、闫岩：《敌意媒体理论：媒体偏见的主观感知研究》，《传播与社会学刊》2012 年总第 22 期。

（value-relevant involvement）与结果卷入度（outcome-relevant involvement）。价值卷入度与个体价值观紧密相连，公众一旦察觉到媒体报道的价值观与自身相悖，就极有可能觉得媒体怀有敌意。结果卷入度则关乎公众对负面事件结果的关切程度，当公众之于负面事件的结果有较高的卷入度时，就更易对报道该事件的媒体产生敌意偏见，不过这种偏见往往并不持久。媒体印象是指公众对媒体的整体认知，包含对媒体一贯立场、报道中所依赖的信息来源以及媒体传播范围等方面的感知。上述这些因素，或单独作用，或共同发力，都可能催生敌意媒体效应。

笔者以韩国政治人物危机为研究背景，剖析了韩国公众对媒体的敌意归因偏见。[1]2019 年，韩国法务部前部长曹国，作为自由派改革进程中的关键人物，遭遇了韩国主流媒体的猛烈抨击。媒体指控他为女儿伪造入学资料。为回应这一指控，曹国举行了一场长达 11 小时的新闻发布会，接受媒体的连番质询。[2]然而，笔者的研究发现，公众的谴责并没有集中在被指控方曹国本人身上，而是转向了媒体。公众认为，韩国主流媒体的提问不仅重复冗长，而且缺乏足够的证据支持。路透社的一项调查显示，在全球 38 个受访国家中，韩国公众对新闻媒体的信任度居末位，仅 22% 的公众表示信任主流新闻媒体。[3]考虑到韩国主流媒体

[1] Kim, S., Ji, Y., & Rim, H. (2023). The process of online keyword activism in political figure's crisis: Moderating roles of like-minded public opinion and government controllability of crisis outcomes. *Journalism & Mass Communication Quarterly*, 100(1), 10-35.

[2] Chung, Y. (2019, September 3). Search keywords appeared after Cho's press conference: "Condolences on the death of Korean journalism," quality of questions by Korean Journalists. YTN.

[3] Reuters Institute (2019). *Reuters Institute digital news report, 2019.*

与保守派政党长期存在紧密关系，支持曹国的群体对主流媒体已有先入为主的负面看法。[①]这些支持者认为，媒体出于政治动机，刻意过度报道对曹国不利的新闻，目的是阻碍自由派政府的改革进程。因此，曹国的支持者对主流媒体抱有敌意，认为媒体的报道是针对曹国个人的，这种情绪进一步加剧了他们对主流媒体的谴责和不信任。

第三节　敌意归因偏见与网络暴力

在社交媒体时代，网络暴力已成为一个备受关注的社会问题。中国青少年研究中心 2023 年发布的《未成年人网络权益保护及安全感满意度调查报告》显示，超过三成的青少年曾参与网络暴力。网络暴力是指通过数字媒介平台，对个体或群体进行恶意攻击、侮辱、威胁、散布谣言等人身攻击行为。[②]这些行为通常伴随着大规模的集体协作，严重影响受害者的生活、工作和心理健康，并可能造成长期的负面影响。[③]社

[①] Choi, S., & Park, H. W. (2014). An exploratory approach to a Twitter-based community centered on a political goal in South Korea: Who organized it, what they shared, and how they acted. *New Media & Society*, 16, 129-148; Park, C. S. (2017). Citizen news podcasts and journalistic role conceptions in the United States and South Korea. *Journalism Practice*, 11(9), 1158-1177.

[②] Tokunaga, R. S. (2010). Following you home from school: A critical review and synthesis of research on cyberbullying victimization. *Computers in Human Behavior*, 26(3), 277-287.

[③] Chan, T. K., Cheung, C. M., & Lee, Z. W. (2021). Cyberbullying on social networking sites: A literature review and future research directions. *Information & Management*, 58(2), 103411; Chan, T. K., Cheung, C. M., & Wong, R. Y. (2019). Cyberbullying on social networking sites: The crime opportunity and affordance perspectives. *Journal of Management Information Systems*, 36(2), 574-609; Hollenbaugh, E. E., & Everett, M. K. (2013). The effects of anonymity on self-disclosure in blogs: An application of the online disinhibition effect. *Journal of Computer-Mediated Communication*, 18(3), 283-302.

交媒体的可及性、匿名性和低问责性等特点为网络暴力的蔓延提供了温床。社交媒体的可及性使得用户能够随时随地发布暴力内容；而匿名性让用户能够脱离身份束缚，肆无忌惮地发布攻击性言论。鉴于当前网络暴力内容的识别难度及相关治理措施的不完善，用户发布暴力内容的行为通常难以受到有效问责。[1]多重因素的交织作用下，恶意言论、不文明言论和仇恨言论等不良信息在社交媒体上层出不穷。

长期置身于充满网络暴力的媒介环境，公众极易形成敌意归因偏见，而这种偏见又会反过来加剧网络暴力的泛滥。克雷格·安德森（Craig A. Anderson）与布拉德·布什曼（Brad J. Bushman）的一般攻击模型（general aggression model）指出，暴力媒体内容的接触和敌意归因偏见是导致网络暴力等攻击行为的关键因素。社交媒体中反复出现的暴力内容给予了用户多次观察、模仿的机会。[2]社会学习理论指出，当某一行为受到奖励时，个体会倾向于模仿该行为。[3]在社交媒体上，极端化言论或暴力内容因其争议性而获得大量关注，普通用户可能会为了吸引眼球而模仿这些行为。[4]布什曼通过一项元分析证实，频繁接触媒体上的暴力内容可能促使公众产生敌意归因偏见。[5]当个体长期暴露在充斥暴力内容的

① Cross, D., Barnes, A., Papageorgiou, A., Hadwen, K., Hearn, L., & Lester, L. (2015). A social-ecological framework for understanding and reducing cyberbullying behaviours. *Aggression and Violent Behavior*, 23, 109-117.

② Anderson, C. A., & Bushman, B. J. (2018). Media violence and the general aggression model. *Journal of Social Issues*, 74(2), 386-413.

③ Bandura, A. (1978). Social learning theory of aggression. *Journal of Communication*, 28(3), 12-29.

④ O'Callaghan, P. (2020). Reflections on the root causes of outrage discourse on social media. In M. C. Navin, & R. Nunan (Eds.). *Democracy, populism, and truth* (pp. 115-126). Springer.

⑤ Bushman, B. J. (2016). Violent media and hostile appraisals: A meta-analytic review. *Aggressive Behavior*, 42(6), 605-613.

环境中，他们更易将社交媒体视作充满敌意的空间，进而助长自身的敌意归因偏见。

　　大量研究表明，怀有敌意归因偏见的人，在网络上更有可能实施暴力等攻击性行为。[①]在社交媒体交流中，个体的面部表情、肢体语言和语调等传统线下交流中至关重要的社会互动线索缺失，取而代之的是表情符号和缩写的大量运用。[②]这种情况增加了社会互动的模糊性与不确定性，致使个体更容易误解他人的信息。在这样的环境下，相较于线下交流，公众更容易产生敌意归因偏见，倾向于将他人的言论或行为解读为恶意，进而通过攻击行为进行自我防御。[③]当大量回击性的恶意言论集中涌现时，网络暴力便会随之爆发。在社交媒体中，暴力内容接触、敌意归因偏见和网络暴力顺势形成恶性循环。更为严重的是，长期接触网络暴力的个体，可能会将暴力内容视为常态，对他人的痛苦逐渐麻木，甚至会逐步将暴力言论合理化。

[①] Fang, X., Zhang, K., Chen, J., Chen, M., Wang, Y., & Zhong, J. (2023). The effects of covert narcissism on Chinese college students cyberbullying: The mediation of hostile attribution bias and the moderation of self-control. *Psychology Research and Behavior Management*, 16, 2353-2366; Pornari, C. D., & Wood, J. (2010). Peer and cyber aggression in secondary school students: The role of moral disengagement, hostile attribution bias, and outcome expectancies. *Aggressive Behavior*, 36(2), 81-94; Wright, M. F. (2017). Adolescents' emotional distress and attributions for face-to-face and cyber victimization: Longitudinal linkages to later aggression. *Journal of Applied Developmental Psychology*, 48, 1-13.

[②] Runions, K., Shapka, J. D., Dooley, J., & Modecki, K. (2013). Cyber-aggression and victimization and social information processing: Integrating the medium and the message. *Psychology of Violence*, 3(1), 9-26.

[③] Martinelli, A., Ackermann, K., Bernhard, A., Freitag, C. M., & Schwenck, C. (2018). Hostile attribution bias and aggression in children and adolescents: A systematic literature review on the influence of aggression subtype and gender. *Aggression and Violent Behavior*, 39, 25-32.

2022 年初，刘某某因不堪网络暴力的重压，选择结束自己的生命。回溯到 2021 年底，刘某某在网络平台发布寻亲视频，并成功与亲生父母取得联系。然而，随后某媒体报道披露刘某某被生母拉黑，并提到拉黑的理由是刘某某要求亲生父母为其购买房产。这则报道一经发布，舆论哗然。许多网友质疑刘某某网络寻亲的动机不纯，认为他是故意卖惨，妄图利用网友的同情心来炒作自己，而他要求购房的行为则被视为暴露其逐利本质。社交媒体上，类似为了吸引眼球而扭曲事实的现象屡见不鲜，这使得网友对流量和炒作行为深感厌恶。因此，尽管事件的真相尚未明晰，网友们的敌意归因偏见已悄然产生。他们不自觉地将刘某某的行为解读为炒作出名，进而以"正义"为名，使用恶言恶语进行辱骂，并发布大量攻击性言论。在巨大的舆论压力下，刘某某不堪网络暴力，轻生离世。

然而，令人唏嘘的是，在刘某某轻生后，舆论风向发生了戏剧性的转变。公众开始重新审视事件的前因后果，将不满的矛头纷纷指向此前进行相关报道的某媒体。在刘某某轻生事件发酵期间，以该媒体为焦点的热搜话题下，大量网友宣称"从此不再关注"该媒体，并直言其是一家"经常胡说八道的媒体"，由此掀起了另一场针对该媒体的网络暴力。事实上，该媒体并非首次陷入争议的漩涡。"造谣"与"歪屁股"似乎已成为网友对它的固有印象。网友对该媒体已然怀有"先入为主"的敌意，形成了敌意媒体偏见。即便在缺乏明确因果关系和责任认定的情况下，他们也会下意识地认为该媒体的报道存在片面、不实的问题。一旦该媒体陷入争议性事件，网友更是会从记忆深处搜寻它的"黑历史"，进而认定该媒体是在恶意哗众取宠，靠"造谣"来吸引流量、博取关注。

敌意归因偏见成为网友对该媒体的归因定式。这一现象导致公众大规模地对该媒体进行道德批判，甚至给它贴上了"无良媒体"的标签。

除了显著的敌意归因偏见外，公众在刘某某轻生事件中的归因活动还涉及性情归因和情境归因。公众不仅将刘某某死亡的责任归咎于其亲生父母、参与网络暴力的网友以及某媒体等涉事方，还指出当前网络暴力治理的法律法规存在漏洞、平台内容治理效果不佳，认为这些情境因素也应为刘某某的死亡承担一定责任。此外，公众在此次事件中提出了诸多治理诉求。这些诉求涉及完善法律法规体系、出台针对性公共政策、优化平台内容治理机制、推行网络实名制，并期望监管机构能深入介入平台内容治理等方面。由此可见，公众的治理诉求主要集中在如何从根本上解决网络暴力问题。值得一提的是，除了微博上网友们的强烈呼吁外，在 2022 年全国两会期间，20 余名全国人大代表也郑重呼吁立法整治网络暴力，力求通过更具权威性和系统性的方式，为网络空间的健康发展提供保障，从源头上遏制网络暴力事件的发生。

第四节　小结

本章开篇对敌意归因偏见的概念及形成机制作了系统性梳理。所谓敌意归因偏见，指的是个体在处于不确定情境时，会下意识地将他人行为解读为怀有恶意的一种归因倾向。这种偏见并非只存在于人与人的日常互动里，在公众接触媒体的过程中同样有所体现。在社交媒体迅速普及的当下，网络暴力现象愈发频繁。公众若是长期接触网络上的暴力内容，就极容易形成敌意归因偏见。一旦形成这种偏见，公众很可能会采取攻击性行为，如此一来，便会进一步加剧网络暴力的蔓延，形成恶性循环。基于此，公众在社交媒体平台表达个人观点时，应时刻警惕自身可能存在的敌意归因偏见。切不可仅凭恶意揣测，就随意对他人进行评判，以免给他人造成不必要的伤害。此外，当面对网络暴力事件时，公众不仅会将责任归咎于施暴者等直接涉事方，还会考虑到法律法规不够完善、平台治理措施不力等情境因素，体现出性情归因与情境归因并存的特征，公众期待从根本上消除网络暴力，营造清朗的网络空间。

第十三章

确认性偏见

凡人之患，蔽于一曲，而暗于大理。

——《荀子·解蔽》

个体倾向于主动接触能证实自身观点的信息，却对可能证伪自身观点的信息予以忽视或排斥。这种认知倾向便是确认性偏见。社交媒体时代，算法精准推送机制让人们不断接触与既有观点相似的内容，持续强化既有信念，甚至引发态度极端化。不过，确认性偏见也未必总是有效。在公众进行责任推断时，公众既有态度的确定性、对主流舆论的感知，以及对相似观点的感知等因素，都可能作用于归因活动，从而抵消确认性偏见。本章将探讨确认性偏见的形成原因、表现形式与成立条件，分析其对个体责任推断产生的影响。

第一节　确认性偏见与认知失调理论

确认性偏见（confirmation bias），指人们倾向于寻找、解释和记住那些支持自己既有信念的信息，同时忽视或贬低与之相矛盾的信息。[1]
这一概念由心理学家彼得·沃森（Peter C. Wason）于 1960 年提出。[2]他
在实验中要求被试猜测一个由实验人员制定的数字规律，实验人员给出
数字序列"2，4，6"，并告知被试，他们可以自行给出任意三个数字，
实验人员会反馈这组数字是否符合隐藏规律。在不断尝试的过程中，被
试提出了许多复杂且具体的规则假设，比如"第二个数字是第一个和
第三个数字的平均数"，或是"每个数字都比前一个数字大 2"。为了
验证自己的假设，被试后续给出的数字组，都只遵循自己猜测的规律，
试图通过这种方式确认自己的猜测是否正确。但实际上，隐藏的规则只
是数字越来越大。在这个实验过后，沃森将这种个体不断确认既有信念
的现象解释为：人们更倾向于验证自己观点的正确性，而不是证伪。换
句话说，人们总是致力于证明自己的想法是对的。

确认性偏见的形成与个体的认知防御机制密切相关。[3]费斯汀格的
认知失调理论为确认性偏见提供了理论解释。当个体观察到的现象或行
为与他们的信念相悖时，会引发认知冲突，进而造成心理不适。[4]为了
缓解这一不适，确认性偏见作为一种心理防御机制发挥作用，使个体倾
向于接受符合自身信念的信息，并排斥相矛盾的证据，以维持心理的稳
定与一致性，回到心理舒适区。[5]尤其在涉及价值观和切身利益的问题

[1] Nickerson, R. S. (1998). Confirmation bias: A ubiquitous phenomenon in many guises. *Review of General Psychology*, 2(2), 175-220.
[2] Wason, P. C. (1960). On the failure to eliminate hypotheses in a conceptual task. *Quarterly Journal of Experimental Psychology*, 12(3), 129-140.
[3] Zhou, Y., & Shen, L. (2022). Confirmation bias and the persistence of misinformation on climate change. *Communication Research*, 49(4), 500-523.
[4] Festinger, L. (1957). *A theory of cognitive dissonance*. Stanford University Press.
[5] Festinger, L. (1957). *A theory of cognitive dissonance*. Stanford University Press.

时，个体的防御动机更为强烈，进一步加深了确认性偏见的影响。[①]

确认性偏见以多种形式，悄然渗透进人们的日常生活与思维模式之中。[②]首先体现为选择性接触和选择性注意。在接触信息时，个体往往主动挑选那些与自身既有信念相符的内容，并给予格外关注。[③]一方面，人们出于本能，渴望获取支持既有观点的信息，以此来验证、巩固自己的观点。[④]另一方面，有学者研究发现，即便没有主观上的刻意为之，公众也会自然而然地对支持既有观点的证据更为敏感，分配更多注意力。[⑤]其次表现为对信息的选择性处理。当个体处理信息时，对于那些与自己立场一致的内容，加工效率会更高。个体不仅会过度看重与自身观点一致的信息，还可能对其进行扭曲性整合，使其完全契合自己既有的观点和态度。最后是感知偏见。当信息与个体态度一致时，他们会下意识地

① Hmielowski, J. D., & Nisbet, E. C. (2016). "Maybe yes, maybe no?": Testing the indirect relationship of news use through ambivalence and strength of policy position on public engagement with climate change. *Mass Communication and Society*, 19(5), 650-670.

② Zhou, Y., & Shen, L. (2022). Confirmation bias and the persistence of misinformation on climate change. *Communication Research*, 49(4), 500-523.

③ Ecker, U. K., Lewandowsky, S., Cook, J., Schmid, P., Fazio, L. K., Brashier, N., Kendeou, P., Vrage, E. K., & Amazeen, M. A. (2022). The psychological drivers of misinformation belief and its resistance to correction. *Nature Reviews Psychology*, 1(1), 13-29; Talluri, B. C., Urai, A. E., Tsetsos, K., Usher, M., & Donner, T. H. (2018). Confirmation bias through selective overweighting of choice-consistent evidence. *Current Biology*, 28(19), 3128-3135.

④ Ecker, U. K., Lewandowsky, S., Cook, J., Schmid, P., Fazio, L. K., Brashier, N., Kendeou, P., Vrage, E. K., & Amazeen, M. A. (2022). The psychological drivers of misinformation belief and its resistance to correction. *Nature Reviews Psychology*, 1(1), 13-29; Zhou, Y., & Shen, L. (2022). Confirmation bias and the persistence of misinformation on climate change. *Communication Research*, 49(4), 500-523.

⑤ Talluri, B. C., Urai, A. E., Tsetsos, K., Usher, M., & Donner, T. H. (2018). Confirmation bias through selective overweighting of choice-consistent evidence. *Current Biology*, 28(19), 3128-3135.

认为这些信息更具可信度和有效性，而不去做深入思考与验证。[1]这些确认性偏见会导致公众不断接触、接纳与自己观点一致的信息，使得既有的观念持续强化，进而表达出更为极端的立场，最终引发舆论极化现象，让不同观点之间的分歧越来越大，难以达成共识。[2]

社交媒体的普及显著强化了人们的确认性偏见。首先，用户在社交媒体上构建的社交网络往往由观点相近、志同道合的人组成：人们倾向于选择与自己意见一致的朋友，而频繁的互动又使得彼此的观点逐渐趋同。[3]研究数据显示，社交媒体用户每日接收到的新闻中，多达70%来自他们的社交好友。[4]这意味着用户主动将自己置于一个充满相似观点的回音室中。其次，社交媒体平台依托个性化算法，根据用户的浏览习惯和内容偏好，选择性地推送与其原有态度一致的信息，从而有效屏蔽了不同意见的声音，使用户长时间陷入信息过滤气泡之中。[5]虽然互联网中不乏观点相悖的信息，但认知失调理论表明，当用户遇到与其固有认知不符的信息时，为了消除由认知冲突带来的心理不适，他们往

① Ahluwalia, R. (2000). Examination of psychological processes underlying resistance to persuasion. *Journal of Consumer Research*, 27(2), 217-232.

② Asker, D., & Dinas, E. (2019). Thinking fast and furious: Emotional intensity and opinion polarization in online media. *Public Opinion Quarterly*, 83(3), 487-509.

③ Bakshy, E., Messing, S., & Adamic, L. A. (2015). Exposure to ideologically diverse news and opinion on Facebook. *Science*, 348(6239), 1130-1132; de Klepper, M., Sleebos, E., Van de Bunt, G., & Agneessens, F. (2010). Similarity in friendship networks: Selection or influence? The effect of constraining contexts and non-visible individual attributes. *Social Networks*, 32(1), 82-90.

④ Gil de Zúñiga, H., Weeks, B., & Ardèvol-Abreu, A. (2017). Effects of the news-finds-me perception in communication: Social media use implications for news seeking and learning about politics. *Journal of Computer-Mediated Communication*, 22(3), 105-123; Hermida, A., Fletcher, F., Korell, D., & Logan, D. (2012). Share, like, recommend: Decoding the social media news consumer. *Journalism Studies*, 13(5-6), 815-824.

⑤ Pariser, E. (2011). *The filter bubble*. Penguin Press.

往倾向于否认、回避，甚至将这些矛盾信息重新解读为支持自己观点的证据。[①]尤其在那些备受争议的社会议题中，由于这些问题直接触及个体的核心价值观，用户往往会表现出更为强烈的认知防御性。社交媒体对确认性偏见的增强，给虚假或错误信息的纠正造成了巨大挑战。[②]面对纠正性信息，已经接受错误信息的公众往往更积极地加工和认同与既有观点一致的内容，对与其立场相悖的信息则选择忽视甚至坚决抵制。[③]可见，一旦公众信奉虚假新闻或错误信息，其态度便极难通过后续的纠正性信息得到有效改变。[④]

第二节　危机前声誉：“缓冲器”还是“回飞镖”？

在负面事件中，公众原有的态度是评估事件责任的关键认知线索。[⑤]

——————————

[①] Bail, C. A., Argyle, L. P., Brown, T. W., Bumpus, J. P., Chen, H., Hunzaker, M. F., Lee, J., Mann, M., Merhout, F., & Volfovsky, A. (2018). Exposure to opposing views on social media can increase political polarization. *Proceedings of the National Academy of Sciences*, 115(37), 9216-9221; Festinger, L. (1957). *A theory of cognitive dissonance*. Stanford University Press; Taber, C. S., & Lodge, M. (2006). Motivated skepticism in the evaluation of political beliefs. *American Journal of Political Science*, 50(3), 755-769.

[②] Huang, Y., & Wang, W. (2024). Overcoming confirmation bias in misinformation correction: Effects of processing motive and jargon on climate change policy support. *Science Communication*, 46(3), 305-331; Zhou, Y., & Shen, L. (2022). Confirmation bias and the persistence of misinformation on climate change. *Communication Research*, 49(4), 500-523.

[③] Zhou, Y., & Shen, L. (2022). Confirmation bias and the persistence of misinformation on climate change. *Communication Research*, 49(4), 500-523.

[④] Chan, M. P. S., Jones, C. R., Hall Jamieson, K., & Albarracín, D. (2017). Debunking: A meta-analysis of the psychological efficacy of messages countering misinformation. *Psychological Science*, 28(11), 1531-1546.

[⑤] Ji, Y., & Wan, C. (2024). Working too much in China's tech industry: corporate social advocacy as a crisis response strategy to issue-based opinion polarization. *Internet Research*, 34(2), 320-342.

当组织经历负面事件时，公众对组织的既有态度表现为他们对组织声誉的感知，而这一声誉是公众在过去与组织直接或间接互动中逐步形成的综合印象。危机传播的领军学者库姆斯提出，危机发生前良好的组织声誉在危机中能够起到"缓冲器"的作用，从而使公众对组织的谴责和责备有所减轻。[1]具体而言，当危机属于本可避免型危机，即组织需要承担全部危机责任时，良好声誉就如同一面盾牌，在确认性偏见的作用下，公众可能并不愿意修正其对组织既有的声誉评价，而是会将更多的注意力集中于支持原有评价的信息，进而减弱对组织在负面事件中的指责。而在负面事件类型不明确的情况下，组织的良好声誉更容易成为公众进行无罪推定的关键线索。公众为了维持他们对组织的良好印象，或许会将该负面事件解释为偶然失误，从而减少对涉事组织的责任推断。[2]

然而，也有学者认为，在危机时刻，组织原有的良好声誉不仅无法发挥缓冲作用，反而可能像"回飞镖"般产生反效果，使公众将更多危机责任归咎于组织。[3]期待违背理论（expectancy violations theory）为这种观点提供了理论支持。[4]与确认性偏见不同，期待违背理论认为，人们不会忽视那些与自身既有观点相矛盾的信息。相反，他们会根据个人

---

[1] Coombs, W. T., & Holladay, S. J. (2006). Unpacking the halo effect: Reputation and crisis management. *Journal of Communication Management*, 10(2), 123-137.

[2] Coombs, W. T., & Holladay, S. J. (2006). Unpacking the halo effect: Reputation and crisis management. *Journal of Communication Management*, 10(2), 123-137.

[3] Sohn, Y. J., & Lariscy, R. W. (2015). A "buffer" or "boomerang?"—The role of corporate reputation in bad times. *Communication Research*, 42(2), 237-259.

[4] Burgoon, J. K. (1993). Interpersonal expectations, expectancy violations, and emotional communication. *Journal of Language and Social Psychology*, 12(1-2), 30-48; Burgoon, J. K., Stern, L. A., & Dillman, L. (1995). *Interpersonal adaptation: Dyadic interaction patterns*. Cambridge University Press.

或组织过往长期形成的行为模式以及行事风格，构建起对其未来行为的预期。当人们感知到实际行为与这一预期之间存在差异时，他们便会做出相应反应。这种预期与实际之间的偏差，即所谓的"期待违背"，既可能是消极的，也可能是积极的。消极的期待违背会显著降低公众对组织或个人的评价，而积极的期待违背则有助于提升评价。具体来说，当一个组织拥有良好声誉时，公众对其抱有较高期望；若此类组织发生负面事件，便可能被视为未能满足消费者的预期，即负面违背了公众的期待。此时，公众可能会更加关注组织的负面信息，从而将更多的责任归咎于该组织。[①]

那么，究竟在何种情形下，公众原有态度会引发确认性偏见，又在什么情况下会激起期待违背呢？陶炜婷指出，影响公众既有态度对后续责任归因效应的关键边界条件在于"态度确定性"，即个体对自己既有态度的确信程度。[②]她通过两项实验发现，在声誉良好的组织遭遇负面事件时，若公众坚信该组织始终保持良心经营，其原有的正面印象便能发挥缓冲作用，从而使公众减少对组织的责任归咎。这种情形下，确认性偏见起到了稳固既有评价的作用，公众倾向于忽视与其正面预期相矛盾的信息。相反，如果公众对组织是否长期维持稳定的良好声誉存有疑虑，那么在面对该组织的负面事件时，他们就不太可能表现出确认性偏见。此时，组织原有的良好声誉反而可能如"回飞镖"般

① Kim, S. (2014). The role of prior expectancies and relational satisfaction in crisis. *Journalism & Mass Communication Quarterly*, 91(1), 139-158.

② Tao, W. (2018). How consumers' pre-crisis associations and attitude certainty impact their responses to different crises. *Communication Research*, 45(6), 815-839.

产生反作用，激起期待违背效应。换言之，由于公众此前对该组织抱有较高期望，当负面事件出现时，这种预期未得到满足，便促使公众更加审慎地关注其负面信息，并依据情境危机沟通理论中的信息来源、可控性、稳定性等维度来判断事件责任。对于那些本就声名狼藉的组织而言，公众原先对组织的看法可能不会对他们的责任推断产生影响，也就是说，确认性偏见可能不起作用。这或许是因为，公众对组织原有的负面态度使得他们无须为涉事组织辩护，仅需依照对危机情境的评估来进行责任推断。[①]

第三节　主流舆论和相似观点感知对责任推断的影响

在高度不确定的负面事件中，公众迫切需要相关信息来明确事件发生的原因并进行责任推断。此时，主流舆论成为重要的认知线索，影响人们对事件的理解和判断。[②]人们对主流舆论的感知在很大程度上塑造了他们的态度和行为。[③]根据沉默螺旋理论，为了避免被社会孤立，人们会本能地关注某一观点是否获得社会认可或背离主流。那些认为主流舆论与自身观点一致的人，比认为主流舆论与自身观点不一致的人，更

① Tao, W. (2018). How consumers' pre-crisis associations and attitude certainty impact their responses to different crises. *Communication Research*, 45(6), 815-839.
② Dvir-Gvirsman, S., Garrett, R. K., & Tsfati, Y. (2018). Why do partisan audiences participate? Perceived public opinion as the mediating mechanism. *Communication Research*, 45(1), 112-136.
③ Cialdini, R. B., Wosinska, W., Barrett, D. W., Butner, J., & Gornik-Durose, M. (1999). Compliance with a request in two cultures: The differential influence of social proof and commitment/consistency on collectivists and individualists. *Personality and Social Psychology Bulletin*, 25(10), 1242-1253.

愿意公开表达自身观点。^①同样，社会证明（social proof）和社会影响（social influence）理论指出，在判断某种行为是否符合社会规范时，个体往往会将主流舆论作为重要的参照标准。^②因此，在负面事件中，如果主流舆论对被指控方持负面态度，公众更可能据此推断该方应承担责任，并形成归因判断。

然而，主流舆论对个体态度和行为的影响并非一成不变的，而是取决于个体的既有态度，使主流舆论的作用呈现出一定的选择性和分化特征。根据确认性偏见理论，人们一旦形成某种态度或信念，便倾向于寻找支持自身立场的信息，并回避与其相矛盾的观点。^③因此，在解读主流舆论时，人们可能会受到既有态度的影响，进行选择性认知。他们更容易接受与自身态度一致的主流舆论，而忽视或质疑与其立场相左的舆论。

除了主流舆论的影响，志同道合者的相似观点（like-minded opinion）也在塑造公众认知方面发挥着重要作用。人们更倾向于与持有相似观点的人互动，以确认自身既有观点，从而避免认知失调。^④这种相似观点

① Dvir-Gvirsman, S., Garrett, R. K., & Tsfati, Y. (2018). Why do partisan audiences participate? Perceived public opinion as the mediating mechanism. *Communication Research*, 45(1), 112-136; Noelle-Neumann, E. (1974). The spiral of silence: A theory of public opinion. *Journal of Communication*, 24(2), 43-51.

② Zerback, T., Koch, T., & Krämer, B. (2015). Thinking of others: Effects of implicit and explicit media cues on climate of opinion perceptions. *Journalism & Mass Communication Quarterly*, 92(2), 421-443.

③ Festinger, L. (1957). *A theory of cognitive dissonance*. Stanford University Press; Nickerson, R. S. (1998). Confirmation bias: A ubiquitous phenomenon in many guises. *Review of General Psychology*, 2(2), 175-220.

④ Adams, J. S. (1961). Reduction of cognitive dissonance by seeking consonant information. *The Journal of Abnormal and Social Psychology*, 62(1), 74-78.

的感知能够通过触发个人相关性和群体认同等认知捷径，进一步影响个体的态度与行为。[①]具体而言，当公众认为某一观点与自身息息相关，或该观点来自其所属群体时，他们更可能认同该观点，并受到其影响。例如，一位知名女性脱口秀演员针对女性议题的发声可能会受到女性群体的广泛支持和鼓励，而男性群体可能对其进行抵制。这表明，相似观点的认同不仅影响个体的态度，还可能引发群体间的对立。在社交媒体时代，相似观点的感知对公众认知与行为的影响愈发显著。过去，大众媒体是人们感知舆论的主要来源，而线下的人际交流则是个体判断观点相似性的关键方式。[②]如今，社交媒体融合了大众传播和人际互动，成为公众获取信息的重要渠道。[③]个体的社交网络往往由志趣相投的人组成，人们更容易陷入相似观点的回音室中，从而增强对自身观点的确信，甚至加剧确认性偏见。[④]

为检验主流舆论感知和相似观点接触对公众责任推断和行为决策的影响，笔者以 2019 年韩国曹国的政治丑闻为情境，采用分层配额抽样

① Bakshy, E., Messing, S., & Adamic, L. A. (2015). Exposure to ideologically diverse news and opinion on Facebook. *Science*, 348(6239), 1130-1132; Nekmat, E., & Ismail, I. (2019). Issue-based micromobilization on social media: Mediated pathways linking issue involvement and self-network opinion congruity to expressive support. *Computers in Human Behavior*, 101, 51-59.

② Gunther, A. C. (1998). The persuasive press inference: Effects of mass media on perceived public opinion. *Communication Research*, 25(5), 486-504.

③ Walther, J. B., & Jang, J. (2012). Communication processes in participatory websites. *Journal of Computer-Mediated Communication*, 18(1), 2-15.

④ Bakshy, E., Messing, S., & Adamic, L. A. (2015). Exposure to ideologically diverse news and opinion on Facebook. *Science*, 348(6239), 1130-1132; de Klepper, M., Sleebos, E., Van de Bunt, G., & Agneessens, F. (2010). Similarity in friendship networks: Selection or influence? The effect of constraining contexts and non-visible individual attributes. *Social Networks*, 32(1), 82-90.

方法，对 1000 名韩国互联网用户展开了问卷调查。[①]2019 年，主流新闻媒体指控时任韩国法务部部长曹国协助女儿伪造入学资料，其妻子因对私募基金进行巨额投资而获取大额利益。面对这些质疑，曹国举办了一场长达 11 小时的新闻发布会。发布会结束后，大量韩国民众表示主流新闻媒体在发布会上的提问是重复无用，且缺乏实质证据的。曹国的支持者认为，新闻媒体是导致此次政治动荡的主要责任方，韩国媒体在证据不足的情况下，就对曹国相关新闻大肆报道、过度渲染，误导公众，才导致了此次丑闻的爆发。而曹国的反对者认为，曹国自身的不当行为才是引发这场政治丑闻的根源。[②]

研究结果表明，在曹国政治丑闻中，除了曹国本人外，韩国主流媒体也是公众归责的重要对象。当公众感知到大多数人批评或不支持曹国时，他们更倾向于将此次丑闻的主要责任归咎于曹国本人，同时减少对新闻媒体的责备。相反，当公众认为曹国应承担的责任较少时，他们更可能将新闻媒体视为事件责任方之一，认为其需要为丑闻的发生承担更多责任。当曹国作为归因对象时，公众接触到的相似观点会调节主流舆论对公众责任推断的作用。作为政治丑闻中被指控的对象，曹国遭到了以主流媒体为代表的精英舆论的普遍负面评价。对于不支持曹国的公众而言，当他们感知到大量与主流舆论一致的批评性观点时，这种信息强

①　Kim, S., Ji, Y., & Rim, H. (2023). The process of online keyword activism in political figure's crisis: Moderating roles of like-minded public opinion and government controllability of crisis outcomes. *Journalism & Mass Communication Quarterly*, 100(1), 10-35.

②　Chung, Y. (2019, September 3). Search keywords appeared after Cho's press conference: "Condolences on the death of Korean journalism," Quality of questions by Korean Journalists. YTN.

化了其既有信念，使他们更加坚定地认为曹国应为丑闻负责。然而，对于支持曹国的公众而言，主流媒体对曹国的指责可能难以发挥作用，他们更倾向于依赖与自身立场相似的观点，以增强对曹国的支持态度，并减少对曹国的责任归咎。这一现象与确认性偏见的假设一致，即公众更倾向于选择性接受符合自身立场的信息，从而维持和强化原有观点。

当归因的对象是新闻媒体时，相似观点接触同样发挥了重要作用。对于那些一开始对曹国持负面评价的公众，无论他们感知到的主流舆论是支持还是反对曹国，也无论他们认为媒体应当承担多大责任，他们都拒绝支持曹国。这表明，持有坚定且强烈态度的公众难以被外界观点所动摇。[1]当公众感知到不同观点时，对曹国看法极为坚定的个体几乎不受主流舆论影响，这些人甚至在责任推断或行动决策中，会完全忽略舆论走向。这可能是因为长期暴露于相似观点下的公众容易误判主流舆论态势，高估自身观点的普遍性，同时低估其他观点的影响力。通过接触大量相似的观点，这些公众不断确信自己既有态度的正确性。这种确认性偏见会在很大程度上决定人们的归因过程和行为模式，让人们更倾向于依据自己既有态度行事，而忽略其他信息线索的影响。这一现象表明，当公众对某一事件形成强烈且高度一致的负面态度时，他们对事件原因的归咎和责任推断主要受自身既有态度的驱动，而非主流舆论的影响。即使既有态度与主流舆论存在明显分歧，公众仍会坚持自己的立场。这进一步验证了确认性偏见的作用，即公众的归因倾向受到既有态度的主导，使归因结果朝着与自身立场一致的方向发展。

---

[1] van der Meer, T. G. L. A., & Verhoeven, P. (2013). Public framing organizational crisis situations: Social media versus news media. *Public Relations Review*, 39(3), 229-231.

第四节 小结

本章开篇回顾确认性偏见的概念与表现形式，进而探讨组织危机中公众对组织的既有态度，如危机前声誉对责任推断的影响。危机前的良好声誉，基于确认性偏见机制，可充当缓冲器；基于期待违背机制，又可能成为加剧组织声誉恶化的回飞镖。声誉作用的差异取决于公众对既有态度的确定性这一边界条件。当公众既有态度强烈且确定时，会倾向坚守原有信念；若态度不坚定，则更易依据感知期望与实际行为的差异，动态调整责任推断。接下来，基于笔者的经验研究，本章揭示出，当公众针对某一事件产生强烈且高度趋同的负面态度时，他们在追究事件成因以及推断责任归属的过程中，主要受自身既有的态度左右，主流舆论难以对其产生显著影响。这一现象充分说明，在确认性偏见机制的作用下，公众在进行归因时，会不自觉地倾向于自身原有的态度，从而形成相应的归因偏见。

道德情感的影响

没有情感的理智，是无光彩的金块，而无理智的情感，是无鞍镫的
野马。

——郁达夫

在韦纳的动机归因理论体系中，道德情感是连接归因与行为的核心
纽带。它不仅左右着公众对自身与他人行为的评判及回应，还影响着他
们对社会规范与道德价值的坚守。值得留意的是，归因与情感之间呈现
出双向互动的关系：一方面，归因会影响情感的产生与体验；另一方面，
情感也能反向作用于归因过程。本章将系统地阐述道德情感的定义与分
类，并深入探讨其在负面网络热点事件中所产生的多方面影响。在这类
事件中，道德情感可能会向不同的方向发展：其一，它有可能演变成道
德恐慌，进而扭曲人们的认知；其二，诸如同情和愤怒等道德情感，有
可能转化为惩恶扬善的亲社会行为。

第一节　道德情感：一种归因相关情感

　　韦纳在其早期研究中将情感划分为归因相关情感和归因无关情感。[①]归因无关情感是指在事件发生后，无论个体如何进行归因或责任推断，都会自然产生的情感反应。例如，当考试取得满分时，人们通常会感到开心；而考试不及格时，人们会感到失落。这类情感直接由事件结果引发，与具体的归因过程并无直接关联。与之相对，归因相关情感则是个体在对事件原因和责任进行深入思考后才产生的。韦纳在后续的研究中特别关注归因相关情感，并深入阐释了不同的归因方式如何引发各异的情感，进而触发特定的行为模式。在集大成之作《动机归因论》中，韦纳把归因所触发的情感称为道德情感。[②]

　　道德情感是个体在社会互动中，按照特定道德标准，对自身或他人的行为、思想进行评价时所产生的情感体验。这种情感与社会福祉或他人利益密切相关。[③]从本质上讲，道德情感是在后天社会文化的长期熏陶与塑造下形成的"非基本情感"，通常涉及对错、善恶、恰当与否等价值体系和社会规范。[④]在韦纳的动机归因理论体系中，道德情感占据

① 伯纳德·韦纳：《责任推断：社会行为的理论基础》，张爱卿、郑藏等译，华东师范大学出版社 2004 年版。
② 伯纳德·韦纳：《归因动机论》，周玉婷译，中国人民大学出版社 2020 年版。
③ Haidt, J. (2003). Elevation and the positive psychology of morality. In C. L. M. Keyes, & J. Haidt (Eds.), *Flourishing: Positive psychology and the life well-lived* (pp. 275-289). American Psychological Association.
④ Ciompi, L., & Panksepp, J. (2005). Energetic effects of emotions on cognitions: Complementary psychobiological and psychosocial findings. In R. D. Ellis, & N. Newton (Eds.), *Consciousness & emotion: Agency, conscious choice, and selective perception* (pp. 23-55). John Benjamins Publishing Company.

着核心地位，它如同一条重要的纽带，连接着归因活动与个体行为。例如，当人们判定事件的原因处于涉事组织或个体的可控范围之内，并且认为涉事方应当为此承担责任时，便会引发愤怒情感。这种愤怒情感会进一步激发斥责、报复等攻击性行为。相反，当人们认为事件的原因超出了涉事个体或组织的控制范围，且涉事方无须为此承担责任时，则会触发同情心理。这种同情心理会促使人们采取亲社会行为，表现出更多的关怀与支持。①

基于归因理论，韦纳提出了道德情感的三维度分类方法，包括因果联系（causal link）、情感目标（emotional target）和情感效价（emotional valence）。其中，因果联系进一步分为能力与努力两个子维度，用于区分激发情感的因素是超出个体控制范围的外部因素，还是可以通过个体努力加以控制的内在因素；情感目标主要涉及情感的指向对象，即情感是针对自己还是他人；情感效价则反映了情感的积极或消极属性，即情感是正面还是负面的。②基于这三个维度，韦纳构建了道德情感的交叉分类体系。

从表 14-1 中可见，与能力相关联的情感包括羞耻、嫉妒、蔑视和同情，其中羞耻指向自我，其余情感指向他人；与努力有关的情感包含愧疚、后悔、羡慕、愤怒、感激、愤慨、妒忌及幸灾乐祸，其中愧疚、后悔指向自我，其余情感指向他人。根据韦纳的观点，嫉妒（envy）和妒忌（jealousy）是两种不同的情感体验，由不同的心理机制和社会情境引发。嫉妒源于对他人优越地位的渴望，表现为个体希望获得他人拥

① 伯纳德·韦纳：《归因动机论》，周玉婷译，中国人民大学出版社2020年版。
② 伯纳德·韦纳：《归因动机论》，周玉婷译，中国人民大学出版社2020年版。

表 14-1　道德情感分类

		情感目标	
		自我	他人
因果联系	能力	羞耻（−）	嫉妒（−） 蔑视（−） 同情（＋）
	努力	愧疚（−） 后悔（−）	美慕（＋） 愤怒（−） 感激（＋） 愤慨（−） 妒忌（−） 幸灾乐祸（−）

注：“＋”表示积极情感，“−”表示消极情感。

资料来源：伯纳德·韦纳：《归因动机论》，周玉婷译，中国人民大学出版社 2020 年版，第 85 页。

有的优势，这些优势通常是物质性的、与生俱来的或超出个人控制范围的。嫉妒的核心在于比较心理，可能引发自卑情感，并导致不愿分享成就或资源。相比之下，妒忌主要存在于三角关系中，表现为个体担心失去与重要他人的亲密关系。这种情感的核心是对关系威胁的感知，伴随着被取代的恐惧，常引发愤怒、无助或羞耻等情感反应。在韦纳的交叉分类体系中，大多数类型的道德情感是指向他人的、消极的以及与努力相关的。这一现象主要源于道德情感的社会规范功能。道德情感能够有效约束社会行为，通过监管恶意行为、警示越轨者其行为的不当性，并促使越轨者为负面事件承担责任，从而维护社会秩序。①

---

① 伯纳德·韦纳：《归因动机论》，周玉婷译，中国人民大学出版社 2020 年版。

　　韦纳的道德情感分类为后续研究奠定了重要基础。在此基础上，乌多·唐尼（Udo Tangney）等学者从情感指向对象的角度将道德情感分为两类：一类源于个体对自身行为的道德评判，是自我意识觉醒与行为反思的结果；另一类则产生于个体对他人行为的观察与评价，这类情感不仅塑造人际关系，还深刻影响个体的社会角色定位。[①]例如，羡慕促使个体效仿他人的高尚行为，而愤怒和同情使个体对社会不公与苦难保持敏感，从而推动其采取行动维护正义或提供帮助。由此可见，道德情感不仅是人际关系的调节器，更是维系社会凝聚力、传递道德规范的重要纽带。

　　归因与情感之间存在双向互动关系：归因能够引发不同情感，而情感也会反过来影响个体的归因活动及后续行为。珍妮弗·勒纳（Jennifer S. Lerner）和达切尔·凯尔特纳（Dacher Keltner）提出的评价倾向框架（appraisal tendency framework）解释了情感如何影响人们的认知与决策过程。[②]该框架指出，每种情感都会激活特定的认知倾向，引导个体基于情感所激发的评价维度来审视事件。核心评价维度包括愉悦感、确定性、注意活动、可控性、预期努力和责任归咎等，每种情感都能激发特

① Rudolph, U., Schulz, K., & Tscharaktschiew, N. (2013). Moral emotions: An analysis guided by Heider's naive action analysis. *International Journal of Advances in Psychology*, 2(2), 69-92; Tangney, J. P., Stuewig, J., & Mashek, D. J. (2007). Moral emotions and moral behavior. *Annual Review of Psychology*, 58(1), 345-372.

② Lerner, J. S., & Keltner, D. (2000). Beyond valence: Toward a model of emotion-specific influences on judgement and choice. *Cognition & Emotion*, 14(4), 473-493.

定的评价维度组合。[①]以愤怒与悲伤为例，可控性与责任推断是区分二者的关键评价维度。愤怒通常发生在个体感到自身权利被侵犯或遭遇不公正对待时，个体感到愤怒在于他们认为这些遭遇往往是可避免的，也就是说涉事方本应控制其行为，并应为不当行为承担责任；而悲伤源于不可挽回的损失，伴随无力感，使个体认为负面事件由不可控因素引发，涉事方无须承担责任。该框架揭示了情感如何通过特定的认知评价维度影响个体的归因过程。[②]

第二节　负面网络热点事件中的道德恐慌

"道德恐慌"这一概念最早由马歇尔·麦克卢汉（Marshall McLuhan）在《理解媒介：论人的延伸》中提出，用以描述新技术对人们生活和文化模式的冲击，进而引发广泛的焦虑。[③]社会学家科恩进一步发展了这一概念，将其定义为在报纸、电视、广播等大众媒体的报道下，某些个体或群体被塑造为对传统道德或社会规范的威胁，从而激起公众的过度反应和过激情绪。在这一过程中，媒体通过三个关键步骤制造恐慌：首先，夸大和扭曲个体或群体的越轨行为；其次，警告公众若

---

① Lerner, J. S., Han, S., & Keltner, D. (2007). Feelings and consumer decision making: Extending the appraisal-tendency framework. *Journal of Consumer Psychology*, 17(3), 181-187.

② 杨昭宁、顾子贝、王杜娟、谭旭运、王晓明：《愤怒和悲伤情绪对助人决策的影响：人际责任归因的作用》，《心理学报》2017年第3期；Lerner, J. S., Han, S., & Keltner, D. (2007). Feelings and consumer decision making: Extending the appraisal-tendency framework. *Journal of Consumer Psychology*, 17(3), 181-187.

③ 马歇尔·麦克卢汉：《理解媒介：论人的延伸》，何道宽译，译林出版社2019年版。

不纠正这些行为将可能导致严重后果；最后，为越轨者贴上负面标签，例如将"摩登派"和"摇滚派"描绘成具有威胁性的"民间恶魔"。①在媒体的渲染下，公众容易陷入道德恐慌，并期望社会层面采取措施以消除这种恐慌。

斯图亚特·霍尔（Stuart Hall）等学者指出，警察、司法部门等权威机构是道德恐慌的主要制造者，而媒体则在这一过程中扮演了推波助澜的角色。②根据霍尔的道德恐慌理论，权威机构被视为社会事件的"主要定性者"。当这些机构对某些事件做出过度反应时，往往会夸大其社会负面影响，从而引发公众的认知偏差，即高估事件对社会道德的威胁，进而诱发普遍的焦虑和恐慌情感。媒体则通过将这种被夸大的威胁转化为通俗易懂的语言，并将其描绘为广泛存在的社会现象，进一步加剧了道德恐慌的蔓延。这一过程不仅强化了公众对社会道德崩溃的担忧，还为权威机构赢得了公众的支持，使其能够更有效地实施对社会的控制。

社交媒体的兴起对科恩所强调的传统大众媒体在道德恐慌中的核心地位提出了挑战，同时也动摇了传统道德恐慌理论的根基。③在过去，道德恐慌的形成过程离不开权威机构的定性以及大众媒体的广泛传播。然而，社交媒体时代赋予了公众独立调查、评判、定性甚至对道德违规者实施"惩罚"的权力。报纸、电视等大众媒体不再是道德恐慌蔓延的必要渠道，而警方和法院等权威机构也不再是事件的主要定性者和惩戒

① Cohen, S. (2011). *Folk devils and moral panics*. Routledge.
② Hall, S., Critcher, A., Jefferson, T., Clarke, J., & Roberts, B.(2017). *Policing the crisis: Mugging, the state, and law and order*. Bloomsbury Publishing.
③ Ingraham, C., & Reeves, J. (2016). New media, new panics. *Critical studies in media communication*, 33(5), 455-467.

者。取而代之的是，社交媒体成为新的"审判场"，普通网民得以自行揭露和制裁所谓"越轨行为"，这可能会催生网络暴力[①]，所谓的越轨者可能在社交媒体中遭遇谩骂、羞辱甚至死亡威胁等。这种转变不仅改变了道德恐慌的形成机制，也重新定义了社会控制的方式——公众能够直接参与对所谓越轨者的"审判"与"惩罚"，使得社交媒体成为道德恐慌的新场域。

与传统媒体相比，社交媒体为道德恐慌的滋生与蔓延提供了全新的土壤，其负面影响更为广泛且深远。[②]首先，社交媒体时代的信息生态发生了显著变化。虚假信息、错误信息以及阴谋论等内容呈指数级增长，这些信息不仅扰乱了公众对事实的认知，还会动摇社会信任的根基。[③]与此同时，色情、暴力、不文明言论等不良内容的广泛传播，进一步侵蚀了社会道德体系，扭曲了社会价值观，对社会的健康发展构成了严重威胁。[④]其次，社交媒体的传播机制助长了情绪化和煽动性内容的扩散。能够激发公众负面情感或煽动社会对立的内容更容易获得大量关注并成

① Walsh, J. P. (2020). Social media and moral panics: Assessing the effects of technological change on societal reaction. *International Journal of Cultural Studies*, 23(6), 840-859.

② Walsh, J. P. (2020). Social media and moral panics: Assessing the effects of technological change on societal reaction. *International Journal of Cultural Studies*, 23(6), 840-859.

③ Bennett, W. L., & Livingston, S. (2018). The disinformation order: Disruptive communication and the decline of democratic institutions. *European Journal of Communication*, 33(2), 122-139; Scheufele, D. A., & Krause, N. M. (2019). Science audiences, misinformation, and fake news. *Proceedings of the National Academy of Sciences*, 116(16), 7662-7669.

④ Einwiller, S. A., & Kim, S. (2020). How online content providers moderate user generated content to prevent harmful online communication: An analysis of policies and their implementation. *Policy & Internet*, 12(2), 184-206.

为热门话题。这种情绪化的传播模式不仅加剧了网络空间的戾气，还使公众容易陷入对社会问题的误判，从而引发普遍的恐慌、焦虑和担忧。[①]此外，社交媒体平台的算法推荐机制也在无形中加剧了道德恐慌。算法根据用户的偏好推送信息，导致用户长期处于同质化的信息环境中。这种"信息茧房"效应使用户在不断强化自身观点的过程中逐渐趋向极端化，进而引发群体对立和社会分裂。[②]更为严重的是，社交媒体中大量虚假账号和社交机器人的出现，干扰了正常的舆论走向。这些社交机器人通过操纵舆论扭曲公众的认知，威胁正常的道德和价值观体系，破坏社会秩序。[③]综上所述，社交媒体在内容传播、情感激发、算法推荐以及舆论操控等方面的特性，使其成为道德恐慌滋生的温床。

社交媒体时代，道德恐慌的另一个关键特征在于其与网络舆情或网络负面热点事件的交织与共生。[④]马里乌斯·约嫩（Marius Johnen）等学者指出，网络热点事件同样具备道德恐慌的五个特征：其一，对被指控方表现出强烈的敌意；其二，担忧被指控方的行为会对社会道德构成威胁；其三，这种担忧往往被夸大，远超客观威胁的实际程度；其四，

[①] O'Callaghan, P. (2020). Reflections on the root causes of outrage discourse on social media. In M. C. Navin, & R. Nunan (eds.), *Democracy, populism, and truth* (pp. 115-126). Springer.

[②] Baym, N. K. (2013). Data not seen: The uses and shortcomings of social media metrics. *First Monday*, 18(10); Russell Neuman, W., Guggenheim, L., Mo Jang, S. A., & Bae, S. Y. (2014). The dynamics of public attention: Agenda-setting theory meets big data. *Journal of Communication*, 64(2), 193-214; Pariser, E. (2011). *The filter bubble: How the new personalized web is changing what we read and how we think*. Penguin.

[③] Ferrara, E., Varol, O., Davis, C., Menczer, F., & Flammini, A. (2016). The rise of social bots. *Communications of the ACM*, 59(7), 96-104.

[④] Johnen, M., Jungblut, M., & Ziegele, M. (2018). The digital outcry: What incites participation behavior in an online firestorm? *New Media & Society*, 20(9), 3140-3160.

敌意和担忧情感在特定群体中普遍存在，有一定的共识性；其五，这些情感在短时间内迅速爆发并快速消散。[①]

与传统媒体时代的道德恐慌相比，网络热点事件中的道德恐慌呈现出显著不同的特征。首先，其普遍性和群体共识性更强。社交媒体的点赞、热搜及网络社群等功能，使公众能轻松找到观点相似者，共同宣泄愤慨，强化了群体共识。[②]其次，道德恐慌的蔓延速度更快。过往研究数据显示，一个热搜话题从出现到关注度飙升至峰值，往往仅需短短数小时，然后该话题又迅速淡出公众视野，这种短时间的起伏强化了道德恐慌的波动特性。[③]最后，愤怒情感与敌意言论的出现频率较高。在网络环境下，用户容易放松自我约束，倾向于肆意宣泄愤怒情感或发表敌意言论。这一现象一方面源于用户无法直接看到对方的反应，从而减少了他们对自己言行可能对他人造成伤害的感知。[④]另一方面，由于网络监管机制尚不完善，用户无须担心因发布敌意言论而受到惩罚。[⑤]

① Goode, E., & Ben-Yehuda, N. (1994). *Moral panics: The social construction of deviance*. Wiley.

② Ellison, N. B., Steinfield, C., & Lampe, C. (2011). Connection strategies: Social capital implications of Facebook-enabled communication practices. *New Media & Society*, 13(6), 873-892.

③ Pfeffer, J., Zorbach, T., & Carley, K. M. (2014). Understanding online firestorms: Negative word-of-mouth dynamics in social media networks. *Journal of Marketing Communications*, 20(1-2), 117-128.

④ Postmes, T., Spears, R., & Lea, M. (1998). Breaching or building social boundaries? SIDE-effects of computer-mediated communication. *Communication Research*, 25(6), 689-715; Rösner, L., & Krämer, N. C. (2016). Verbal venting in the social web: Effects of anonymity and group norms on aggressive language use in online comments. *Social Media+ Society*, 2(3), 2056305116664220.

⑤ Macaulay, P. J., Betts, L. R., Stiller, J., & Kellezi, B. (2022). Bystander responses to cyberbullying: The role of perceived severity, publicity, anonymity, type of cyberbullying, and victim response. *Computers in Human Behavior*, 131, 107238.

　　无论是传统道德恐慌，还是社交媒体环境下的道德恐慌，都显著呈现出夸大社会威胁、引发公众担忧的特点。[1]如前几章所述，高估热点事件的严重性与负面性，可能影响公众对原因的归咎和责任的推断。当负面热点事件引发道德恐慌时，意味着人们已将其视为重大社会威胁，认为它对现有社会制度构成挑战。此时，人们不仅可能将负面事件责任归咎于被指控的个体、群体或组织，还可能归咎于制度缺陷，认为是现有制度不完善导致了事件发生。这种情境归因偏见，会进一步促使公众寻求社会层面的治理方案。[2]

第三节　道德情感与亲社会行为

　　韦纳指出，同情能够促进人们的亲社会行为，是维持社会正义的重要力量。[3]同情（sympathy）一词常常与共情（empathy）混用，然而，埃斯卡拉斯（Escalas）和斯特恩（Stern）明确指出，二者存在本质区别：同情多源于旁观者对他人感受的理解和关切；而共情者是全身心投入，会切身与他人感受融为一体。[4]举例来说，当一个人目睹一场灾难时，出于同情，会意识到自己和受灾者有距离，然后从认知上主动理解对方，

---

[1] Cohen, S. (2011). *Folk devils and moral panics*. Routledge; Ingraham, C., & Reeves, J. (2016). New media, new panics. *Critical Studies in Media Communication*, 33(5), 455-467.

[2] Ji, Y. (2023). The impacts of locus of crisis outcome control on responsibility attribution in hindsight: Focusing on comparisons between the American and Chinese public. *Chinese Journal of Communication*, 16(3), 303-323; Ji, Y., & Kim, S. (2023). The impacts of social media bandwagon cues on public demand for regulatory intervention during corporate crises. *Journal of Contingencies and Crisis Management*, 31(3), 392-405.

[3] 伯纳德·韦纳：《归因动机论》，周玉婷译，中国人民大学出版社2020年版。

[4] Escalas, J. E., & Stern, B. B. (2003). Sympathy and empathy: Emotional responses to advertising dramas. *Journal of Consumer Research*, 29(4), 566-578.

为其痛苦遭遇揪心。与之不同，共情是一种由情感驱使的无意识的融合反应。看到灾难场景，有些人会不自觉流泪，这就是共情。当涉事方深陷不可控的负面事件时，也就是说涉事方无须为负面事件承担责任，这会引发旁观者对涉事方的同情，进而激发旁观者的助人行为。[①]以网络暴力事件为例，旁观者通常会对受害者的遭遇产生同情，并通过呼吁监管介入等方式进行干预，帮助受害者摆脱困境。这一"无责—同情—助人"的归因和情感驱动行为序列，已在不同文化背景和多种社会情境中得到验证。

　　研究表明，积极情感有助于缓解基本归因错误这一归因偏见。[②]根据积极心理学中的拓展—构建理论（broaden-and-build theory），同情等积极的道德情感能够拓展人们的思维与行动范畴。[③]当旁观者的同情情感被激发时，他们的关注点不仅局限于对涉事方行为本身的对错判断，还会关注社会情境如何塑造和限制涉事方的行为。这种思维的拓展使得人们在归因和责任推断时，能够更全面地考虑情境因素，而不仅仅将事件的原因归咎于涉事方的性格或动机，从而有效矫正了基本归因错误。[④]

————————　①　伯纳德·韦纳：《归因动机论》，周玉婷译，中国人民大学出版社 2020 年版。

②　Yarritu, I. (2024). Moral elevation affects the causal attributions about others' behavior. *The Journal of Positive Psychology*, 19(3), 430-441.

③　Fredrickson, B. L. (2004). The broaden-and-build theory of positive emotions. *Philosophical Transactions: Biological Sciences*, 359(1449), 1367-1377; Yarritu, I. (2024). Moral elevation affects the causal attributions about others' behavior. *The Journal of Positive Psychology*, 19(3), 430-441.

④　Fredrickson, B. L. (2004). The broaden-and-build theory of positive emotions. *Philosophical Transactions: Biological Sciences*, 359(1449), 1367-1377; Yarritu, I. (2024). Moral elevation affects the causal attributions about others' behavior. *The Journal of Positive Psychology*, 19(3), 430-441.

值得注意的是，韦纳曾主张愤怒会导致攻击行为。[①]然而，越来越多的研究开始关注愤怒在推动亲社会行为方面的作用。[②]在负面事件中，涉事方的不当行为可能激发旁观者对公正和平等的追求，进而引发旁观者的愤怒。在愤怒情绪的驱动下，旁观者极有可能介入事件，采取行动惩罚涉事方，寻求公平正义的回归，从而化解自己的愤怒情绪。可以说，愤怒的底层逻辑是对共享道德规范遭到违背的反应。[③]已有研究证明，在性别歧视、种族主义等多种社会情境中，愤怒往往能转化为帮助弱者、惩戒过错方的亲社会行为。[④]

随着社交媒体的不断发展，负面网络热点事件频繁涌现，公众接触各类越轨事件的频率大幅增加。[⑤]当公众观察到越轨事件时，往往会对事件进行归因和责任推断。若该事件被归因于涉事方本可以控制的因素，作为旁观者的公众更有可能体验到愤怒。[⑥]这是由于原因的可控性意味着涉事方应承担道德责任，进而激发公众要求改变现状、追求正义、维护共同体道德规范的愤怒情感反应。[⑦]例如，2014 年美国一名非裔黑人

---

① 伯纳德·韦纳：《归因动机论》，周玉婷译，中国人民大学出版社 2020 年版。
② van Doorn, J., Zeelenberg, M., & Breugelmans, S. M. (2014). Anger and prosocial behavior. *Emotion Review*, 6(3), 261-268; van Doorn, J., Zeelenberg, M., Breugelmans, S. M., Berger, S., & Okimoto, T. G. (2018). Prosocial consequences of third-party anger. *Theory and Decision*, 84(4), 585-599.
③ 曾持：《"媒介化愤怒"的伦理审视——以互联网中的义愤为例》，《国际新闻界》2022 年第 3 期。
④ van Doorn, J., Zeelenberg, M., & Breugelmans, S. M. (2014). Anger and prosocial behavior. *Emotion Review*, 6(3), 261-268.
⑤ Pfeffer, J., Zorbach, T., & Carley, K. M. (2014). Understanding online firestorms: Negative word-of-mouth dynamics in social media networks. *Journal of Marketing Communications*, 20(1-2), 117-128.
⑥ 伯纳德·韦纳：《归因动机论》，周玉婷译，中国人民大学出版社 2020 年版。
⑦ van Doorn, J., Zeelenberg, M., Breugelmans, S. M., Berger, S., & Okimoto, T. G. (2018). Prosocial consequences of third-party anger. *Theory and Decision*, 84(4), 585-599.

青年在没有携带武器的情况下被一名白人警察拦截，随后遭到枪击身亡。这一事件引发了全美境内大规模抗议活动，愤怒的声浪席卷线上社交媒体和线下游行活动。该事件之所以引发强烈的愤怒，一大原因在于公众将这类事件归因于深植于美国社会制度中的种族偏见和警察暴力执法，这些因素被视为本可以控制且亟待社会加以改变的。此事件促使美国各界对种族隔阂进行反思与呼吁，还引发了联合国禁止酷刑委员会对美国警察野蛮执法行为的谴责。由此可见，愤怒这类道德情感在凝聚社会力量、推动正义进程方面发挥着重要作用。

需要指出的是，与基于同情而形成的以己度人的共同体关系相比，以愤怒为基础构建起来的共同体关系更为稳固。[1]对于深刻认同道德规范的公众来说，一旦目睹道德规范遭到破坏，愤怒便会本能地涌上心头。这愤怒源于对公平正义的执着、对扬善惩恶的坚守。愤怒能够点燃内心对道德价值的渴望，赋予人们践行亲社会行为的动力与勇气。为了维护道德价值而凝聚起来的共同体，更具有稳定性和凝聚力；共同体成员在捍卫道德中更能产生共鸣与连接，协同追求更广泛的社会福祉。

第四节　小结

本章开头点明，道德情感是一种归因相关情感，并且与他人利益、社会福祉紧紧相连。紧接着，着重分析了道德情感带来的双重影响：一方面，剖析了它的消极影响，比如在道德恐慌的情况下，公众容易把负

---

[1] 曾持：《"媒介化愤怒"的伦理审视——以互联网中的义愤为例》，《国际新闻界》2022 年第 3 期。

面事件过度解读成社会威胁，进而产生情境归因偏见；另一方面，探讨了它的积极作用，比如愤怒和同情能推动人们做出亲社会行为。本章通过结合归因过程来理解道德情感是如何产生和表达的，并指出，虽然情感是强大的驱动力，但要是缺乏理性思考的指引，公众可能会陷入偏见与误解。所以，面对复杂的社会现象，公众要保持清醒的认知，深入理解情感背后的因果联系，这样才能做出公正的道德判断。

有偏见而自知

第四篇

ATTRIBUTION BIAS IN ONLINE FIRESTORM

第十五章

归因偏见：一个敏感性概念

不加批判地固守刻板印象会使我们对许多本应被纳入考虑的东西视
而不见。

——沃尔特·李普曼

偏见普遍存在且是导致歧视的主要原因。除显性偏见外，内隐偏
见作为无意识偏见，更易引发歧视。"内隐态度革命"倡导者马扎
林·贝纳基（Mahzarin R. Banaji）和安东尼·格林沃尔德（Anthony G.
Greenwald），强调认识内隐偏见的重要性，并通过专著《盲点：好人
的潜意识偏见》推动该概念普及。本书认为，归因偏见属于一种内隐偏
见，也是一个敏感性与启发性概念，呼吁公众有偏见而自知。

第一节　偏见的概念界定

中文里，"偏"有偏向和片面等含义，"见"表示见解、看法等，因此，"偏
见"指的是片面、有偏向的观点和看法。"偏见"一词最早出现在《汉书》，

《汉书·杜邺传》的原文是"疏贱独偏见，疑内亦有此类"。这里的"偏见"指的是杜邺作为旁观者的片面看法。后来，唐代学者颜师古为该句作注"邺自谓傍观而见之也"，即将"偏见"理解为一种局外人的视角，具有一定的主观性。《汉书·匈奴传·赞》中有原文："缙绅之儒则守和亲，介胄之士则言征伐，皆偏见一时之利害，而未究匈奴之终始也。"在此，"偏见"指的是缙绅之儒和介胄之士各自局限于自己的立场，未能全面考虑匈奴问题的历史背景。《庄子·齐物论》虽未直接使用"偏见"一词，但晋朝玄学家郭象为"与物相刃相靡……不亦悲乎"作注时，写道："各信其偏见，而恣其所行，莫能自反。"此处的"偏见"指的是人们固守自己片面的见解，无法自我反思。从这些早期文献中可以看出，"偏见"一词在汉代和晋代已被使用，主要用来描述一种片面的、主观的看法，这一语义在历史发展中得以传承并延续至今。在现代汉语中，"偏见"指"片面而不公正的见解或成见"。这一概念凸显了"偏见"的两个核心特征：片面性和不公正性。与古代文献中侧重于主观和片面的观点不同，现代汉语中的"偏见"更加强调其贬义内涵，尤其体现在对社会公平和群体关系的负面影响上。例如，"种族偏见"或"性别偏见"等用法，将偏见理解为对特定群体或个人持有的负面态度。这种负面态度不仅反映了认知上的偏差，还可能导致对个体或群体的歧视，使其陷入不公平的待遇中，因此在当代偏见特别值得我们关注。

　　"偏见"一词的英文翻译既有 bias，也有 prejudice。在戈登·奥尔波特（Gordon W. Allport）的《偏见的本质》以及道格拉斯·贝斯黑莱姆（Douglas W. Bethlehem）的《偏见心理学》英文原版中，所使用的术语均为 prejudice。^①而在埃利奥特·阿伦森（Elliot Aronson）的《社会性动物》一书中，prejudice 与 bias 是互换使用的。^②Prejudice 是由拉丁语前缀"prae-"（预先）和名词"judicium"（判断）的组合而来，指依照过去的经验做出的预判，带有一种先入为主或未经考虑的内涵。^③Prejudice 一词最初并不带有明显的正面或负面的价值取向。然而，依据经验做出的判断或先入为主的判断往往导致不全面、不准确或过度简化的结论，从而产生贴标签、刻板印象等现象，进而使某些个体、群体或事物陷于不利地位。因此，prejudice 一词渐渐被赋予了贬义内涵。^④Bias，也译作偏差，源自中古法语"biais"，这一词形可能来源于普罗旺斯语或意大利语，意指"斜的"或"倾斜的"。该词在 14 世纪进入英语，最初用来指代偏离直线或倾斜的物理状态，随后逐渐引申为"偏见"或"倾向性"的抽象含义，象征着一种不对称、不平衡或有偏向性的看法或行为。^⑤

尽管 prejudice 和 bias 在中文中都可译为偏见，意指片面、倾向性乃至不公正的观点，但二者在概念内涵上存在显著差异。从概念范畴来看，bias 是一个更为宽泛的术语，它泛指任何形式的倾向或偏好，这种倾向性本身并不必然带有负面价值判断；其适用对象不仅局限于人，也

———————
① 戈登·奥尔波特：《偏见的本质》，徐健吾译，中国人民大学出版社 2021 年版；道格拉斯·W. 贝斯黑莱姆：《偏见心理学》，邹海燕、郑佳明译，湖南人民出版社 1989 年版；Bethlehem, D., W. (2015) *A social psychology of prejudice*. Psychology Press.
② 埃利奥特·阿伦森：《社会性动物》，邢占军译，华东师范大学出版社 2007 年版；Aronson, E. (2004). *The social animal* (9th ed.). Worth Publishers.
③ 戈登·奥尔波特：《偏见的本质》，徐健吾译，中国人民大学出版社 2021 年版；Allport, G. W. (1954). *The nature of prejudice*. Addison-Wesley.
④ 埃利奥特·阿伦森：《社会性动物》，邢占军译，华东师范大学出版社 2007 年版；Aronson, E. (2004). *The social animal* (9th ed.). Worth Publishers.
⑤ Barnhart, R. K. (1988). *The Barnhart Dictionary of Etymology*. H.W. Wilson Company.

可延伸至事物或观点等；此外，bias 通常不涉及强烈的情感因素。相比之下，prejudic 则指针对特定个人或群体的负面或先入为主的判断，其对象通常是人，且带有明显的负面价值判断和强烈的情感色彩。从研究领域来看，偏见（bias）更常受到认知心理学、决策科学和行为科学等学科的关注。研究表明，偏见在决策过程中广泛存在，通常源自大脑的自动化处理方式。例如，诺贝尔经济学奖得主阿莫斯·特沃斯基（Amos Tversky）和卡尼曼提出的启发式决策理论认为，人们在处理复杂信息时往往依赖于简化的认知捷径（启发式），这种方式虽然高效，却常常导致系统性的错误，这些错误通常被称为认知偏见。[1]认知心理学家还进一步区分显性偏见（explicit bias）和内隐偏见（implicit bias）。[2]显性偏见是指个体能够明确意识并公开表达的偏见。例如，某些招聘启事直接表明倾向于男性。与之相对，内隐偏见则植根于个体的潜意识层面，表现为对特定群体或个体无意识的态度倾向和偏好。这种无意识的偏见通常难以通过传统的态度测量方法捕捉，却能在潜移默化中影响个体的行为模式和决策过程。引发"内隐态度革命"的心理学大师格林沃尔德和贝纳基指出，即使个体在意识层面否认存在偏见，其潜意识中仍可能持有对某些群体的负面认知倾向。这种内隐偏见普遍存在于社会互动中，在涉及种族、性别和社会阶层的判断时表现得尤为显著，对人际交往和社会公平产生深远影响。[3]与偏见（bias）的研究相比，社会心理学者，

————————

[1] Tversky, A., & Kahneman, D. (1974). Judgment under uncertainty: Heuristics and biases. *Science*, 185(4157), 1124-1131.

[2] Greenwald, A. G., & Banaji, M. R. (1995). Implicit social cognition: Attitudes, self-esteem, and stereotypes. *Psychological Review*, 102(1), 4-27.

[3] Greenwald, A. G., & Banaji, M. R. (1995). Implicit social cognition: Attitudes, self-esteem, and stereotypes. *Psychological Review*, 102(1), 4-27.

尤其是那些关注群体关系和社会不平等的学者（如奥尔波特），更倾向于围绕偏见（prejudice）展开研究。鉴于本书聚焦于认知偏见这一现象，并未明确带有负面价值判断，因此将其视为一种人类无法完全避免的认知倾向，这种倾向会影响后续的态度和行为。因此，本书基于认知科学和行为科学的传统，在英文书名中使用了"bias"一词，而非"prejudice"。

第二节　觉察偏见

认知偏见、内隐偏见以及社会偏见等研究揭示偏见不论在个体认知层面还是社会结构层面都普遍存在。[1]本书在第十章和第十一章多次指出，人类的认知资源是有限的，认知事物时倾向于简单概括、范畴化，或依赖启发式线索来快速做出决策。[2]这种认知方式易使人陷入认知偏见，忽视认知对象的多样性与复杂性。特沃斯基和卡尼曼的研究显示，偏见并非个别情况，而是普遍存在于决策过程中，影响人们在不确定与复杂情境下的判断。[3]内隐偏见在社会互动中同样普遍。帕特里夏·迪瓦恩（Patricia G. Devine）发现，即便个体不承认对某群体存在偏见，

---

[1] 戈登·奥尔波特:《偏见的本质》，徐健吾译，中国人民大学出版社2021年版; Greenwald, A. G., & Banaji, M. R. (1995). Implicit social cognition: Attitudes, self-esteem, and stereotypes. *Psychological Review*, 102(1), 4-27; Tversky, A., & Kahneman, D. (1974). Judgment under uncertainty: Heuristics and biases. *Science*, 185(4157), 1124-1131.

[2] Fiske, S. T., & Taylor, S. E. (1984). *Social cognition*. Addison-Wesley; Tversky, A., & Kahneman, D. (1974). Judgment under uncertainty: Heuristics and biases. *Science*, 185(4157), 1124-1131.

[3] Tversky, A., & Kahneman, D. (1981). The framing of decisions and the psychology of choice. *Science*, 211(4481), 453-458.

无意识中，偏见仍会在其行为中显现，进而引发歧视行为。[1]内隐偏见在与种族、性别、年龄不同的群体交往时更为明显。[2]社会认同理论指出，人们倾向于将自己归入某一群体以区别于其他群体，这种社会分类导致内、外群体之分；当把他人归为外群体时，即便群体间无利益与资源竞争，群体间偏见也会自然产生。群体间存在一种比较倾向，即对内群体表现出偏好，对外群体加以歧视，这种比较有助于提升内群体的社会认同感。[3]托马斯·佩蒂格鲁（Thomas F. Pettigrew）指出，社会偏见与群体间的不平等密切相关。[4]社会支配理论认为，偏见是社会结构中维护并合理化群体间权力不平等的工具。也就是说，社会中的偏见不仅是个体的认知偏差，更是深层次的社会不平等的体现。[5]

尽管偏见普遍存在，但其影响不容小觑。偏见不仅会使个体对他人做出有失公允的评判，还可能在群体互动与社会结构层面引发长期的负面效应。从个体层面而言，偏见会干扰个体的理性判断，致使决策出现偏差，例如在资源分配上持有特定的偏向。[6]同时，偏见会致使人们对特

[1] Devine, P. G. (1989). Stereotypes and prejudice: Their automatic and controlled components. *Journal of Personality and Social Psychology*, 56(1), 5-18.
[2] Greenwald, A. G., & Banaji, M. R. (1995). Implicit social cognition: Attitudes, self-esteem, and stereotypes. *Psychological Review*, 102(1), 4-27.
[3] Tajfel, H., & Turner, J. C. (1979). An integrative theory of intergroup conflict. In W. G. Austin, & S. Worchel (Eds.), *The social psychology of intergroup relations* (pp. 33-47). Brooks/Cole Publishing Company; Turner, J. C. (1975). Social comparison and social identity: Some prospects for intergroup behaviour. *European Journal of Social Psychology*, 5(1), 1-34.
[4] Pettigrew, T. F. (1998). Intergroup contact theory. *Annual Review of Psychology*, 49(1), 65-85.
[5] Sidanius, J., & Pratto, F. (1999). *Social dominance: An intergroup theory of social hierarchy and oppression*. Cambridge University Press.
[6] Tversky, A., & Kahneman, D. (1981). The framing of decisions and the psychology of choice. *Science*, 211(4481), 453-458.

定群体滋生不宽容、敌意甚至仇恨的情绪，进而引发人际关系的冲突。[①]
对于偏见的受害者来说，偏见会使得他们通过否认自己的身份、警惕和
敏感、退缩与被动等方式进行自我防御。[②]尽管奥尔波特指出偏见可能
增强受害者对内群体的认同，但这并不意味着偏见值得肯定。奥尔波特
还从情境主义视角表明，偏见势必会对受害者的人格造成不可避免且难
以逆转的长期影响。[③]从群体层面来看，基于内外群体之分产生的偏见，
不利于群体间的和谐共处，还可能引发阶级冲突与社会分裂，最终演变
成结构性偏见，使低阶群体难以公平获取资源。[④]例如，种族偏见加剧
了黑人群体与白人群体之间的紧张关系，长期存在的种族偏见导致社会
资源分配不公等一系列问题。此外，社会层面的偏见对各个领域的公平
性都有所影响，比如司法公平、教育公平等。[⑤]

　　偏见广泛存在且难以彻底消除，因此，能在怀有偏见的同时保持自
知显得尤为关键。内隐偏见学者的最大贡献，便是引导人们认知内隐偏
见，使人们意识到，在自身毫无察觉的情况下，偏见可能悄然滋生，并

[①] Blumer, H. (1958). Race prejudice as a sense of group position. *Pacific Sociological Review*, 1(1), 3-7; Lowery, B. S., Hardin, C. D., & Sinclair, S. (2001). Social influence effects on automatic racial prejudice. *Journal of Personality and Social Psychology*, 81(5), 842.

[②] 戈登·奥尔波特：《偏见的本质》，徐健吾译，中国人民大学出版社2021年版。

[③] 戈登·奥尔波特：《偏见的本质》，徐健吾译，中国人民大学出版社2021年版；Major, B., & Vick, S. B. (2005). The psychological impact of prejudice. In J. F. Dovidio, P. Glick, & L. A. Rudman (Eds.), *On the nature of prejudice: Fifty years after Allport* (pp. 139-154). John Wiley & Sons.

[④] Bergamaschi, A., & Santagati, M. (2019). When friendship is stronger than prejudice. Role of intergroup friendships among adolescents in two distinct socio-cultural contexts of immigration. *International Review of Sociology*, 29(1), 36-57.

[⑤] Kang, J., Bennett, J. M., Carbado, D., Casey, P., Dasgupta, N., Faigman, D., Godsil, R., Greenwald, A. G., Levinson, J., & Mnookin, J. (2012). Implicit bias in the courtroom. *UCLA Law Review*, 59(5), 1124-1186.

进而引发歧视行为。[1]研究表明，相较于压抑无意识、自动化的内隐偏见，唯有意识到偏见及其负面影响，人们才能以批判性的视角审视偏见，进而采取干预措施加以缓解，甚至推动社会结构层面的变革。以性别不平等议题为例，随着内隐偏见概念在公共话语中的广泛传播，社会各界逐渐意识到，在科学、技术、工程、数学、医学等领域，女性的能力常常被低估。为有效应对因内隐偏见滋生的性别歧视现象，众多科研机构与科技公司积极行动，纷纷推行具有强制性的内隐偏见训练项目。这些项目意在引导个体直面自身潜在的内隐偏见，以及由这种偏见导致的职场性别不平等状况——女性处于弱势地位，而男性相对占据优势。与此同时，项目还会指导个体学习切实可行的减少歧视策略，助力个体重塑信念与行为模式，以营造更为公平的职场环境。[2]自省练习、内隐偏见测试等训练项目通常被视为可以有效减少偏见和歧视的方法。然而，学者也提出，仅靠个体层面的纠偏和矫正，并不足以改变弱势群体所遭受的不公平待遇，社会层面或制度层面的举措同样不可或缺。内隐偏见概念的提出者格林沃尔德等学者更是大力呼吁，将内隐偏见视作一个公共健康问题。他们期望借此唤起社会各界对内隐偏见的高度重视，进而推动社会层面展开系统性干预。[3]无论是侧重于个体的干预手段，还是着眼于社会整体的系统性举措，要真正付诸实践，首要前提都是能够敏锐地意识到内隐偏见的存在。而这，恰恰就是本篇所聚焦的主题——有偏见而自知。

———————————
[1] Greenwald, A. G., & Banaji, M. R. (1995). Implicit social cognition: Attitudes, self-esteem, and stereotypes. *Psychological Review*, 102(1), 4-27.

[2] Pritlove, C., Juando-Prats, C., Ala-Leppilampi, K., & Parsons, J. A. (2019). The good, the bad, and the ugly of implicit bias. *The Lancet*, 393(10171), 502-504.

[3] Greenwald, A. G., Dasgupta, N., Dovidio, J. F., Kang, J., Moss-Racusin, C. A., & Teachman, B. A. (2022). Implicit-bias remedies: Treating discriminatory bias as a public-health problem. *Psychological Science in the Public Interest*, 23(1), 7-40.

第三节　一个敏感性概念

社会学家布鲁默对概念进行了分类，将其划分为确定性概念（definitive concepts）与敏感性概念（sensitizing concepts）。[①]确定性概念指有着明确、具体定义的概念，它们既能被清晰地界定，又便于研究者操作。在研究中，确定性概念有助于对特定现象展开精准的描述与测量，从而使研究更具规范性与系统性。例如，在社会学研究中，"收入水平"和"犯罪率"等概念就有着明确的定义与操作性标准，属于确定性概念。而敏感性概念与之形成鲜明对比，其定义相对模糊且开放。它更多的是为研究提供一种视角或框架，并非严格意义上的概念界定或是测量标准。[②]凯西·卡麦兹（Kathy Charmaz）提议，研究者应将敏感性概念视为研究起点，而非经验分析的终点。[③]克劳斯·延森（Klaus B. Jensen）则指出，敏感性概念与确定性概念并非对立，而是构成一个连续统一体，敏感性概念经检验、改进与完善，能发展为确定性概念。[④]不过，布鲁默更青睐敏感性概念，因其能引导研究者思考社会现象，使其在观察与分析时保持敏感与开放。这正是敏感性概念又被称作启发性概念的缘由。

---

① Blumer, H. (2017). What is wrong with social theory? In N. K. Denzin (Ed.), *Sociological methods: A sourcebook* (pp. 84-96). Routledge.

② 陈辉、熊壮：《媒介逻辑与传播形构：媒介化研究中过渡概念分析性之考察》，《全球传媒学刊》2022 年第 2 期；Blumer, H. (2017). What is wrong with social theory? In N. K. Denzin (Ed.), *Sociological methods: A sourcebook* (pp. 84-96). Routledge; Jensen, K. B. (2013). Definitive and sensitizing conceptualizations of mediatization. *Communication Theory*, 23(3), 203-222.

③ Charmaz K. (2003). Grounded theory: Objectivist and constructivist methods. In N. K. Denzin, & Y. S. Lincoln (Eds.), *Strategies of qualitative inquiry* (2nd ed., pp. 249-291). Sage.

④ Jensen, K. B. (2013). Definitive and sensitizing conceptualizations of mediatization. *Communication Theory*, 23(3), 203-222.

李普曼提出的 "刻板印象"，是典型的敏感性概念。[①]它能帮助研究者理解，在社会互动中，简化的群体特征怎样影响个体行为或认知。虽然刻板印象难以精确量化，且在不同情境下表现不同，但它为研究者构建了理论框架，促使他们从多维度探讨社会群体间的偏见与误解。更为关键的是，"刻板印象" 这一概念对社会各界有重要启示，其广泛传播促使人们反思过度简化的群体印象，为减少偏见与歧视做出重要贡献。"媒介化"同样是具有代表性的敏感性概念。[②]这一概念的诞生，促使人们重新审视媒介在文化与社会中的作用，引导传播和媒介学者跳出传播内容、受众研究等传统范式，转而关注媒介作为社会底层逻辑，如何塑造社会与文化的各个层面，为媒介研究提供了新框架与一系列新问题。该概念的普及，还启发社会各界关注数字和智能媒介的迅猛发展对社会生活各方面产生的影响。

本书提出"归因偏见"也是一个值得社会各界高度关注的敏感性概念。作为敏感性概念，"归因偏见"的定义边界模糊且富有开放性。同时，作为敏感性概念，"归因偏见"也面临着难以被精确操作化与直接测量的困境。即便如此，"归因偏见"所蕴含的启发性与社会价值仍不容小觑。归因偏见，是一种无意识的内隐偏见。在社交媒体蓬勃发展的当下，众多网友在不知不觉中深陷归因偏见的泥淖。他们有时认为自己理性、中立与客观，却屡屡在不经意间沦为谣言、虚假信息的俘虏；有时坚信自

---

① 沃尔特·李普曼：《舆论》，常江、肖寒译，北京大学出版社 2018 年版。
② Hjarvard, S. (2013). *The mediatization of culture and society*. Routledge; Krotz, F. (2009). Mediatization: A concept with which to grasp media and societal change. In K. Lundby (Ed.), *Mediatization: Concept, changes, consequences* (pp. 21-40). Peter Lang.

己代表着公平、正义与良知，却在无意识中充当了舆论审判与网络暴力的帮凶；有时觉得自己思维清醒、独立且自主，却常常被极端情绪与言论左右；有时笃定群体内部与外部截然不同，却意外察觉彼此皆被算法与流量裹挟……在此背景下，本书殷切期望"归因偏见"这一概念，能为每一位社交媒体用户提供一个视角、一个契机，使其得以深入观察、理解并审视自身及其他网友的归因偏见。同时，也警醒每个用户，密切关注归因偏见可能引发的行为后果，从而减少网络时代屡见不鲜的观点与情感极化、舆论审判以及网络暴力等负面现象。不仅如此，"归因偏见"这一概念还能够为社会结构层面的系统性纠偏提供坚实的理论支撑。

第四节　小结

本章开篇对偏见的概念及其特征进行了明确界定，并详细区分了英文词汇"bias"与"prejudice"在概念内涵及研究语境上的差异，点明本书基于认知科学与行为科学的传统，在英文书名中选用"bias"一词。随后，本章指出偏见广泛存在于个体和社会层面，难以彻底消除。偏见不仅可能致使个体决策出现偏差、引发人际冲突，甚至可能滋生如种族偏见等结构性偏见。鉴于此，在有偏见的同时保持自省就显得格外重要。本章结合归因理论，将归因偏见定义为一个敏感性概念，期望借助这一概念，引导社交媒体用户更审慎地对待自身及他人的归因偏见，密切留意归因偏见可能引发的行为后果，进而抑制社交媒体时代频发的观点与情感极化、舆论审判及网络暴力等负面现象。

结 语

　　归因理论的集大成者韦纳，提出了"生活是法庭，人是法官"的隐喻。他假设，人们在面对生活中的各类事件时，会像法官一样，依据来源、稳定性与可控性这三个原因维度展开理性的因果推断，进而对责任进行判定。[1]然而，本书指出，在现实情境中，人们在进行归因与责任推断时，并非如法官般理性与严谨；实际上，人们很容易受到归因偏见的影响，进而产生判断偏差。20 世纪 70 年代，基本归因错误等归因偏见就已引起学者的关注。[2]相关研究表明，人们在归因过程中，倾向于依赖启发式线索，这使得他们不自觉地出现归因偏差与误判。[3]随着社交媒体的迅猛发展，相较于线下环境，人们在处理海量线上信息时，对启发式线索的依赖更为突出。[4]但遗憾的是，心理学学者较少关注因媒体环境变

——————— ① 伯纳德·韦纳：《归因动机论》，周玉婷译，中国人民大学出版社 2020 年版。

② Ross, L. (1977). The intuitive psychologist and his shortcomings: Distortions in the attribution process. In L. Berkowitz (Ed.), *Advances in experimental social psychology* (Vol. 10, pp. 173-220). Academic Press.

③ Tversky, A., & Kahneman, D. (1974). Judgment under uncertainty: Heuristics and biases. *Science*, 185(4157), 1124-1131.

④ Ji, Y., & Kim, S. (2023). The impacts of social media bandwagon cues on public demand for regulatory intervention during corporate crises. *Journal of Contingencies and Crisis Management*, 31(3), 392-405.

迁而产生的归因偏见，而媒介与传播学者又很少聚焦于归因偏见的理论创新。笔者的研究处于学科交叉地带，试图从传播学和网络舆论的研究视角出发，对社交媒体时代负面网络热点事件中的归因偏见现象进行反思，期望能通过将归因偏见定义为一个敏感性概念，让归因理论这一经典理论焕发新的生机。

归因理论为危机传播领域带来了重要启示，该领域的领军学者库姆斯受归因理论启发，提出了情境危机沟通理论。这一理论遵循 "谁导致，谁负责" 的单一对象归因模式。[①]文化心理学的研究显示，西方公众在进行归因时，往往将个体看成独立自主的存在，秉持个体行为由其自由意志决定的观点，从而倾向于把行为原因归结为个人性情，也就是所谓的性情归因。然而，东亚公众的归因方式与之不同。正如中国谚语 "近朱者赤，近墨者黑" 所表达的，东亚公众倾向于认为个体特质并非固定不变，而是会随着环境的改变而变化。所以，他们在归因时，不仅会审视个人特质，还常常会考虑情境因素的影响。[②]情境危机沟通理论诞生于西方自由主义与个人主义的文化土壤，不可避免地存在基本归因错误中所提及的性情归因偏见。本书对情境危机沟通理论进行了深入反思，并指出在社交媒体时代，当面对与社会议题相

———————— ① Coombs, W. T. (2007). Protecting organization reputations during a crisis: The development and application of situational crisis communication theory. *Corporate Reputation Review*, 10(3): 163-177.

② Choi, I., Nisbett, R. E., & Norenzayan, A. (1999). Causal attribution across cultures: Variation and universality. *Psychological Bulletin*, 125(1), 47-63; Hofstede, G. (1991). *Cultures and organizations: Software of the mind*. McGraw-Hill; Norenzayan, A., Choi, I., & Nisbett, R. E. (2002). Cultural similarities and differences in social inference: Evidence from behavioral predictions and lay theories of behavior. *Personality and Social Psychology Bulletin*, 28(1), 109-120.

关的负面热点事件时，无论是东方公众还是西方公众，都有可能陷入情境归因偏见。具体来说，涉事的组织或个体，连同涉事方所处的社会性情境因素，都会一同成为危机责任的承担主体。并且，这两类责任承担主体并非彼此平行、互不关联。实际情况是，针对涉事方的指责，极有可能进一步延展至对相关社会性情境因素的指责。基于此假设，本书构建并提出了责任推断的二元对象模型。[1]

此外，情境危机沟通理论借鉴韦纳的归因理论，主张通过危机的来源、可控性与稳定性来判定危机成因，进而推断责任归属。[2]然而，本书持有不同观点，认为归因活动本质上是一种"马后炮"行为，即在危机事件发生后倒推危机原因。这一过程并非孤立进行，而是会受到公众对危机结果预判的显著影响。基于班杜拉的社会认知理论，笔者创新性地提出"结果可控性"概念，即公众会评估在负面热点事件中，谁能够掌控事件走向，使其达成令公众满意的结果。[3]笔者进一步将"结果可控性"概念细化为个人可控性、代理可控性和集体可控性三个维度，

---

[1] Ji, Y. (2023). The impacts of locus of crisis outcome control on responsibility attribution in hindsight: Focusing on comparisons between the American and Chinese public. *Chinese Journal of Communication*, 16(3), 303-323; Ji, Y., & Kim, S. (2020). Crisis-induced public demand for regulatory intervention in the social media era: Examining the moderating roles of perceived government controllability and consumer collective efficacy. *New Media & Society*, 22(6), 959-983.

[2] Coombs, W. T. (2007). Protecting organization reputations during a crisis: The development and application of situational crisis communication theory. *Corporate Reputation Review*, 10(3): 163-177.

[3] Ji, Y. (2023). The impacts of locus of crisis outcome control on responsibility attribution in hindsight: Focusing on comparisons between the American and Chinese public. *Chinese Journal of Communication*, 16(3), 303-323; Ji, Y., & Kim, S. (2020). Crisis-induced public demand for regulatory intervention in the social media era: Examining the moderating roles of perceived government controllability and consumer collective efficacy. *New Media & Society*, 22(6), 959-983.

意味着结果可控性的控制点分别为个体本人、代理行动者和集体行动者。公众对不同结果可控性控制点的评估，会直接影响他们的归因判断。例如，当公众认为作为代理行动者的政府能掌控负面热点事件的结果时，便更容易陷入情境归因偏见。这是因为，无论事件实际是由谁导致的，鉴于政府能够作为公众的代理人实现他们期望的危机结果，公众就会认定政府应对事件的解决和治理负责。一旦负面事件成为热点，并与社会议题相关联，致使公众觉得负面事件已对整个社会构成严重威胁时，公众便会呼吁作为代理行动者的政府，通过监管、立法、政策制定等手段对负面事件进行治理，期望以此系统性纠正相关社会问题。①

本书系统梳理了影响公众形成情境归因偏见与治理诉求的诸多因素，如责任框架、流行度线索以及信源线索。在社交媒体环境下，帖子是公众了解网络热点事件的重要渠道。然而，社交媒体帖子内容中的责任框架（作为一种内容线索），对情境归因的影响存在一定局限性，且易受流行度线索等非内容线索干扰。②具体而言，对于那些鲜有人关注的社交媒体帖子，责任框架能够发挥较大影响力。但当帖子在社交媒体

① Heath, R. L., & Palenchar, M. J. (2008). Issue management and crisis communication. In R. L. Heath, & M. J. Palenchar (Eds.), *Strategic issues management: Organizations and public policy challenges*. (pp.125-156). Sage Publications; Ji, Y. (2023). The impacts of locus of crisis outcome control on responsibility attribution in hindsight: Focusing on comparisons between the American and Chinese public. *Chinese Journal of Communication*, 16(3), 303-323; Ji, Y., & Kim, S. (2020). Crisis-induced public demand for regulatory intervention in the social media era: Examining the moderating roles of perceived government controllability and consumer collective efficacy. *New Media & Society*, 22(6), 959-983.

② Ji, Y., & Kim, S. (2023). The impacts of social media bandwagon cues on public demand for regulatory intervention during corporate crises. *Journal of Contingencies and Crisis Management*, 31(3), 392-405.

上备受瞩目时，无论其采用何种责任框架，公众都会倾向于将帖子中所提及的负面事件视为显著的社会问题。进而，公众会更倾向于把负面事件的责任归结到社会性情境因素上，即产生情境归因，并且期望从社会层面探寻解决问题的办法。此外，在社交媒体时代，偶遇式信息接触以及信息来源的多元化，增加了用户判断帖子可信度的复杂性。这使得公众在信息传播过程中，依赖信源线索作为评估依据。在某些特定条件下，信源线索同样会对公众的治理诉求产生影响。

另外，公众自身的其他认知偏见也会影响公众的归因倾向。例如，确认性偏见使公众倾向于寻找、解读和回忆能够证实自己既有信念的信息，而忽视那些相悖的证据。在面对网络热点事件时，这会导致公众只关注支持自己既有观点的信息，进而强化特定的归因倾向。敌意归因偏见则使公众在不确定对方意图的情况下，更倾向于将他人的行为归因为恶意，这种偏见在网络热点事件的讨论中，容易引发公众对涉事方的无端指责与攻击行为，加剧网络暴力的蔓延。

本书秉持理论发展应兼顾文化普遍性与文化特殊性的观点。[①]基于此，笔者在跨国情境下，对社交媒体时代的性情归因、情境归因以及随之产生的治理诉求展开检验。研究结果表明，在社交媒体时代，一旦负面事件演变为网络热点事件，无论是东方还是西方的公众，都表现出情境归因的倾向。这是由于事件的热门程度会增强公众对事件严重性的感知，进而放大其对社会的威胁感。公众由此认为，有必要进行社会层面的系统性纠正，这就导致了情境归因偏见的产生，并促使公众呼吁政府

---

① Norenzayan, A., & Heine, S. J. (2005). Psychological universals: What are they and how can we know? *Psychological Bulletin*, 131(5), 763-784.

监管介入，期望通过立法、出台政策法规或整顿行业等根本性措施，来防止类似事件再次发生。然而，东西方公众在归因过程中仍存在差异。在西方，公众对社交媒体帖子内容的接受程度，受其固有性情归因倾向的影响。当内容中的责任框架与他们的性情归因倾向相符时，社交媒体上好友发布的帖子更具说服力；反之，当责任框架与他们的固有归因倾向相悖时，陌生人发布的帖子更具说服效果。在东亚地区，流行度线索对公众的治理诉求发挥着边界作用。当公众阅读热门帖子时，无论信息来源是谁，他们都更倾向于呼吁采取社会层面的治理举措。但是，当帖子关注度较低时，只有当帖子发布者是公众的社交媒体好友时，才更有可能激发公众的社会治理诉求。

在社交媒体盛行的当下，情绪化传播正逐渐取代理性传播，占据主导地位。鉴于此，本书探讨了与归因紧密相关的道德情感在负面网络热点事件中的角色。道德情感，是个体依据特定的道德准则，对自身或他人的行为及思想展开评价时所萌生的情感体验。这一情感体验，广泛涉及对错、善恶以及恰当与否等价值判断与社会规范。在韦纳的动机归因理论架构里，道德情感处于核心位置，将归因活动与个体行为紧密相连。在负面网络热点事件中，道德情感具有两面性。像愤怒与同情这类道德情感，在一定程度上能够激发帮助弱者、惩戒过错方的亲社会行为。[①]然而，道德情感也可能走向极端，演变成道德恐慌。[②]一旦如此，公众便容易

[①] 伯纳德·韦纳：《归因动机论》，周玉婷译，中国人民大学出版社2020年版。

[②] Johnen, M., Jungblut, M., & Ziegele, M. (2018). The digital outcry: What incites participation behavior in an online firestorm? *New Media & Society*, 20(9), 3140-3160; Kim, S., Kang, H., Ji, Y., Chen, X., & Qu, J. (2021). Online firestorms in social media: Comparative research between China Weibo and USA Twitter. *Public Relations Review*, 47(1), 102010.

将负面事件过度解读为对社会的严重威胁，从而引发情境归因偏见。本书强调，尽管道德情感具备引发亲社会行为的驱动力量，但倘若缺乏理性思考的引导，公众极有可能陷入归因偏见与误解的泥沼。因此，面对纷繁复杂的社会现象，公众需保持清醒的认识，深刻洞悉情感相关的归因活动，唯有如此，方能做出公正的道德评判。

最后的最后，笔者想再次强调：归因偏见是一种无意识的内隐偏见。本书既不寻求对其进行精准的定义与测量，也无意探索针对它的纠正与干预之法，而是将它视为一个敏感性和启发性概念，提醒人们在归因时保持对偏见的敏感性。本书仅有一个纯粹的期望：更多社交媒体用户能够意识到，在网络舆论场域中，我们并非理性严谨的法官，而是有归因偏见的旁观者。存在偏见并不可惧，可贵的是能够自知。有偏见而自知，是我们应迈出的第一步。

参考文献

中文文献

[1] 埃利奥特•阿伦森：《社会性动物》，邢占军译，华东师范大学出版社 2007 年版。

[2] 伯纳德•韦纳：《归因动机论》，周玉婷译，中国人民大学出版社 2020 年版。

[3] 伯纳德•韦纳：《责任推断：社会行为的理论基础》，张爱卿、郑葳等译，华东师范大学出版社 2004 年版。

[4] 曹茹、白树亮：《试论现阶段我国网络舆论的特点》，《河北大学学报（哲学社会科学版）》2011 年第 2 期。

[5] 陈辉、熊壮：《媒介逻辑与传播形构：媒介化研究中过渡概念分析性之考察》，《全球传媒学刊》2022 年第 2 期。

[6] 陈龙：《"借题发挥"：一种中国特色的网络舆论话语生成模式》，《新闻与传播研究》2019 年第 12 期。

[7] 道格拉斯•W. 贝斯黑莱姆：《偏见心理学》，邹海燕、郑佳明译，湖南人民出版社 1989 年版。

[8] 段然：《"舆论 /public opinion?"：一个概念的历史溯源》，《新闻与传播研究》2019 年第 11 期。

[9] 戈登·奥尔波特：《偏见的本质》，徐健吾译，中国人民大学出版社 2021 年版。

[10] 汉娜·阿伦特：《人的境况》，王寅丽译，上海人民出版社 2009 年版。

[11] 胡泳、陈秋心：《舆情：本土概念与本土实践》，《传播与社会学刊》2017 年总第 40 期。

[12] 黄中业：《春秋时期的"皂隶牧圉"属于平民阶层说》，《齐鲁学刊》1984 年第 2 期。

[13] 靖鸣、臧诚：《微博对把关人理论的解构及其对大众传播的影响》，《新闻与传播研究》2013 年第 2 期。

[14] 靖鸣、张朋华：《自媒体时代"拟态环境"的重构及其对大众传播理论的影响》，《现代传播（中国传媒大学学报）》2019 年第 8 期。

[15] 卡尔·霍夫兰、欧文·贾尼斯、哈罗德·凯利：《传播与劝服：关于态度转变的心理学研究》，张建中、李雪晴、曾苑等译，中国人民大学出版社 2015 年版。

[16] 李彪、郑满宁：《微博时代网络水军在网络舆情传播中的影响效力研究——以近年来 26 个网络水军参与的网络事件为例》，《国际新闻界》2012 年第 10 期。

[17] 李龙：《论协商民主——从哈贝马斯的"商谈论"说起》，《中国法学》2007 年第 1 期。

[18] 李宗亚、罗文辉、卢弘毅、魏然：《资讯处理策略与政治讨论对赛局性知识与实质性知识的影响》，《中华传播学刊》2019 年第 36 期。

[19] 刘强：《框架理论：概念、源流与方法探析——兼论我国框架理论研究的阙失》，《中国出版》2015 年第 8 期。

[20] 刘永芳：《归因过程"背景效应假设"的初步实验研究》，《心理科学》1997 年第 1 期。

[21] 刘永芳：《归因理论及其应用》，上海教育出版社 2010 年版。

[22] 卢梭：《社会契约论》，何兆武译，商务印书馆 2003 年版。

[23] 陆晔：《美国新闻业"客观性法则"的历史演进》，《新闻大学》1994 年第 1 期。

[24] 罗纳德·斯蒂尔：《李普曼传》，于滨、陈小平、谈锋译，中信出版社 2008 年版。

[25] 马歇尔·麦克卢汉：《理解媒介：论人的延伸》，何道宽译，译林出版社 2019 年版。

[26] 潘忠党：《架构分析：一个亟需理论澄清的领域》，《传播与社会学刊》2006 年总第 1 期。

[27] 漆亚林、王钰涵：《社交机器人：数字用户的建构逻辑与智能陷阱的治理路向》，《新闻与传播研究》2022 年第 9 期。

[28] 单波、黄泰岩：《新闻传媒如何扮演民主参与的角色？——评杜威和李普曼在新闻与民主关系问题上的分歧》，《国外社会科学》2003 年第 3 期。

[29] 孙彩芹：《框架理论发展 35 年文献综述——兼述内地框架理论发展 11 年的问题和建议》，《国际新闻界》2010 年第 9 期。

[30] 汪晖、陈燕谷：《文化与公共性》，生活·读书·新知三联书店 2005 年版。

[31] 王家峰、李梦晗：《网络舆论的公共性悖论》，《天津社会科学》2022 年第 6 期。

[32] 王伊兰、彭凯平、周治金：《文化与敌意归因：中美被试对个体和团体行为的判断差异》，《心理学进展》2011 年第 1 期。

[33] 王颖吉：《析徐宝璜发表于〈北京大学月刊〉的三篇新闻学佚文》，《新闻大学》2004 年第 1 期。

[34] 沃尔特·李普曼：《幻影公众》，林牧茵译，北京联合出版公司 2020 年版。

[35] 沃尔特·李普曼：《舆论》，常江、肖寒译，北京大学出版社 2018 年版。

[36] 吴飞、杨龙梦珏：《论数字公共领域的结构新转型》，《国际新闻界》2023 年第 5 期。

[37] 夏保国：《先秦"舆人"考论———中国"舆论"概念的历史语源学考察》，

《学习与探索》2011 年第 6 期。

[38] 熊光清：《中国网络公共领域的兴起、特征与前景》，《教学与研究》2011 年第 1 期。

[39] 休谟：《人性论》，关文运译，商务印书馆 1996 年版。

[40] 徐宝璜：《舆论之研究》，《北京大学月刊》1920 年第 7 期。

[41] 薛可、李亦飞：《智能传播时代下算法推荐的失控与重构》，《上海交通大学学报（哲学社会科学版）》2023 年第 5 期。

[42] 亚里士多德：《尼各马可伦理学》，廖申白译注，商务印书馆 2017 年版。

[43] 严利华、高英波：《从个案激情、话语互动到公共理性——基于突发事件中的网络舆论分析》，《当代传播》2015 年第 1 期。

[44] 杨昭宁、顾子贝、王杜娟、谭旭运、王晓明：《愤怒和悲伤情绪对助人决策的影响：人际责任归因的作用》，《心理学报》2017 年第 3 期。

[45] 药琦、谢紫怡：《"心惊暴"迷思：从刘学州事件看世俗媒体批评》，《新闻记者》2023 年第 4 期。

[46] 叶侨健：《系统哲学探源——亚里士多德"四因说"新透视》，《中山大学学报（社会科学版）》1995 年第 4 期。

[47] 约翰·杜威：《杜威全集·晚期著作（1925—1953）：第二卷（1925—1927）》，张奇峰、王巧贞译，华东师范大学出版社 2015 年版。

[48] 约翰·杜威：《公众及其问题》，本书翻译组译，复旦大学出版社 2015 年版。

[49] 约翰·密尔：《论自由》，程崇华译，商务印书馆 1959 年版。

[50] 尤根·哈贝马斯：《公共领域（1964）》，汪晖译，《天涯》1997 年第 3 期。

[51] 曾持：《"媒介化愤怒"的伦理审视——以互联网中的义愤为例》，《国际新闻界》2022 年第 3 期。

[52] 张志安、晏齐宏：《网络舆论的概念认知、分析层次与引导策略》，《新闻与传播研究》2016 年第 5 期。

[53] 赵蓓、张洪忠、任吴炯等：《标签、账号与叙事：社交机器人在俄乌冲突

中的舆论干预研究》，《新闻与写作》2022 年第 9 期。

[54] 赵锡元：《"舆论"溯源》，《史学集刊》1999 年第 4 期。

[55] 中国青少年研究中心:《未成年人网络权益保护及安全感满意度调查报告》，
2023 年。

[56] 周树华、闫岩：《敌意媒体理论：媒体偏见的主观感知研究》，《传播与
社会学刊》2012 年总第 22 期。

[57] 朱国伟：《网络舆情反转事件中的衍生风险及其传导：类型划分与疏解策
略》，《吉首大学学报（社会科学版）》2023 年第 3 期。

英文文献

[1] Adams, J. S. (1961). Reduction of cognitive dissonance by seeking consonant information. *The Journal of Abnormal and Social Psychology*, 62(1), 74-78.

[2] Ahluwalia, R. (2000). Examination of psychological processes underlying resistance to persuasion. *Journal of Consumer Research*, 27(2), 217-232.

[3] Allport, G. W. (1954). *The nature of prejudice*. Addison-Wesley.

[4] An, S. K., & Gower, K. K. (2009). How do the news media frame crises? A content analysis of crisis news coverage. *Public Relations Review*, 35(2), 107-112.

[5] Anderson, C. A., & Bushman, B. J. (2018). Media violence and the general aggression model. *Journal of Social Issues*, 74(2), 386-413.

[6] Asker, D., & Dinas, E. (2019). Thinking fast and furious: Emotional intensity and opinion polarization in online media. *Public Opinion Quarterly*, 83(3), 487-509.

[7] Bail, C. A., Argyle, L. P., Brown, T. W., Bumpus, J. P., Chen, H., Hunzaker, M. F., Lee, J., Mann, M., Merhout, F., & Volfovsky, A. (2018). Exposure to opposing

views on social media can increase political polarization. *Proceedings of the National Academy of Sciences*, 115(37), 9216-9221.

[8] Bain, R., & Lasswell, H. D. (1941). Democracy through public opinion. *American Sociological Review*, 6(4), 596.

[9] Bakshy, E., Messing, S., & Adamic, L. A. (2015). Exposure to ideologically diverse news and opinion on Facebook. *Science*, 348(6239), 1130-1132.

[10] Bandura, A. (1978). Social learning theory of aggression. *Journal of Communication*, 28(3), 12-29.

[11] Bandura, A. (1986). *Social foundations of thought and action: A social cognitive theory*. Prentice-Hall, Inc.

[12] Bandura, A. (2001). Social cognitive theory: An agentic perspective. *Annual Review of Psychology*, 52, 1-26.

[13] Bandura, A. (2002). Social cognitive theory in cultural context. *Applied Psychology*, 51(2), 269-290.

[14] Bargh, J. A., McKenna, K. Y., & Fitzsimons, G. M. (2002). Can you see the real me? Activation and expression of the "true self" on the Internet. *Journal of Social Issues*, 58(1), 33-48.

[15] Barnhart, R. K. (1988). *The Barnhart dictionary of etymology*. H.W. Wilson Company.

[16] Barsalou, L. W. (2012). Frames, concepts, and conceptual fields. In A. Lehrer, E. F. Kittay, & R. Lehrer (Eds.), *Frames, fields, and contrasts: New essays in semantic and lexical organization* (pp. 21-74). Routledge.

[17] Bartlett, F. C. (1932). *Remembering: A study in experimental and social psychology*. Cambridge University Press.

[18] Bateson, G. (1955). A theory of play and fantasy. *Psychiatric Research Reports*, 2, 39-51.

[19] Baym, N. K. (2013). Data not seen: The uses and shortcomings of social media

metrics. *First Monday*, 18(10).

[20] Bennett, W. L., & Livingston, S. (2018). The disinformation order: Disruptive communication and the decline of democratic institutions. *European Journal of Communication*, 33(2), 122-139.

[21] Bennett, W. L., & Segerberg, A. (2012). The logic of connective action: Digital media and the personalization of contentious politics. *Information, Communication & Society*, 15(5), 739-768.

[22] Bennett, W. L., & Segerberg, A. (2013). *The logic of connective action: Digital media and the personalization of contentious politics.* Cambridge University Press.

[23] Bergamaschi, A., & Santagati, M. (2019). When friendship is stronger than prejudice. Role of intergroup friendships among adolescents in two distinct socio-cultural contexts of immigration. *International Review of Sociology*, 29(1), 36-57.

[24] Blumer, H. (1958). Race prejudice as a sense of group position. *Pacific Sociological Review*, 1(1), 3-7.

[25] Blumer, H. (2017). What is wrong with social theory? In N. K. Denzin (Ed.), *Sociological methods: A sourcebook* (pp. 84-96). Routledge.

[26] Boczkowski, P. J., Mitchelstein, E., & Matassi, M. (2018). "News comes across when I'm in a moment of leisure": Understanding the practices of incidental news consumption on social media. *New Media & Society*, 20(10), 3523-3539.

[27] Bond, M. H., Leung, K., & Wan, K. C. (1982). The social impact of self-effacing attributions: The Chinese case. *The Journal of Social Psychology*, 118(2), 157-166.

[28] Bordalo, P., Gennaioli, N., & Shleifer, A. (2022). Salience. *Annual Review of Economics*, 14(1), 521-544.

[29] Boukes, M. (2022). Episodic and thematic framing effects on the attribution of responsibility: The effects of personalized and contextualized news on perceptions of individual and political responsibility for causing the economic

crisis. *The International Journal of Press/Politics*, 27(2), 374-395.

[30] Brady, W. J., Crockett, M. J., & Van Bavel, J. J. (2020). The MAD model of moral contagion: The role of motivation, attention, and design in the spread of moralized content online. *Perspectives on Psychological Science*, 15(4), 978-1010.

[31] Briley, D. A., & Aaker, J. L. (2006). When does culture matter? Effects of personal knowledge on the correction of culture-based judgments. *Journal of Marketing Research*, 43(3), 395-408.

[32] Brodie, R. J., Hollebeek, L. D., Jurić, B., & Ilić, A. (2011). Customer engagement: Conceptual domain, fundamental propositions, and implications for research. *Journal of Service Research*, 14(3), 252-271.

[33] Brosius, H. B., & Bathelt, A. (1994). The utility of exemplars in persuasive communications. *Communication Research*, 21(1), 48-78.

[34] Brosius, H. B., & Weimann, G. (1996). Who sets the agenda: Agenda-setting as a two-step flow. *Communication Research*, 23(5), 561-580.

[35] Brown, T. J., & Dacin, P. A. (1997). The company and the product: Corporate associations and consumer product responses. *Journal of Marketing*, 61(1), 68-84.

[36] Burger, J. M. (1981). Motivational biases in the attribution of responsibility for an accident: A meta-analysis of the defensive-attribution hypothesis. *Psychological Bulletin*, 90(3), 496-512.

[37] Burgoon, J. K. (1993). Interpersonal expectations, expectancy violations, and emotional communication. *Journal of Language and Social Psychology*, 12(1-2), 30-48.

[38] Burgoon, J. K., Stern, L. A., & Dillman, L. (1995). *Interpersonal adaptation: Dyadic interaction patterns*. Cambridge University Press.

[39] Bushman, B. J. (2016). Violent media and hostile appraisals: A meta-analytic review. *Aggressive Behavior*, 42(6), 605-613.

[40] Campbell, W. K., & Sedikides, C. (1999). Self-threat magnifies the self-serving bias: A meta-analytic integration. *Review of General Psychology*, 3(1), 23-43.

[41] Chaiken, S. (1980). Heuristic versus systematic information processing and the use of source versus message cues in persuasion. *Journal of Personality and Social Psychology*, 39(5), 752-766.

[42] Chan, M. P. S., Jones, C. R., Hall Jamieson, K., & Albarracín, D. (2017). Debunking: A meta-analysis of the psychological efficacy of messages countering misinformation. *Psychological Science*, 28(11), 1531-1546.

[43] Chan, T. K., Cheung, C. M., & Lee, Z. W. (2021). Cyberbullying on social networking sites: A literature review and future research directions. *Information & Management*, 58(2), 103411.

[44] Chan, T. K., Cheung, C. M., & Wong, R. Y. (2019). Cyberbullying on social networking sites: The crime opportunity and affordance perspectives. *Journal of Management Information Systems*, 36(2), 574-609.

[45] Charmaz, K. (2003). Grounded theory: Objectivist and constructivist methods. In N. K. Denzin, & Y. S. Lincoln (Eds.), *Strategies of qualitative inquiry* (2nd ed., pp. 249-291). Sage.

[46] Chen, P., Coccaro, E. F., & Jacobson, K. C. (2012). Hostile attributional bias, negative emotional responding, and aggression in adults: Moderating effects of gender and impulsivity. *Aggressive Behavior*, 38(1), 47-63.

[47] Chen, S., & Chaiken, S. (1999). The heuristic-systematic model in its broader context. In S. Chaiken, & Y. Trope (Eds.), *Dual-process theories in social psychology* (pp. 73-96). The Guilford Press.

[48] Childs, H. L. (1965). *Public opinions: Nature, formation, and role*. Van Nostrand.

[49] Chiu, C. Y., Hong, Y. Y., & Dweck, C. S. (1997). Lay dispositionism and implicit theories of personality. *Journal of Personality and Social Psychology*, 73(1), 19-30.

[50] Choi, I., & Nisbett, R. E. (1998). Situational salience and cultural differences

in the correspondence bias and actor-observer bias. *Personality and Social Psychology Bulletin*, 24(9), 949-960.

[51] Choi, I., Nisbett, R. E., & Norenzayan, A. (1999). Causal attribution across cultures: Variation and universality. *Psychological Bulletin*, 125(1), 47-63.

[52] Choi, J., Yang, M., & Chang, J. J. (2009). Elaboration of the hostile media phenomenon: The roles of involvement, media skepticism, congruency of perceived media influence, and perceived opinion climate. *Communication Research*, 36(1), 54-75.

[53] Choi, S., & Park, H. W. (2014). An exploratory approach to a Twitter-based community centered on a political goal in South Korea: Who organized it, what they shared, and how they acted. *New Media & Society*, 16, 129-148.

[54] Choi, Y., & Lin, Y. H. (2009). Consumer response to crisis: Exploring the concept of involvement in Mattel product recalls. *Public Relations Review*, 35(1), 18-22.

[55] Choi, Y., & Lin, Y. H. (2009). Consumer responses to Mattel product recalls posted on online bulletin boards: Exploring two types of emotion. *Journal of Public Relations Research*, 21(2), 198-207.

[56] Chung, Y. (2019, September 3). Search keywords appeared after Cho's press conference: "Condolences on the death of Korean journalism," Quality of questions by Korean Journalists. YTN.

[57] Cialdini, R. B., Wosinska, W., Barrett, D. W., Butner, J., & Gornik-Durose, M. (1999). Compliance with a request in two cultures: The differential influence of social proof and commitment/consistency on collectivists and individualists. *Personality and Social Psychology Bulletin*, 25(10), 1242-1253.

[58] Ciompi, L., & Panksepp, J. (2005). Energetic effects of emotions on cognitions: Complementary psychobiological and psychosocial findings. In R. D. Ellis, & N. Newton (Eds.), *Consciousness & emotion: Agency, conscious choice, and*

参考文献

selective perception (pp. 23-55). John Benjamins Publishing Company.

[59] Cohen, B. C. (2015). *Press and foreign policy*. Princeton University Press.

[60] Cohen, S. (2011). *Folk devils and moral panics*. Routledge.

[61] Coombs, W. T. (2007). Attribution theory as a guide for post-crisis communication research. *Public Relations Review*, 33(2), 135-139.

[62] Coombs, W. T. (2007). Protecting organization reputations during a crisis: The development and application of situational crisis communication theory. *Corporate Reputation Review*, 10, 163-176.

[63] Coombs, W. T. (2013). *Applied crisis communication and crisis management: Cases and exercises*. Sage Publications.

[64] Coombs, W. T., & Holladay, S. J. (2012). The paracrisis: The challenges created by publicly managing crisis prevention. *Public Relations Review*, 38(3), 408-415.

[65] Coombs, W. T., & Holladay, S. J. (2002). Helping crisis managers protect reputational assets: Initial tests of the situational crisis communication theory. *Management Communication Quarterly*, 16(2), 165-186.

[66] Coombs, W. T., & Holladay, S. J. (2006). Unpacking the halo effect: Reputation and crisis management. *Journal of Communication Management*, 10(2), 123-137.

[67] Crick, N. R., & Dodge, K. A. (1994). A review and reformulation of social information-processing mechanisms in children's social adjustment. *Psychological Bulletin*, 115(1), 74-101.

[68] Cross, D., Barnes, A., Papageorgiou, A., Hadwen, K., Hearn, L., & Lester, L. (2015). A social-ecological framework for understanding and reducing cyberbullying behaviours. *Aggression and Violent Behavior*, 23, 109-117.

[69] De Castro, B. O., Veerman, J. W., Koops, W., Bosch, J. D., & Monshouwer, H. J. (2002). Hostile attribution of intent and aggressive behavior: A meta-analysis. *Child Development*, 73(3), 916-934.

[70] de Klepper, M., Sleebos, E., Van de Bunt, G., & Agneessens, F. (2010). Similarity

237

in friendship networks: Selection or influence? The effect of constraining contexts and non-visible individual attributes. *Social Networks*, 32(1), 82-90.

[71] de Montaigne, M. (1724). *Les essais de Michel seigneur de Montaigne* (Vol. 2). de l'imprimerie de J. Tonson & J. Watts.

[72] Dean, K. K., & Koenig, A. M. (2019). Cross-cultural differences and similarities in attribution. In K. D. Keith (Ed.), *Cross-cultural psychology* (pp. 575-597). John Wiley & Sons.

[73] Deborah Schenk (2010). Exploiting the salience bias in designing taxes. *NYU Law and Economics Research Paper*, 10, 52.

[74] Del Vicario, M., Scala, A., Caldarelli, G., Stanley, H. E., & Quattrociocchi, W. (2017). Modeling confirmation bias and polarization. *Scientific Reports*, 7(1), 40391.

[75] Devine, P. G. (1989). Stereotypes and prejudice: Their automatic and controlled components. *Journal of Personality and Social Psychology*, 56(1), 5-18.

[76] Dodge, K. A. (2006). Translational science in action: Hostile attributional style and the development of aggressive behavior problems. *Development and Psychopathology*, 18(3), 791-814.

[77] Dodge, K. A., & Coie, J. D. (1987). Social-information-processing factors in reactive and proactive aggression in children's peer groups. *Journal of Personality and Social Psychology*, 53(6), 1146-1158.

[78] Dodge, K. A., Malone, P. S., Lansford, J. E., Sorbring, E., Skinner, A. T., Tapanya, S., Tirado, L. M. U., Zelli, A., Alampay, L. P., Al-Hassan, S. M., Bacchini, D., Bombi, A. S., Bornstein, M. H., Chang, L., Deater-Deckard, K., Di Giunta, L., Oburu, P., & Pastorelli, C. (2015). Hostile attributional bias and aggressive behavior in global context. *Proceedings of the National Academy of Sciences*, 112(30), 9310-9315.

[79] Druckman, J. N. (2001). The implications of framing effects for citizen competence. *Political Behavior*, 23(3), 225-256.

[80] Druckman, J. N. (2004). Political preference formation: Competition, deliberation, and the (ir) relevance of framing effects. *American Political Science Review*, 98(4), 671-686.

[81] Duan, Z., Li, J., Lukito, J., Yang, K. C., Chen, F., Shah, D. V., & Yang, S. (2022). Algorithmic agents in the hybrid media system: Social bots, selective amplification, and partisan news about COVID-19. *Human Communication Research*, 48(3), 516-542.

[82] Dvir-Gvirsman, S., Garrett, R. K., & Tsfati, Y. (2018). Why do partisan audiences participate? Perceived public opinion as the mediating mechanism. *Communication Research*, 45(1), 112-136.

[83] Dweck, C. S., Hong, Y. Y., & Chiu, C. Y. (1993). Implicit theories individual differences in the likelihood and meaning of dispositional inference. *Personality and Social Psychology Bulletin*, 19(5), 644-656.

[84] Ecker, U. K., Lewandowsky, S., Cook, J., Schmid, P., Fazio, L. K., Brashier, N., Kendeou, P., Vraga, E. K., & Amazeen, M. A. (2022). The psychological drivers of misinformation belief and its resistance to correction. *Nature Reviews Psychology*, 1(1), 13-29.

[85] Egorov, G., & Harstad, B. (2017). Private politics and public regulation. *The Review of Economic Studies*, 84(4), 1652-1682.

[86] Einwiller, S. A., & Kim, S. (2020). How online content providers moderate user - generated content to prevent harmful online communication: An analysis of policies and their implementation. *Policy & Internet*, 12(2), 184-206.

[87] Ellen, P. S., Webb, D. J., & Mohr, L. A. (2006). Building corporate associations: Consumer attributions for corporate socially responsible programs. *Journal of the Academy of Marketing Science*, 34(2), 147-157.

[88] Ellison, N. B., Steinfield, C., & Lampe, C. (2011). Connection strategies: Social capital implications of Facebook-enabled communication practices. *New Media*

& Society, 13(6), 873-892.

[89] Emiliano Treré (2018). From digital activism to algorithmic resistance. In G. Meikle (Ed.), *The Routledge companion to media and activism* (pp. 5-15). Routledge.

[90] Entman, R. M. (1993). Framing: Toward clarification of a fractured paradigm. *Journal of Communication*, 43(4), 51-58.

[91] Entman, R. M., & Rojecki, A. (2001). The black image in the white mind: Media and race in America. *Choice Reviews Online*, 38(6), 38–3150.

[92] Escalas, J. E., & Stern, B. B. (2003). Sympathy and empathy: Emotional responses to advertising dramas. *Journal of Consumer Research*, 29(4), 566-578.

[93] Fang, X., Zhang, K., Chen, J., Chen, M., Wang, Y., & Zhong, J. (2023). The effects of covert narcissism on Chinese college students cyberbullying: The mediation of hostile attribution bias and the moderation of self-control. *Psychology Research and Behavior Management*, 16, 2353-2366.

[94] Feezell, J. T. (2018). Agenda setting through social media: The importance of incidental news exposure and social filtering in the digital era. *Political Research Quarterly*, 71(2), 482-494.

[95] Ferrara, E., Varol, O., Davis, C., Menczer, F., & Flammini, A. (2016). The rise of social bots. *Communications of the ACM*, 59(7), 96-104.

[96] Festinger, L. (1957). *A theory of cognitive dissonance*. Stanford University Press.

[97] Fiske, S. T., & Taylor, S. E. (1984). *Social cognition*. Addison-Wesley.

[98] Fletcher, R., & Nielsen, R. K. (2018). Are people incidentally exposed to news on social media? A comparative analysis. *New Media & Society*, 20(7), 2450-2468.

[99] Forsyth, D. R., & Schlenker, B. R. (1977). Attributing the causes of group performance: Effects of performance quality, task importance, and future

testing. *Journal of Personality*, 45(2), 220-236.

[100] Fredrickson, B. L. (2004). The broaden-and-build theory of positive emotions. *Philosophical Transactions: Biological Sciences*, 359(1449), 1367-1377.

[101] Fu, W. W., & Sim, C. C. (2011). Aggregate bandwagon effect on online videos' viewership: Value uncertainty, popularity cues, and heuristics. *Journal of the American Society for Information Science and Technology*, 62(12), 2382-2395.

[102] Fukuda, M., Nakajima, K., & Shudo, K. (2022). Estimating the bot population on Twitter via random walk based sampling. *IEEE Access*, 10, 17201-17211.

[103] Gallagher, K. M., & Updegraff, J. A. (2011). Health message framing effects on attitudes, intentions, and behavior: A meta-analytic review. *Annals of Behavioral Medicine*, 43(1), 101-116.

[104] Gamson, W. A., & Modigliani, A. (1987). The changing culture of affirmative action. In R. Braungart (Ed.), *Research in political sociology* (pp.137-177). JAI Press.

[105] Gamson, W. A., & Modigliani, A. (1989). Media discourse and public opinion on nuclear power: A constructionist approach. *American Journal of Sociology*, 95(1), 1-37.

[106] Gamson, W. A., Croteau, D., Hoynes, W., & Sasson, T. (1992). Media images and the social construction of reality. *Annual Review of Sociology*, 18(1), 373-393.

[107] Gawronski, B. (2004). Theory-based bias correction in dispositional inference: The fundamental attribution error is dead, long live the correspondence bias. *European Review of Social Psychology*, 15(1), 183-217.

[108] Geeraert, N., & Yzerbyt, V. Y. (2007). Cultural differences in the correction of social inferences: Does the dispositional rebound occur in an interdependent culture? *British Journal of Social Psychology*, 46(2), 423-435.

[109] Gerbner, G. (1998). Cultivation analysis: An overview. *Mass Communication & Society*, 1(3-4), 175-194.

[110] Gigerenzer, G., & Todd, P. M. (2000). *Simple heuristics that make us smart*. Oxford University Press.

[111] Gil de Zúñiga, H., Weeks, B., & Ardèvol-Abreu, A. (2017). Effects of the news-finds-me perception in communication: Social media use implications for news seeking and learning about politics. *Journal of Computer-Mediated Communication*, 22(3), 105-123.

[112] Gilbert, D. T., & Malone, P. S. (1995). The correspondence bias. *Psychological Bulletin*, 117(1), 21-38.

[113] Gillespie, T. (2010). The politics of 'platforms'. *New Media & Society*, 12(3), 347-364.

[114] Gillespie, T. (2018). *Custodians of the Internet: Platforms, content moderation, and the hidden decisions that shape social media*. Yale University Press.

[115] Gitlin, T. (2003). *The whole world is watching: Mass media in the making and unmaking of the new left*. University of California Press.

[116] Goel, S., Anderson, A., Hofman, J., & Watts, D. J. (2016). The structural virality of online diffusion. *Management Science*, 62(1), 180-196.

[117] Goffman, E. (1974). *Frame analysis: An essay on the organization of experience*. Northeastern University Press.

[118] Gollust, S. E., Lantz, P. M., & Ubel, P. A. (2010). Images of illness: How causal claims and racial associations influence public preferences toward diabetes research spending. *Journal of Health Politics, Policy and Law*, 35(6), 921-959.

[119] Goode, E., & Ben-Yehuda, N. (1994). *Moral panics: The social construction of deviance*. Wiley.

[120] Graham, S. (2020). An attributional theory of motivation. *Contemporary Educational Psychology*, 61, 101861.

[121] Greenwald, A. G., & Banaji, M. R. (1995). Implicit social cognition: Attitudes, self-esteem, and stereotypes. *Psychological Review*, 102(1), 4-27.

[123] Greenwald, A. G., Dasgupta, N., Dovidio, J. F., Kang, J., Moss-Racusin, C. A., & Teachman, B. A. (2022). Implicit-bias remedies: Treating discriminatory bias as a public-health problem. *Psychological Science in the Public Interest*, 23(1), 7-40.

[124] Gross, S. R., Holtz, R., & Miller, N. (1995). Attitude certainty. In R. E. Petty, & J. A. Krosnick (Eds.), *Attitude strength: Antecedents and consequences* (pp. 215-245). Lawrence Erlbaum Associates, Inc.

[125] Gunther, A. C. (1998). The persuasive press inference: Effects of mass media on perceived public opinion. *Communication Research*, 25(5), 486-504.

[126] Haas, C., & Wearden, S. T. (2003). E-credibility: Building common ground in web environments. *L1-Educational Studies in Language and Literature*, 3, 169-184.

[127] Habermas, J. (1985). *The theory of communicative action, volume 1: Reason and the rationalization of society*. Beacon Press.

[128] Habermas, J. (2015). *Between facts and norms: Contributions to a discourse theory of law and democracy*. John Wiley & Sons.

[129] Habermas, J. (2022). *Ein neuer strukturwandel der öffentlichkeit und die deliberative politik: Platz 1 der sachbuchbestenliste der WELT*. Suhrkamp Verlag.

[130] Haidt, J. (2003). Elevation and the positive psychology of morality. In C. L. M. Keyes, & J. Haidt (Eds.), *Flourishing: Positive psychology and the life well-lived* (pp. 275-289). American Psychological Association.

[131] Hansen, G. J., & Kim, H. (2011). Is the media biased against me? A meta-analysis of the hostile media effect research. *Communication Research Reports*, 28(2), 169-179.

[132] Hargreaves, I., & Thomas, J. (2002). *New news, old news*. Independent Television Commission.

[133] Heath, R. L. (2018). How fully functioning is communication engagement if society does not benefit? In K. A. Johnston, & M. Taylor (Eds.), *The handbook*

of communication engagement (pp. 33-47). John Wiley & Sons.

[134] Heath, R. L., & Palenchar, M. J. (2008). Issue management and crisis communication. In R. L. Heath, & M. J. Palenchar (Eds.), *Strategic issues management: Organizations and public policy challenges* (pp.125-156). Sage Publications.

[135] Heider, F. (1944). Social perception and phenomenal causality. *Psychological Review*, 51(6), 358-374.

[136] Heider, F. (1958). *The psychology of interpersonal relations*. John Wiley & Sons.

[137] Helmond, A. (2015). The platformization of the web: Making web data platform ready. *Social Media+ Society*, 1(2).

[138] Hermida, A., Fletcher, F., Korell, D., & Logan, D. (2012). Share, like, recommend: Decoding the social media news consumer. *Journalism Studies*, 13(5-6), 815-824.

[139] Hilton, D. J., Smith, R. H., & Kin, S. H. (1995). Processes of causal explanation and dispositional attribution. *Journal of Personality and Social Psychology*, 68(3), 377-387.

[140] Hjarvard, S. (2013). *The mediatization of culture and society*. Routledge.

[141] Hmielowski, J. D., & Nisbet, E. C. (2016). "Maybe yes, maybe no?": Testing the indirect relationship of news use through ambivalence and strength of policy position on public engagement with climate change. *Mass Communication and Society*, 19(5), 650-670.

[142] Hofstede, G. (1984). *Culture's consequences: International differences in work-related values*. Sage Publications.

[143] Hofstede, G. (1991). *Cultures and organizations: Software of the mind*. McGraw-Hill.

[144] Hollenbaugh, E. E., & Everett, M. K. (2013). The effects of anonymity on self-

disclosure in blogs: An application of the online disinhibition effect. *Journal of Computer-Mediated Communication*, 18(3), 283-302.

[145] Hong, S., & Len-Riós, M. E. (2015). Does race matter? Implicit and explicit measures of the effect of the PR spokesman's race on evaluations of spokesman source credibility and perceptions of a PR crisis' severity. *Journal of Public Relations Research*, 27(1), 63-80.

[146] Howard, J. (2019). Bandwagon effect and authority bias. In J. Howard (Ed.), *Cognitive errors and diagnostic mistakes: A case-based guide to critical thinking in medicine* (pp. 21-56). Springer.

[147] Huang, Y. H. C., & Kim, S. (2018). Cultures of crisis response: Chinese public relations practices in context. *Chinese Journal of Communication*, 11 (1), 1-14.

[148] Huang, Y., & Wang, W. (2024). Overcoming confirmation bias in misinformation correction: Effects of processing motive and jargon on climate change policy support. *Science Communication*, 46(3), 305-331.

[149] Hutto, D. D., & Myin, E. (2012). *Radicalizing enactivism: Basic minds without content*. MIT Press.

[150] Ingraham, C., & Reeves, J. (2016). New media, new panics. *Critical Studies in Media Communication*, 33(5), 455-467.

[151] Iyengar, S. (1991). *Is anyone responsible? How television frames political issues*. University of Chicago Press.

[152] Jamieson, K. H., & Cappella, J. N. (2008). *Echo chamber: Rush Limbaugh and the conservative media establishment*. Oxford University Press.

[153] Jaques, T. (2012). Is issue management evolving or progressing towards extinction: A status review. *Public Communication Review*, 2, 35-44.

[154] Jenkins, H. (2006). *Convergence culture: Where old and new media collide*. New York University Press.

[155] Jensen, K. B. (2013). Definitive and sensitizing conceptualizations of

mediatization. *Communication Theory*, 23(3), 203-222.

[156] Ji, Y. (2023). The impacts of locus of crisis outcome control on responsibility attribution in hindsight: Focusing on comparisons between the American and Chinese public. *Chinese Journal of Communication*, 16(3), 303-323.

[157] Ji, Y., & Kim, S. (2020). Crisis-induced public demand for regulatory intervention in the social media era: Examining the moderating roles of perceived government controllability and consumer collective efficacy. *New Media & Society*, 22(6), 959-983.

[158] Ji, Y., & Kim, S. (2023). The impacts of social media bandwagon cues on public demand for regulatory intervention during corporate crises. *Journal of Contingencies and Crisis Management*, 31(3), 392-405.

[159] Ji, Y., & Wan, C. (2024). Working too much in China's tech industry: Corporate social advocacy as a crisis response strategy to issue-based opinion polarization. *Internet Research*, 34(2), 320-342.

[160] Ji, Y., Tao, W., & Wan, C. (2025). A systematic review of attribution theory applied to crisis events in communication journals: Integration and advancing insights. *Communication Research*.

[161] Jiang, H., Kim, J. N., Liu, B., & Luo, Y. (2017). The impact of perceptual and situational factors on environmental communication: A study of citizen engagement in China. *Environmental Communication*, 13(5), 582-602.

[162] Jin, Y., & Austin, L.(2022). *Social Media and Crisis Communication* (2nd edition). Routledge.

[163] Jin, Y., & Liu, B. F. (2010). The blog-mediated crisis communication model: Recommendations for responding to influential external blogs. *Journal of Public Relations Research*, 22(4), 429-455.

[164] Jin, Y., Liu, B. F., & Austin, L. L. (2014). Examining the role of social media in effective crisis management: The effects of crisis origin, information form, and

source on publics' crisis responses. *Communication Research*, 41(1), 74-94.

[165] Johnen, M., Jungblut, M., & Ziegele, M. (2018). The digital outcry: What incites participation behavior in an online firestorm? *New Media & Society*, 20(9), 3140-3160.

[166] Johnston, K. A. (2018). Toward a theory of social engagement. In K. A. Johnston, & M. Taylor (Eds.), *The handbook of communication engagement* (pp. 17-32). John Wiley & Sons.

[167] Johnston, K. A., & Taylor, M. (2018). Engagement as communication: Pathways, possibilities, and future directions. In K. A. Johnston, & M. Taylor (Eds.), *The handbook of communication engagement* (pp. 1-15). John Wiley & Sons.

[168] Jones, E. E., & Davis, K. E. (1965). From acts to dispositions: The attribution process in person perception. In L. Berkowitz (Ed.), *Advances in experimental social psychology* (Vol. 2, pp. 219-266). Academic Press.

[169] Jones, E. E., & Harris, V. A. (1967). The attribution of attitudes. *Journal of Experimental Social Psychology*, 3(1), 1-24.

[170] Jones, E. E., & Nisbett, R. E. (1971). *The actor and the observer: Divergent perceptions of the causes of behavior*. General Learning Press.

[171] Kahneman, D., Slovic, P., & Tversky, A. (1982). *Judgment under uncertainty: Heuristics and biases*. Cambridge University Press.

[172] Kant, I. (1990). *Critique of pure reason*. Prometheus Books.

[173] Kang, J., Bennett, J. M., Carbado, D., Casey, P., Dasgupta, N., Faigman, D., Godsil, R., Greenwald, A. G., Levinson, J., & Mnookin, J. (2012). Implicit bias in the courtroom. *UCLA Law Review*, 59(5), 1124-1186.

[174] Kaplan, S. (1973).Cognitive maps in perception and thought. In R. M. Downs, & D. Stea (Eds.), *Image and environment: Cognitive mapping and spacial behavior* (pp. 63-78). Aldine.

[175] Kashima, Y., & Triandis, H. C. (1986). The self-serving bias in attributions as a coping strategy: A cross-cultural study. *Journal of Cross-Cultural Psychology*, 17(1), 83-97.

[176] Kelley, H. H. (1967).Attribution theory in social psychology.*Nebraska Symposium on Motivation*, 15, 192-238.

[177] Kelley, H. H. (1971). *Attribution in social interaction.*General Learning Press.

[178] Kelley, H. H. (1973).The processes of causal attribution.*American Psychologist*, 28(2), 107-128.

[179] Kelley, H. H. (1987).Causal schemata and the attribution process. In D. Jones, E. Kanouse, H. H. Kelley, R. E. Nisbett, S. Valins, & B. Weiner (Eds.), *Attribution: Perceiving the causes of behavior* (pp. 151-174). Lawrence Erlbaum Associates, Inc.

[180] Kent, M. L., & Taylor, M. (2002). Toward a dialogic theory of public relations. *Public Relations Review*, 28(1), 21-37.

[181] Kim, H. S., & Shyam Sundar, S. (2014). Can online buddies and bandwagon cues enhance user participation in online health communities? *Computers in Human Behavior*, 37, 319-333.

[182] Kim, J., & Gambino, A. (2016). Do we trust the crowd or information system? Effects of personalization and bandwagon cues on users' attitudes and behavioral intentions toward a restaurant recommendation website. *Computers in Human Behavior*, 65, 369-379.

[183] Kim, S. (2011). Transferring effects of CSR strategy on consumer responses: The synergistic model of corporate communication strategy. *Journal of Public Relations Research*, 23(2), 218-241.

[184] Kim, S. (2014). The role of prior expectancies and relational satisfaction in crisis. *Journalism & Mass Communication Quarterly*, 91(1), 139-158.

[185] Kim, S. (2014). What's worse in times of product-harm crisis? Negative

corporate ability or negative CSR reputation? *Journal of Business Ethics*, 123(1), 157-170.

[186] Kim, S., Ji, Y., & Rim, H. (2023). The process of online keyword activism in political figure's crisis: Moderating roles of like-minded public opinion and government controllability of crisis outcomes. *Journalism & Mass Communication Quarterly*, 100(1), 10-35.

[187] Kim, S., Sung, K. H., Ji, Y., Xing, C., & Qu, J. G. (2021). Online firestorms in social media: Comparative research between China Weibo and USA Twitter. *Public Relations Review*, 47(1), 102010.

[188] Kinder, D. R., & Sanders, L. M. (1990). Mimicking political debate with survey questions: The case of white opinion on affirmative action for blacks. *Social Cognition*, 8(1), 73-103.

[189] Klapper, J. T. (1960). *The effects of mass communication*. The Free.

[190] Klein Tuente, S., Bogaerts, S., & Veling, W. (2019). Hostile attribution bias and aggression in adults—A systematic review. *Aggression and Violent Behavior*, 46, 66-81.

[191] Knight, J. (1992). *Institutions and social conflict*. Cambridge University Press.

[192] Knowles, E. D., Morris, M. W., Chiu, C.-Y., & Hong, Y.-Y. (2001). Culture and the process of person perception: Evidence for automaticity among East Asians in correcting for situational influences on behavior. *Personality and Social Psychology Bulletin*, 27(10), 1344-1356.

[193] Krotz, F. (2009). Mediatization: A concept with which to grasp media and societal change. In K. Lundby (Ed.), *Mediatization: Concept, changes, consequences* (pp. 21-40). Peter Lang.

[194] Kudo, E., & Numazaki, M. (2003). Explicit and direct self-serving bias in Japan: Reexamination of self-serving bias for success and failure. *Journal of Cross-Cultural Psychology*, 34(5), 511-521.

[195] Kümpel, A. S. (2022). Social media information environments and their implications for the uses and effects of news: The PINGS framework. *Communication Theory*, 32(2), 223-242.

[196] Kurman, J. (2003). Why is self-enhancement low in certain collectivist cultures? An investigation of two competing explanations. *Journal of Cross-Cultural Psychology*, 34(5), 496-510.

[197] Kuttschreuter, M., Gutteling, J. M., & De Hond, M. (2011). Framing and tone-of-voice of disaster media coverage: The aftermath of the Enschede fireworks disaster in the Netherlands. *Health, Risk & Society*, 13(3), 201-220.

[198] Laczniak, R. N., DeCarlo, T. E., & Ramaswami, S. N. (2001). Consumers' responses to negative word-of-mouth communication: An attribution theory perspective. *Journal of Consumer Psychology*, 11(1), 57-73.

[199] Larson Jr., J. R. (1977). Evidence for a self-serving bias in the attribution of causality. *Journal of Personality*, 45(3), 430-441.

[200] Lazarsfeld, P. F., Berelson, B., & Gaudet, H. (1944). *The people's choice: How the voter makes up his mind in a presidential election*. Duell, Sloan and Pearce.

[201] Lee, E. J., & Jang, Y. J. (2010). What do others' reactions to news on Internet portal sites tell us? Effects of presentation format and readers' need for cognition on reality perception. *Communication Research*, 37(6), 825-846.

[202] Lefcourt, H. M. (Ed.). (1982). *Locus of control: Current trends in theory and research*. John Wiley & Sons.

[203] Lemerise, E. A., & Arsenio, W. F. (2000). An integrated model of emotion processes and cognition in social information processing. *Child Development*, 71(1), 107-118.

[204] Lerner, J. S., & Keltner, D. (2000). Beyond valence: Toward a model of emotion-specific influences on judgement and choice. *Cognition and Emotion*, 14(4), 473-493.

[205] Lerner, J. S., Han, S., & Keltner, D. (2007). Feelings and consumer decision making: Extending the appraisal-tendency framework. *Journal of Consumer Psychology*, 17(3), 181-187.

[206] Lerner, J. S., Li, Y., Valdesolo, P., & Kassam, K. S. (2015). Emotion and Decision Making. *Annual Review of Psychology*, 66(1), 799-823.

[207] Lerner, M. J., & Miller, D. T. (1978). Just world research and the attribution process: Looking back and ahead. *Psychological Bulletin*, 85(5), 1030-1051.

[208] Li, Y., & He, Q. (2021). Is mental illness like any other medical illness? Causal attributions, supportive communication and the social withdrawal inclination of people with chronic mental illnesses in China. *Health Communication*, 36(14), 1949-1960.

[209] Lieberman, M. D., Jarcho, J. M., & Obayashi, J. (2005). Attributional inference across cultures: Similar automatic attributions and different controlled corrections. *Personality and Social Psychology Bulletin*, 31(7), 889-901.

[210] Lim, J. S. (2017). How a paracrisis situation is instigated by an online firestorm and visual mockery: Testing a paracrisis development model. *Computers in Human Behavior*, 67, 252-263.

[211] Lin, X., Spence, P. R., & Lachlan, K. A. (2016). Social media and credibility indicators: The effect of influence cues. *Computers in Human Behavior*, 63, 264-271.

[212] Liu, B. F. (2010). Distinguishing how elite newspapers and A-list blogs cover crises: Insights for managing crises online. *Public Relations Review*, 36(1), 28-34.

[213] Lowery, B. S., Hardin, C. D., & Sinclair, S. (2001). Social influence effects on automatic racial prejudice. *Journal of Personality and Social Psychology*, 81(5), 842.

[214] Ma, L., & Zhan, M. (2016). Effects of attributed responsibility and response strategies on organizational reputation: A meta-analysis of situational crisis

communication theory research. *Journal of Public Relations Research*, 28(2), 102-119.

[215] Macaulay, P. J., Betts, L. R., Stiller, J., & Kellezi, B. (2022). Bystander responses to cyberbullying: The role of perceived severity, publicity, anonymity, type of cyberbullying, and victim response. *Computers in Human Behavior*, 131, 107238.

[216] Maddux, J. E. (1995). Self-efficacy theory. In J. E. Maddux (Ed.), *Self-efficacy, adaptation, and adjustment* (pp. 3-33). Springer.

[217] Maheswaran, D., & Chaiken, S. (1991). Promoting systematic processing in low-motivation settings: Effect of incongruent information on processing and judgment. *Journal of Personality and Social Psychology*, 61(1), 13.

[218] Major, B., & Vick, S. B. (2005). The psychological impact of prejudice. In J. F. Dovidio, P. Glick, & L. A. Rudman (Eds.), *On the nature of prejudice: Fifty years after Allport* (pp. 139-154). John Wiley & Sons.

[219] Malle, B. F. (2006). The actor-observer asymmetry in attribution: A (surprising) meta-analysis. *Psychological Bulletin*, 132(6), 895-919.

[220] Malle, B. F., Knobe, J. M., & Nelson, S. E. (2007). Actor-observer asymmetries in explanations of behavior: New answers to an old question. *Journal of Personality and Social Psychology*, 93(4), 491-514.

[221] Maravita, A., & Iriki, A. (2004). Tools for the body (schema). *Trends in Cognitive Sciences*, 8(2), 79-86.

[222] Markus, H. R., & Kitayama, S. (1991). Culture and the self: Implications for cognition, emotion, and motivation. *Psychological Review*, 98(2), 224.

[223] Martinelli, A., Ackermann, K., Bernhard, A., Freitag, C. M., & Schwenck, C. (2018). Hostile attribution bias and aggression in children and adolescents: A systematic literature review on the influence of aggression subtype and gender. *Aggression and Violent Behavior*, 39, 25-32.

[224] Martinko, M. J., & Mackey, J. D. (2019). Attribution theory: An introduction to the special issue. *Journal of Organizational Behavior*, 40(5), 523-527.

[225] Mastin, T., Choi, J., Barboza, G. E., & Post, L. (2007). Newspapers' framing of elder abuse: It's not a family affair. *Journalism & Mass Communication Quarterly*, 84(4), 777-794.

[226] McArthur, L. A. (1972). The how and what of why: Some determinants and consequences of causal attribution. *Journal of Personality and Social Psychology*, 22(2), 171-193.

[227] McClure, J., Meyer, L. H., Garisch, J., Fischer, R., Weir, K. F., & Walkey, F. H. (2011). Students' attributions for their best and worst marks: Do they relate to achievement? *Contemporary Educational Psychology*, 36(2), 71-81.

[228] McCombs, M. (2005). A look at agenda-setting: Past, present and future. *Journalism Studies*, 6(4), 543-557.

[229] McCombs, M. E., & Shaw, D. L. (1972). The agenda-setting function of mass media. *Public Opinion Quarterly*, 36(2), 176-187.

[230] McCombs, M., Llamas, J. P., Lopez-Escobar, E., & Rey, F. (1997). Candidate images in Spanish elections: Second-level agenda-setting effects. *Journalism & Mass Communication Quarterly*, 74(4), 703-717.

[231] Menon, T., Morris, M. W., Chiu, C. Y., & Hong, Y. Y. (1999). Culture and the construal of agency: Attribution to individual versus group dispositions. *Journal of Personality and Social Psychology*, 76(5), 701.

[232] Messing, S., & Westwood, S. J. (2014). Selective exposure in the age of social media: Endorsements trump partisan source affiliation when selecting news online. *Communication Research*, 41(8), 1042-1063.

[233] Metzger, M. J., & Flanagin, A. J. (2013). Credibility and trust of information in online environments: The use of cognitive heuristics. *Journal of Pragmatics*, 59, 210-220.

[234] Metzger, M. J., Flanagin, A. J., & Medders, R. B. (2010). Social and heuristic approaches to credibility evaluation online. *Journal of Communication*, 60(3), 413-439.

[235] Mezulis, A. H., Abramson, L. Y., Hyde, J. S., & Hankin, B. L. (2004). Is there a universal positivity bias in attributions? A meta-analytic review of individual, developmental, and cultural differences in the self-serving attributional bias. *Psychological Bulletin*, 130(5), 711-747.

[236] Milich, R., & Dodge, K. A. (1984). Social information processing in child psychiatric populations. *Journal of Abnormal Child Psychology*, 12(3), 471-489.

[237] Mill, J. S. (1889). *A system of logic, ratiocinative and inductive: Being a connected view of the principles of evidence and the methods of scientific investigation*. Longmans, Green & Co.

[238] Miller, D. T., & Ross, M. (1975). Self-serving biases in the attribution of causality: Fact or fiction? *Psychological Bulletin*, 82, 213-225.

[239] Miller, R. S., & Schlenker, B. R. (1985). Egotism in group members: Public and private attributions of responsibility for group performance. *Social Psychology Quarterly*, 48(1), 85-89.

[240] Minsky, M.(1974). A framework for representing knowledge. In J. Haugeland (Ed.), *Mind design II: Philosophy, psychology, and artificial intelligence* (pp. 111-142). MIT Press.

[241] Mischel, W. (1968). *Personality and assessment*. John Wiley & Sons.

[242] Morris, M. W., & Peng, K. (1994). Culture and cause: American and Chinese attributions for social and physical events. *Journal of Personality and Social Psychology*, 67(6), 949.

[243] Mullen, B. (1983). Egocentric bias in estimates of consensus. *The Journal of Social Psychology*, 121(1), 31-38.

[244] Muramoto, Y., Yamaguchi, S., & Kim, U. (2009). Perception of achievement attribution in individual and group contexts: Comparative analysis of Japanese, Korean, and Asian-American results. *Asian Journal of Social Psychology*, 12(3), 199-210.

[245] Nasby, W., Hayden, B., & DePaulo, B. M. (1980). Attributional bias among aggressive boys to interpret unambiguous social stimuli as displays of hostility. *Journal of Abnormal Psychology*, 89(3), 459-468.

[246] Nekmat, E., & Ismail, I. (2019). Issue-based micromobilization on social media: Mediated pathways linking issue involvement and self-network opinion congruity to expressive support. *Computers in Human Behavior*, 101, 51-59.

[247] Nelson, T. E., Clawson, R. A., & Oxley, Z. M. (1997). Media framing of a civil liberties conflict and its effect on tolerance. *American Political Science Review*, 91(3), 567-583.

[248] Nickerson, R. S. (1998). Confirmation bias: A ubiquitous phenomenon in many guises. *Review of General Psychology*, 2(2), 175-220.

[249] Nisbett, R. E., & Ross, L. (1980). *Human inference: Strategies and shortcomings of social judgment*. Prentice Hall.

[250] Nisbett, R. E., Caputo, C., Legant, P., & Marecek, J. (1973). Behavior as seen by the actor and as seen by the observer. *Journal of Personality and Social Psychology*, 27(2), 154-164.

[251] Nisbett, R. E., Peng, K., Choi, I., & Norenzayan, A. (2001). Culture and systems of thought: Holistic versus analytic cognition. *Psychological Review*, 108(2), 291-310.

[252] Noble, S. U. (2018). *Algorithms of oppression: How search engines reinforce racism*. New York University Press.

[253] Noelle-Neumann, E. (1974). The spiral of silence: A theory of public opinion. *Journal of Communication*, 24(2), 43-51.

[254] Noelle-Neumann, E. (1993). *The spiral of silence: Public opinion—Our social skin*. University of Chicago Press.

[255] Norenzayan, A., Choi, I., & Nisbett, R. E. (2002). Cultural similarities and differences in social inference: Evidence from behavioral predictions and lay theories of behavior. *Personality and Social Psychology Bulletin*, 28(1), 109-120.

[256] Norenzayan, A., & Heine, S. J. (2005). Psychological universals: What are they and how can we know? *Psychological Bulletin*, 131(5), 763-784.

[257] O'Callaghan, P. (2020). Reflections on the root causes of outrage discourse on social media. In M. C. Navin, & R. Nunan (Eds.), *Democracy, populism, and truth* (pp. 115-126). Springer.

[258] O'Keefe, D. J. (2002). Guilt as a mechanism of persuasion. In J. P. Dillard, & M. Pfau (Eds.), *The persuasion handbook: Developments in theory and practice* (pp.329-344). Sage Publications.

[259] Oehl, B., Schaffer, L. M., & Bernauer, T. (2017). How to measure public demand for policies when there is no appropriate survey data? *Journal of Public Policy*, 37(2), 173-204.

[260] Pan, Z., & Kosicki, G. M. (1993). Framing analysis: An approach to news discourse. *Political Communication*, 10(1), 55-75.

[261] Pariser, E. (2011). *The filter bubble*. Penguin Press.

[262] Park, C. S. (2017). Citizen news podcasts and journalistic role conceptions in the United States and South Korea. *Journalism Practice*, 11(9), 1158-1177.

[263] Pearce, L. J., & Field, A. P. (2016). The impact of "scary" TV and film on children's internalizing emotions: A meta-analysis. *Human Communication Research*, 42(1), 98-121.

[264] Perloff, R. M. (2015). A three-decade retrospective on the hostile media effect. *Mass Communication and Society*, 18(6), 701-729.

[265] Pettigrew, T. F. (1998). Intergroup contact theory. *Annual Review of Psychology*,

49(1), 65-85.

[266] Petty, R. E., & Cacioppo, J. T. (1984). Source factors and the elaboration likelihood model of persuasion. *Advances in Consumer Research*, 11(1), 668-672.

[267] Petty, R. E., & Cacioppo, J. T. (1986). The elaboration likelihood model of persuasion. *Advances in Experimental Social Psychology*, 19, 123-205.

[268] Petty, R. E., Cacioppo, J. T., & Goldman, R. (1981). Personal involvement as a determinant of argument-based persuasion. *Journal of Personality and Social Psychology*, 41(5), 847.

[269] Pfeffer, J., Zorbach, T., & Carley, K. M. (2014). Understanding online firestorms: Negative word-of-mouth dynamics in social media networks. *Journal of Marketing Communications*, 20(1-2), 117-128.

[270] Pornari, C. D., & Wood, J. (2010). Peer and cyber aggression in secondary school students: The role of moral disengagement, hostile attribution bias, and outcome expectancies. *Aggressive Behavior*, 36(2), 81-94.

[271] Pornpitakpan, C. (2004). The persuasiveness of source credibility: A critical review of five decades' evidence. *Journal of Applied Social Psychology*, 34(2), 243-281.

[272] Postmes, T., Spears, R., & Lea, M. (1998). Breaching or building social boundaries? SIDE-effects of computer-mediated communication. *Communication Research*, 25(6), 689-715.

[273] Pritlove, C., Juando-Prats, C., Ala-Leppilampi, K., & Parsons, J. A. (2019). The good, the bad, and the ugly of implicit bias. *The Lancet*, 393(10171), 502-504.

[274] Procopio, C. H., & Procopio, S. T. (2007). Do you know what it means to miss New Orleans? Internet communication, geographic community, and social capital in crisis. *Journal of Applied Communication Research*, 35(1), 67-87.

[275] Qu, J. G., Yang, C. Y., Chen, A. A., & Kim, S. (2024). Collective empowerment and connective outcry: What legitimize netizens to engage in negative word-of-

mouth of online firestorms? *Public Relations Review*, 50(2), 102438.

[276] Reuters Institute. (2019). *Reuters Institute digital news report, 2019.*

[277] Rogers, E. M., & Dearing, J. W. (2012). Agenda-setting research: Where has it been, where is it going? In J. Anderson (Ed.), *Communication yearbook 11* (pp. 555-594). Routledge.

[278] Rosenthal, U., & Kouzmin, A. (1997). Crises and crisis management: Toward comprehensive government decision making. *Journal of Public Administration Research and Theory*, 7(2), 277-304.

[279] Rösner, L., & Krämer, N. C. (2016). Verbal venting in the social web: Effects of anonymity and group norms on aggressive language use in online comments. *Social Media+ Society*, 2(3), 2056305116664220.

[280] Ross, B., Pilz, L., Cabrera, B., Brachten, F., Neubaum, G., & Stieglitz, S. (2019). Are social bots a real threat? An agent-based model of the spiral of silence to analyse the impact of manipulative actors in social networks. *European Journal of Information Systems*, 28(4), 394-412.

[281] Ross, L. (1977). The intuitive psychologist and his shortcomings: Distortions in the attribution process. In L. Berkowitz (Ed.), *Advances in experimental social psychology* (Vol. 10, pp. 173-220). Academic Press.

[282] Ross, M., & Sicoly, F. (1979). Egocentric biases in availability and attribution. *Journal of Personality and Social Psychology*, 37(3), 322-336.

[283] Rotter, J. B. (1966). Generalized expectancies for internal versus external control of reinforcement. *Psychological Monographs: General and Applied*, 80(1), 1.

[284] Rousseau, J. J. (1964). *The social contract*. Londres.

[285] Rowe, G., & Frewer, L. J. (2005). A typology of public engagement mechanisms. *Science, Technology, & Human Values*, 30(2), 251-290.

[286] Rudolph, U., Schulz, K., & Tscharaktschiew, N. (2013). Moral emotions: An

analysis guided by Heider's naive action analysis. *International Journal of Advances in Psychology*, 2(2), 69-92.

[287] Runions, K., Shapka, J. D., Dooley, J., & Modecki, K. (2013). Cyber-aggression and victimization and social information processing: Integrating the medium and the message. *Psychology of Violence*, 3(1), 9-26.

[288] Russell Neuman, W., Guggenheim, L., Mo Jang, S. A., & Bae, S. Y. (2014). The dynamics of public attention: Agenda-setting theory meets big data. *Journal of Communication*, 64(2), 193-214.

[289] Sasse, J., Li, M., & Baumert, A. (2022). How prosocial is moral courage? *Current Opinion in Psychology*, 44, 146-150.

[290] Scheufele, D. A. (1999). Framing as a theory of media effects. *Journal of Communication*, 49(1), 103-122.

[291] Scheufele, D. A., & Krause, N. M. (2019). Science audiences, misinformation, and fake news. *Proceedings of the National Academy of Sciences*, 116(16), 7662-7669.

[292] Scoble, H. M., & Key, V. O. (1962). Public opinion and American democracy. *Midwest Journal of Political Science*, 6(3), 297.

[293] Sedikides, C., Gaertner, L., & Vevea, J. L. (2005). Pancultural self-enhancement reloaded: A meta-analytic reply to Heine (2005). *Journal of Personality and Social Psychology*, 89(4), 539-551.

[294] Semetko, H. A., & Valkenburg, P. M. (2000). Framing European politics: A content analysis of press and television news. *Journal of Communication*, 50(2), 93-109.

[295] Severin, W. J., & Tankard, J. W. (2001). *Communication theories: Origins, methods, and uses in the mass media*. Longman.

[296] Sheaff, R., Pickard, S., & Smith, K. (2002). Public service responsiveness to users' demands and needs: Theory, practice and primary healthcare in England.

Public Administration, 80(3), 435-452.

[297] Shepperd, J., Malone, W., & Sweeny, K. (2008). Exploring causes of the self-serving bias. *Social and Personality Psychology Compass*, 2(2), 895-908.

[298] Shirky, C. (2008). *Here comes everybody: The power of organizing without organizations*. Penguin Books.

[299] Shoemaker, P. J., Eichholz, M., Kim, E., & Wrigley, B. (2001). Individual and routine forces in gatekeeping. *Journalism & Mass Communication Quarterly*, 78(2), 233-246.

[300] Sidanius, J., & Pratto, F. (1999). *Social dominance: An intergroup theory of social hierarchy and oppression*. Cambridge University Press.

[301] Siegrist, M., & Cvetkovich, G. (2000). Perception of hazards: The role of social trust and knowledge. *Risk Analysis*, 20(5), 713-720.

[302] Sohn, Y. J., & Lariscy, R. W. (2015). A "buffer" or "boomerang?"—The role of corporate reputation in bad times. *Communication Research*, 42(2), 237-259.

[303] Stella, M., Ferrara, E., & De Domenico, M. (2018). Bots increase exposure to negative and inflammatory content in online social systems. *Proceedings of the National Academy of Sciences*, 115(49), 12435-12440.

[304] Stoker, G. (1998). Governance as theory: Five propositions. *International Social Science Journal*, 50(155), 17-28.

[305] Sundar, S. S. (2008). The MAIN model: A heuristic approach to understanding technology effects on credibility. In M. J. Metzger & A. J. Flanagin (Eds.), *Digital media, youth, and credibility* (pp. 72-100). MIT Press.

[306] Sundar, S. S., & Nass, C. (2001). Conceptualizing sources in online news. *Journal of Communication*, 51(1), 52-72.

[307] Sundararajan, A. (2016). *The sharing economy: The end of employment and the rise of crowd-based capitalism*. MIT Press.

[308] Sung, M., & Hwang, J. S. (2014). Who drives a crisis? The diffusion of an issue through social networks. *Computers in Human Behavior*, 36, 246-257.

[309] Sweetser, K. D., & Metzgar, E. (2007). Communicating during crisis: Use of blogs as a relationship management tool. *Public Relations Review*, 33(3), 340-342.

[310] Taber, C. S., & Lodge, M. (2006). Motivated skepticism in the evaluation of political beliefs. *American Journal of Political Science*, 50(3), 755-769.

[311] Tajfel, H., & Turner, J. C. (1979). An integrative theory of intergroup conflict. In W. G. Austin, & S. Worchel (Eds.), *The social psychology of intergroup relations* (pp. 33-47). Brooks/Cole Publishing Company.

[312] Talluri, B. C., Urai, A. E., Tsetsos, K., Usher, M., & Donner, T. H. (2018). Confirmation bias through selective overweighting of choice-consistent evidence. *Current Biology*, 28(19), 3128-3135.

[313] Tangney, J. P., Stuewig, J., & Mashek, D. J. (2007). Moral emotions and moral behavior. *Annual Review of Psychology*, 58(1), 345-372.

[314] Tao, W. (2018). How consumers' pre-crisis associations and attitude certainty impact their responses to different crises. *Communication Research*, 45(6), 815-839.

[315] Taylor, S. E., & Koivumaki, J. H. (1976). The perception of self and others: Acquaintanceship, affect, and actor-observer differences. *Journal of Personality and Social Psychology*, 33(4), 403-408.

[316] Temmann, L. J., Wiedicke, A., Schaller, S., Scherr, S., & Reifegerste, D. (2021). A systematic review of responsibility frames and their effects in the health context. *Journal of Health Communication*, 26(12), 828-838.

[317] Thompson, J. B. (2011). Shifting boundaries of public and private life. *Theory, Culture & Society*, 28(4), 49-70.

[318] Todorov, A., Chaiken, S., & Henderson, M. D. (2002). The heuristic-systematic

model of social information processing. In J. P. Dillard, & M. Pfau (Eds.), *The persuasion handbook: Developments in theory and practice* (pp.195-211). Sage Publications.

[319] Tokunaga, R. S. (2010). Following you home from school: A critical review and synthesis of research on cyberbullying victimization. *Computers in Human Behavior*, 26(3), 277-287.

[320] Turcotte, J., York, C., Irving, J., Scholl, R. M., & Pingree, R. J. (2015). News recommendations from social media opinion leaders: Effects on media trust and information seeking. *Journal of Computer-Mediated Communication*, 20(5), 520-535.

[321] Turner, J. C. (1975). Social comparison and social identity: Some prospects for intergroup behaviour. *European Journal of Social Psychology*, 5(1), 1-34.

[322] Tversky, A., & Kahneman, D. (1974). Judgment under uncertainty: Heuristics and biases. *Science*, 185(4157), 1124-1131.

[323] Valkenburg, P. M., Peter, J., & Walther, J. B. (2016). Media effects: Theory and research. *Annual Review of Psychology*, 67, 315-338.

[324] Valkenburg, P. M., Semetko, H. A., & De Vreese, C. H. (1999). The effects of news frames on readers' thoughts and recall. *Communication Research*, 26(5), 550-569.

[325] Vallone, R. P., Ross, L., & Lepper, M. R. (1985). The hostile media phenomenon: Biased perception and perceptions of media bias in coverage of the Beirut Massacre. *Journal of Personality and Social Psychology*, 49(3), 577-585.

[326] Van der Meer, T. G. L. A., & Verhoeven, P. (2013). Public framing organizational crisis situations: Social media versus news media. *Public Relations Review*, 39(3), 229-231.

[327] Van der Meer, T. G., Verhoeven, P., Beentjes, H., & Vliegenthart, R. (2014).

When frames align: The interplay between PR, news media, and the public in times of crisis. *Public Relations Review*, 40(5), 751-761.

[328] Van Dijck, J., Poell, T., & de Waal, M. (2018). *The platform society: Public values in a connective world*. Oxford University Press.

[329] Van Doorn, J., Zeelenberg, M., & Breugelmans, S. M. (2014). Anger and prosocial behavior. *Emotion Review*, 6(3), 261-268.

[330] Van Doorn, J., Zeelenberg, M., Breugelmans, S. M., Berger, S., & Okimoto, T. G. (2018). Prosocial consequences of third-party anger. *Theory and Decision*, 84(4), 585-599.

[331] Van Overwalle, F. (1997). A test of the joint model of causal attribution. *European Journal of Social Psychology*, 27(2), 221-236.

[332] Vu, H. T., Guo, L., & McCombs, M. E. (2014). Exploring "the world outside and the pictures in our heads": A network agenda-setting study. *Journalism & Mass Communication Quarterly*, 91(4), 669-686.

[333] Walsh, J. P. (2020). Social media and moral panics: Assessing the effects of technological change on societal reaction. *International Journal of Cultural Studies*, 23(6), 840-859.

[334] Walther, J. B., & Jang, J. (2012). Communication processes in participatory websites. *Journal of Computer-Mediated Communication*, 18(1), 2-15.

[335] Wang, S., Chu, T. H., & Huang, G. (2023). Do bandwagon cues affect credibility perceptions? A meta-analysis of the experimental evidence. *Communication Research*, 50(6), 720-744.

[336] Wang, Y. (2021). Debunking misinformation about genetically modified food safety on social media: Can heuristic cues mitigate biased assimilation? *Science Communication*, 43(4), 460-485.

[337] Wason, P. C. (1960). On the failure to eliminate hypotheses in a conceptual task. *Quarterly Journal of Experimental Psychology*, 12(3), 129-140.

[338] Weaver, D. H. (2008). Agenda-setting effects. In W. Donsbach (Ed.), *The international encyclopedia of communication* (pp.145-151). Wiley Publishing.

[339] Weiner, B. (1985). An attributional theory of achievement motivation and emotion. *Psychological Review*, 92, 548-573.

[340] Weiner, B. (1986). *An attributional theory of motivation and emotion*. Springer.

[341] Weiner, B. (1995). *Judgments of responsibility: A foundation for a theory of social conduct*. Guilford Press.

[342] Weiner, B. (2010). *Social motivation, justice, and the moral emotions: An attributional approach*. Psychology Press.

[343] Wood, M. L., Stoltz, D. S., Van Ness, J., & Taylor, M. A. (2018). Schemas and frames. *Sociological Theory*, 36(3), 244-261.

[344] Wright, M. F. (2017). Adolescents' emotional distress and attributions for face-to-face and cyber victimization: Longitudinal linkages to later aggression. *Journal of Applied Developmental Psychology*, 48, 1-13.

[345] Wu, Q. (2007). The making of a market economy in China: Transformation of government regulation of market development. *European Law Journal*, 13(6), 750-771.

[346] Xu, S. (2018). When individual cultural orientation and mediated portrayal of risk intersect: Effects of individualism–collectivism and media framing on risk perception and attribution of responsibility. *Journal of Contingencies and Crisis Management*, 26(4), 499-509.

[347] Yang, H., & Tang, Y. (2019). The role of social media in driving bandwagon effects: Evidence from online reviews. *International Journal of Advertising*, 38(2), 276-295.

[348] Yarritu, I. (2024). Moral elevation affects the causal attributions about others' behavior. *The Journal of Positive Psychology*, 19(3), 430-441.

[349] Young, M. L. (1992). *Dictionary of polling: The languages of contemporary*

opinion research. Greenwood.

[350] Yousuf, M. (2018). Media engagement in networked environments: An ecological perspective. In K. A. Johnston, & M. Taylor (Eds.), *The handbook of communication engagement* (pp. 253-268). John Wiley & Sons.

[351] Zajenkowska, A., Prusik, M., Jasielska, D., & Szulawski, M. (2021). Hostile attribution bias among offenders and non-offenders: Making social information processing more adequate. *Journal of Community & Applied Social Psychology*, 31(2), 241-256.

[352] Zerback, T., Koch, T., & Krämer, B. (2015). Thinking of others: Effects of implicit and explicit media cues on climate of opinion perceptions. *Journalism & Mass Communication Quarterly*, 92(2), 421-443.

[353] Zhang, J., Liu, Y., & Chen, Y. (2015). Social learning in networks of friends versus strangers. *Marketing Science*, 34(4), 573-589.

[354] Zhang, Y., Jin, Y., & Tang, Y. (2015). Framing depression: Cultural and organizational influences on coverage of a public health threat and attribution of responsibilities in Chinese news media, 2000-2012. *Journalism & Mass Communication Quarterly*, 92(1), 99-120.

[355] Zhang, Y., Jin, Y., Stewart, S., & Porter, J. (2016). Framing responsibility for depression: How US news media attribute causal and problem-solving responsibilities when covering a major public health problem. *Journal of Applied Communication Research*, 44(2), 118-135.

[354] Zhou, Y., & Moy, P. (2007). Parsing framing processes: The interplay between online public opinion and media coverage. *Journal of Communication*, 57(1), 79-98.

[355] Zhou, Y., & Shen, L. (2022). Confirmation bias and the persistence of misinformation on climate change. *Communication Research*, 49(4), 500-523.